U0070986

法華經講義

——第十三輯

——平實導師 述

ISBN 978-986-9372-57-2

執著離念靈知心爲實相心而不肯捨棄者，即是畏懼解脫境界者，即是畏懼無我境界者，即是凡夫之人。謂離念靈知心正是意識心故，若離**俱有依**（意根、法塵、五色根），即不能現起故；若離**因緣**（如來藏所執持之覺知心種子），即不能現起故；復於眠熟位、滅盡定位、無想定位（含無想天中）、正死位、悶絕位等五位中，必定斷滅故。夜夜眠熟斷滅已，必須依於**因緣**、**俱有依**緣等法，方能再於次晨重新現起故；夜夜斷滅後，已無離念靈知心存在，成爲無法，無法則不能再自己現起故；由是故言**離念靈知心是緣起法**、**是生滅法**。不能現觀離念靈知心是緣起法者，即是未斷我見之凡夫；不願斷除**離念靈知心常住不壞之見解**者，即是恐懼解脫無我境界者，當知即是凡夫。

——**平實導師**——

一切誤計**意識心為常**者，皆是佛門中之常見外道，皆是凡夫之屬。意識心境界，依層次高低，可略分爲十：一、處於欲界中，常與五欲相觸之離念靈知；二、未到初禪地之未到地定中，暗無覺知而不與欲界五塵相觸之離念靈知，常處於不明白一切境界之暗昧狀態中之離念靈知；三、住於初禪等至定境中，不與香塵、味塵相觸之離念靈知；四、住於二禪等至定境中，不與五塵相觸之離念靈知；五、住於三禪等至定境中，不與五塵相觸之離念靈知；六、住於四禪等至定境中，不與五塵相觸之離念靈知；七、住於空無邊處等至定境中，不與五塵相觸之離念靈知；八、住於識無邊處等至定境中，不與五塵相觸之離念靈知；九、住於無所有處等至定境中，不與五塵相觸之離念靈知；十、住於非想非非想處等至定境中，不與五塵相觸之離念靈知。如是十種境界相中之覺知心，皆是意識心，計此爲常者，皆屬常見外道所知所見，名爲佛門中之常見外道，不因出家、在家而有不同。

——**平實導師**——

如《解深密經》、《楞伽經》等聖教所言，成佛之道以親證阿賴耶識心體（如來藏）爲因，《華嚴經》亦說**證得阿賴耶識者獲得本覺智**，則可證實：證得阿賴耶識者方是大乘宗門之開悟者，方是大乘佛菩提之眞見道者。經中、論中又說：證得阿賴耶識而轉依**識上所顯真實性**、**如如性**，能安忍而不退失者即是**證真如**、即是大乘賢聖，在二乘法解脫道中至少爲初果聖人。由此聖教，當知親證阿賴耶識而確認不疑時即是開悟眞見道也；除此以外，別無大乘宗門之眞見道。若別以他法作爲大乘見道者，或堅執**離念靈知**亦是實相心者（堅持意識覺知心離念時亦可作爲明心見道者），則成爲實相般若之見道內涵有多種，則成爲實相有多種，則違實相絕待之聖教也！故知宗門之悟唯有一種：親證第八識如來藏而轉依如來藏所顯眞如性，除此別無悟處。此理正眞，放諸往世、後世亦皆準，無人能否定之，則堅持離念靈知意識心是眞心者，其言誠屬妄語也。

——平實導師——

目次

第九輯：

第十輯：

第十一輯：

第十二輯：

自序

大乘佛法勝妙極勝妙，深奧極深奧，廣大極廣大，富麗極富麗，謂此唯一佛乘妙法，意識思惟研究之所不解，非意識境界故，佛說爲不可思議之大乘解脫境界，名爲大乘菩提一切種智，函蓋大圓鏡智、成所作智、妙觀察智、平等性智；然而此等極勝妙乃至極富麗之佛果境界，要從因地之大乘眞見道始證，次第進修方得。然大乘見道依序有三個層次：眞見道、相見道、通達位。眞見道者位在第七住；相見道位始從第七住位之住心開始，終於第十迴向位滿心；通達位則是圓滿相見道位智慧與福德後，進修大乘慧解脫果，再依十無盡願的增上意樂而圓滿，名爲初地入地心菩薩。眾生對佛、法、僧等三寶修習信心，十信位滿心後進入初住位中，始修菩薩六度萬行，皆屬外門六度之行；逮至開悟明心證眞如時，方入眞見道位中；次第進修相見道位諸法以後，直到通達而得入地時，歷時一大阿僧祇劫，故說大乘見道之難，難可思議。

大乘眞見道之實證，即是證得第八識如來藏，能現觀其眞實而如如之自性，名爲證眞如；此際始生根本無分別智，同時證得本來自性清淨涅槃。乃至證悟般若不退而繼續進修之第七住位始住菩薩，轉入相見道位中，歷經第一大阿僧祇劫中三十分之二十有四的長劫修行，同時觀行三界萬法悉由此如來藏之妙眞如性所生所顯，證實《華嚴經》所說「三界唯心、萬法唯識」正理；如是進修眞如後得無分別智，終能具足現觀非安立諦三品心而至十迴向位滿心，方始具足眞如後得無分別智，相見道位功德至此圓滿，然猶未入地。

此時思求入地而欲進階於大乘見道之通達位中，仍必須進修大乘四聖諦，現觀四諦十六品心及九品心後，要有本已修得之初禪或二禪定力作支持，方得相應於慧解脫果；或於此安立諦具足觀行之後發起初禪爲驗，證實已經成就慧解脫果；此時已能取證有餘、無餘涅槃，方得與初地心相應，而猶未名初地。而後再依十大願起惑潤生，發起繼續受生於人間自度度他之無盡願，不畏後世長劫生死眾苦，於此十大無盡願生起增上意樂而得入地，方得名爲大乘見道之通達位，眞入初地之入地心中，完成大乘見道位所應有之一切修證。此時已通達大乘見道位應證之眞如全部內涵，圓滿大乘見道通達位應有之無生法忍智慧，及慧解脫果與增上意樂，方證通達位之無生法忍果，方得名爲始入初地心之菩薩。

然而觀乎如是大乘見道之初證眞如，發起眞如根本無分別智，得入第七住位，成爲眞見道菩薩摩訶薩；隨後轉入相見道位中繼續現觀眞如，實證非安立諦三品心而歷經十住、十行、十迴向位之長劫修行，具足眞如後得無分別智，生起初地無生法忍之初分，配合解脫果、廣大福德、增上意樂，名爲通達見道位眞如而得入地。如是諸多位階所證眞如，莫非第八識如來藏之眞實與如如二種自性，同屬證眞如者。依如是正理，故說未證眞如者，皆非大乘見道之人；證眞如者謂現觀如來藏運行中所顯示之眞實與如如自性故，實相般若智慧依如來藏之眞如法性建立故，萬法悉依如來藏之妙眞如性而生而顯故，本來自性清淨涅槃亦依如來藏之眞如法性建立故。

如是證眞如事，於眞藏傳佛教覺囊巴被達賴五世藉政治勢力消滅以後，由於時局紛亂不宜弘法故，善知識不得出世弘法，三百年間已經不行於人世。及至時局昇平人民安樂之現代，方又重新出現人間，得以繼續利樂有緣學人。然而，縱使末法時世受學此法而有實證之人，欲求入地實亦匪易，蓋因眞見道之證眞如已經極難親證，後再論及相見道位非安立諦三品心之久劫修行，而能一一教授弟子四眾者，更無其類；何況入地前所作加行之教授，而得具足實證大乘四聖諦等安立諦十六品心、九品心者？眞可謂：「善知識者出興世難，至其所難，得值遇難，得見知難，得親近難，得共住難，得其意難，得隨順難。」如是八難，具載於《華嚴經》中；徵之於末法時世之現代佛教，可謂誠言，眞實不虛。

縱使親值如是善知識已，長時一心受學之後，是否即得圓滿非安立諦三品心及安立諦十六品心、九品心而得入地？觀乎平實二十餘年度人所見，誠屬難事；殆因大乘見道實相智慧極難實證，何況通達？復因大乘慧解脫果並非隱居深山自修而可得者，如是證明初始見道證眞如已屬極難，更何況入地進修之後，所應親證之初地滿心猶如鏡像現觀，解脫於三界六塵之繫縛；二地滿心猶如光影之現觀，能依己意自定時程及範圍而轉變自己之內相分，令習氣種子隨於自己施設之進程而分分斷除；三地滿心前之無生法忍智慧，能轉變他人之內相分；以及滿心位之猶如谷響現觀，能觀見自己之意生身分處他方世界廣度眾生，而使無生法忍及福德更快速增長。至於四地心後之諸種現觀境界，更難令三賢位菩薩了知，何況未證謂證、未悟言悟之假名善知識，連第七住菩薩眞見道所證眞如都只能想像者？

雖然如此，縱使已得入地，而欲了知佛地究竟解脫、究竟智慧境界，亦仍無法望其項背，實因初地菩薩於諸如來不可思議解脫及智慧仍無能力臆測故。縱使已至第三大阿僧祇劫之修行——已得八地初心者，亦無法全部了知諸佛的境界，則無法了知佛法之全貌，如是而欲了知十方三世諸佛世界之關聯者，即無無其分。以是緣故，世尊欲令佛子四眾如實了知三世佛教之亙古久遠、未來無盡，以及十方虛空諸佛世界等佛教之廣袤無垠；亦欲令弟子眾了知世間萬法、出世間法及實相般若、一切種智無生法忍等智慧，悉皆歸於第八識如來藏妙眞如性者，則必於最後演述《妙法蓮華經》而圓滿一代時教；是故 世尊最後演述《法華經》時，一仍舊貫而如《金剛經》稱此第八識心為「**此經**」，冀諸佛子醒悟此理而捨世間心、聲聞心，願意求證眞如之理，久後終能確實進入絕妙難思之大乘法中。斯則 世尊顧念吾人之大慈大悲所行，非諸凡愚之所能知。

然而法末之世，竟有身披大乘法衣之凡夫亦兼愚人，隨諸日本歐美專作學問之學者謬言，提倡六識論之邪見，以雷同常見、斷見外道之邪見主張，公開否定大乘諸經，謂非佛說，公然反佛聖教而宣稱「**大乘非佛說**」。甚且公然否定最原始結集之四大部阿含諸經中之聖教，妄判爲六識論之解脫道經典，公然貶抑四阿含諸經中之八識論正教，令同於常見外道之六識論邪見；全違 世尊依八識論而解說聲聞解脫道之本意，亦令聲聞解脫道同於斷見、常見外道所說之解脫，則無餘涅槃之境界即成爲斷滅空而無人能知、無人能證。如是住如來家，著如來衣，食如來食，藉其弘揚如來法之表相，極力推廣相似像法而取代聲聞解脫道正法，最後終究不免推翻如來正法；如斯之輩至今依然寄身佛門破壞佛法，而佛教界諸方大師仍多心存鄉愿，不願面對如是破壞佛教正法之嚴重事實，仍多託詞高唱和諧，而欲繼續與諸多破壞佛教正法者**和平共存**，以互相標榜而**維護名聞利養**。吾人若繼續坐令如是現象存在，則中國佛教復興，以及中國佛教文化之推廣，勢必阻力重重，難以達成；眼見如是怪象，平實不得不詳解《法華經》之眞實義，冀能藉此而挽狂瀾於萬一。

如今承蒙會中多位同修共同努力整理，已得成書，總有二十五輯，詳述《法華經》中 世尊宣示之眞實義，因名《法華經講義》，梓行於世，冀求廣大佛門四眾捐棄邪見，回歸大乘絕妙而廣大無垠之正法妙理，努力求證，共爲復興中國佛教文化、抵禦外國宗教文化之侵略而努力，則佛門四眾今世、後世幸甚，中國夢在文化層面即得實現。乃至繼續推廣弘傳數十年後，終能使中國成為全球最高階層文化人士的歸依聖地、精神祖國；流風所及，百年之後遍於歐美社會各層面中廣為弘傳，則中國不唯民富國強，更是全球唯一的文化大國。如是復興中國佛教文化之舉，盼能獲得廣大佛弟子四眾之普遍認同，乃至廣有眾人付諸實證終得廣為弘傳，廣利人天，其樂何如。今以分輯梓行流通在即，因述如斯感慨及眞實義如上，即以為序。

佛子 **平實** 謹序

公元二〇一五年初春 謹誌於竹桂山居

第十三輯：

《妙法蓮華經》

〈安樂行品〉第十四（上承第十二輯〈安樂行品〉未完內容）

「是佛子說法，常柔和能忍，慈悲於一切，不生懈怠心。」這是說，像這樣子行於第三種安樂行的菩薩，爲大眾演說《妙法蓮華經》時，永遠都是心地柔和、能夠安忍，並起慈悲於一切的有情眾生，而他自己不生懈怠之心，這其實是很不容易的事。就是說，願意爲人家如實演述《法華經》，已經是很不容易的事；因爲很清楚知道，《法華經》的深妙義理很難以使人信受，而他願意爲大眾宣講；但是，即使是有人質疑時，他也仍然能夠用柔和之心，安忍於逆境之中，繼續爲大眾詳細而如實地宣演《法華經》，這是很不容易的事。特別是諸位看到中國禪宗那些禪師們，他們可都沒有這個耐性，所以徒弟們早上才一進方丈室，向和尚問訊，準備去出坡了，和尚沒等弟子開口，一棍就打出去；有時出坡完了，洗過手腳來到方丈室要請法，這和尚就大喝一聲：「出去！」那你想，這樣的禪師，你叫他忍辱來講《法華經》，他講得下去嗎？他沒那個耐性。

因爲禪師們不像我這樣，禪師們「垂絲千尺，意在深潭」，是說禪師們釣魚時，就好像是把釣魚線往下垂到千尺之深；千尺是很深的深度，釣上來的是什麼魚？一定是大魚啊！就好像 克勤大師說「雪竇禪師只釣獰龍」，只釣面目猙獰的惡龍，就是最兇暴的龍。那就是說，他們對於一般中等根性的人，都是不屑於一度；他們一生只要度得三、五個獰龍一樣的弟子，可就心滿意足了。他們認爲這樣可以對 佛陀交差了，就好像 克勤大師只度大慧宗杲與虎丘紹隆，但虎丘只是一隻瞌睡虎，一生懶散不想好好接引眾生，結果是只有大慧宗杲一人承繼了他的家業，他也覺得滿足了。所以你叫他來講經、攝受上中下根器的人，無一遺漏；對他來講，這是不可能的事。他不願意這麼辛苦，最多十天、半個月選一個晚上，上堂說一下法就走了。晚上上堂說法，會說很久嗎？不會！不會超過五分鐘（大眾笑…），他就下堂了；有時候甚至於年紀大了或者沒力氣時，他就更懶了，拄著拄杖上得堂來，連法座都沒有坐定，就說：「諸佛都在我拄杖頭上！」就這麼把拄杖往地上一拄，然後就走了。連法座都沒坐上來，你說他可能爲大家講這種《法華經》嗎？他不可能講啊！

但是你們當菩薩，眞正要度一切眾，上中下根一切普被，那你就得要調和自己心地柔軟，還要能夠修忍。這很不容易欸！不說別的，單說一般寺院就好，你到了週末、週日去寺院供養三寶，你看見的是什麼？一片祥和，每一位師父都是笑瞇瞇的；可是週一到週五呢？（大眾笑⋯）那派系傾軋是很嚴重的。曾經有一個大道場，兩位很重要的徒弟，當時是大法師的左右手，他們二人有一天在大殿上互相叫罵。你說這樣的人能講《法華經》嗎？不可能欸！因爲講《法華經》的人，心地一定要夠調柔，也要安忍於一切逆境，但他們都不能安忍。好在那一天，旁邊有個師姊很有智慧，她走到兩位法師面前說：「兩位師父！用罵的太慢，乾脆用打的比較快！」於是這兩個人警醒了，各自走開。

寺院裡面的出家人都沒有辦法互相容忍，那你說，像他們這樣有機會可以理解《妙法蓮華經》的眞實義嗎？這根本就不夠格，他本身的格就不夠。縱使格夠了，能夠講了、如實知了，但他如果心地不夠調柔、不夠溫和，對眾生也不能安忍，那麼他就沒有辦法慈悲於一切眾生，往往是心裡面不斷地抱怨：「這樣的眾生，我來度他們幹甚麼？」然後就會懈怠，所以談到度眾生，他心裡面就懶了，有氣無力，提不起勁兒。

所以，想要爲人如實宣講《法華經》，眞的不容易欸！因爲如實演講《法華經》，不是三言兩語就能夠講完的；若是像後山那位大比丘尼講《法華經》，聽說一、兩天就講完了，我還眞佩服她怎麼講的；文殊菩薩要講很多劫，都還沒有講完，她一下子就講完了。像我這麼笨，也要講上兩、三年，每週講一次也要講這麼久，如今都還沒講完呢。所以一定要先有「柔和心、忍辱心」，才能夠對眾生有慈悲；而且不是對少數眾生慈悲，是對一切眾生都有慈悲心，因此他願意讓自己處於很調柔、很溫和的心態之中，來忍受眾生無理的羞辱或者阻撓。他願意委屈自己，因爲這個緣故才能慈悲一切眾生，不論是上根、中根、下根，他都願意攝受。

所以說法的時候不單單是深入，而且能夠淺出；不單單深奧，而且能夠

「廣譬」，這確實很不容易。正因爲要這樣利樂眾生，所以他就沒有懈怠心，也因爲他願意憐念一切眾生。他知道眾生的無明所在，一切都因爲無明而遮障了他們的光明自性，所以不能得解脫、不能生起智慧，見到眾生這樣子，心中是很憐憫，因此願意辛苦地爲眾生來演述，想要破除眾生心中的無明。他不會只選擇深妙法來說，對於初機學人，他也要設法讓大眾聽懂，所以因爲「慈悲於一切」，心中就不會生起懈怠之心。

「懈怠心」在我們同修會裡面很少見，因爲你們大部分人是朝九晚五，要不然就是自己作生意，也是一早就要去公司開門營業，都很辛苦；然後進了正覺，不但是聽經聞法，還要上課，然後每天在家裡還要再作功夫。這個作功夫又不能不每天作，一定要每天繼續禮佛拚定力，所以來正覺學法眞的好辛苦！因此說，正覺的同修們，比外面那些道場的法師們都拼命。有很多寺院裡面，你們可以看得到，他們晚上常常在看八點檔的連續劇；寺院裡面裝了有線電視，晚上看連續劇；聽說現在也有寺院好像世俗家庭一樣，也裝了光纖就可以點有線電視台來看戲劇，還可以打電動遊戲，看來出家還眞是好喲，眞的好閒逸。

打電動遊戲，似乎每一台電腦或手機裡面都有；我的電腦裡面當然也有，我已經用壞過很多台電腦了，因爲我白天操作它，晚上也操作它，所以不到二十年已經壞掉很多台了，現在已經是第六台或第七台了。可是我從來沒有開過裡面的電動遊戲，因爲沒時間。哪有時間去看它裡面在玩什麼東西？就只是忙。我忙、老師們也忙、你們也忙，正覺同修會，就是一個「忙」字了得。可是在會外，他們那些大小山頭的法師們竟有閒情逸致，有心情看連續劇、玩電動遊戲。欸！現在法師也有人揹名牌包，而不是揹僧袋；然後跟世俗人一樣拿著 iPhone。我用的手機都是我女婿淘汰下來給我的，後來終於有一次，那一次國家發消費券，他就用那三千塊錢去買了一支新的給我用，我就用到現在。三千塊錢的，也就夠用了，要多麼好？我需要的功能就是，如果我出門時要把電話轉接出來，怕萬一有人打電話來接不到。

我們是這樣過生活，但在一般出家人中，其實大部分是懈怠的。在我們會裡面卻不許懈怠，一定要精進用功。外面出家人，有時候你會看到老比丘尼們，一面在挑紅毛苔（因爲紅毛苔要弄鬆，要把細沙抖落，不然就難吃），她們一面弄著，就一面在談：「啊……晚上要煮什麼呢？」一面在做著，中午都還沒有吃，就在談晚上要吃什麼了。他們不是在法上用心，而是在世俗生活上用心。那這樣的人，就沒有「菩薩格」，不能夠實證《法華經》的眞實義，也沒有機緣可以聽聞。所以說，要爲人如實演講《法華經》中這個「安樂行」法，你本身也要具備，才有辦法如實宣演；而且得從一開始就講到最後圓滿，不會中途而廢。這就是說，演說《法華經》的人，他自己的心態應該如何？應該柔和、能安忍，能「慈悲於一切」並且「不生懈怠心」。

「十方大菩薩，愍眾故行道，應生恭敬心，是則我大師。」所以咱們正覺歸依三寶法會中所說的歸依僧寶，我在每次三歸依時都特別強調：「我們歸依的不是一個人，而是歸依於十方一切菩薩僧。」你們回想一下，在正覺參加三歸依的時候，就會記得我有如此特別強調。那我們爲什麼要歸依十方的菩薩僧，而不是只歸依於聲聞僧、或者歸依於蕭平實？爲什麼不是這樣？因爲十方法界、十方佛土有無量無數的大菩薩們，這些大菩薩們不是像地球上的凡夫菩薩或者三賢菩薩這樣；那些大菩薩們不是爲自己而行菩薩道，他們都是爲了憐憫眾生墮於無明之中，想要加以拯救，所以行菩薩道；十方的大菩薩們都是無私無我的，那樣行菩薩道的菩薩僧眾才是我們應當要恭敬的。

但這個道理佛教界裡面很少很少人提出來講，爲什麼很少人提出來講呢？因爲他們不知道大菩薩的證量和心量，或者是對十方諸大菩薩的心量與證量不信；因爲他們所見都是凡夫菩薩，都是未悟言悟、未證言證卻信以爲眞，他們看到的都是這個模樣，於是他們想：「十方世界的大菩薩們，大約也就是這樣啦！」所以他們心中就沒有什麼恭敬心。如果有人勸他們說：「唉呀！十方大菩薩功德無限，你應當恭敬啊！」他們會反過來質疑說：「你有看見嗎？不然你證明給我看，我就恭敬啊！」但你無法爲他們證明。那你如果自信滿滿地告訴他們說：「你看不見十方大菩薩，至少也看見正覺平實老師嘛！」他們會跟你說：「他算什麼！」就是這樣啊！爲什麼他們會這樣講？「因爲你們正覺平實老師也不會飛天鑽地，那算什麼大菩薩？」喔！他們認爲大菩薩就是有神通的才叫作大菩薩，可是好奇怪喲，同修會外有一些有神通的人，都還沒有歸依三寶，他們卻對某些人說：「欸！你來求我？我還想去求你們蕭老師呢！」你說奇怪不奇怪？眞的好奇怪欸！

所以說，當眾生的信根與信力還沒有發起時，他根本就不信；等信根信力發起了，才肯精進來修學。得要有基本的五根五力以後，才有可能進入正覺啊！想要進入正覺學法是不容易的，假使古時候跟了我，這一世又回到正覺中，那眞的不算什麼，很平常；因爲古時我有名氣，又穿著僧衣，也有大寺院；但我這一世是個在家居士，又沒有什麼大寺院，這算什麼？所以他們根本就瞧不起。還有的人講：「**我們師父吩咐，居士寫的書，我們都不讀！**」這表示什麼？表示他們對「法」沒有認知，他們是依人而不依法。如果依法而不依人，就不會管你示現什麼模樣的身分，只在法上探究你說的對不對。

因此要叫他們相信十方大菩薩那樣的心量、證量，根本不可能，他們連我的心量都不相信，而我是在地球上具足演述及具足實行，也寫在書中的。他們只認定這個地球上穿著僧服的出家人，其他的都不信，就是說他們的心態不超出於聲聞法。那你如果請他們讀《華嚴經》，他們讀不下去；不是因爲讀不懂而讀不下去，是因爲他們的「聲聞心態」牢不可拔。這是普遍的現象，直到這五、六年來，因爲正覺不斷地說明，他們才開始有些改變。所以十方大菩薩們的功德難可思議，他們行菩薩道的目的不是爲自己，而是憐憫眾生的緣故。凡是能夠如實宣演《法華經》的人，一定都會懂這個道理。

但是如果還沒有很深入理解《法華經》，有時會生起輕忽之心，那就不好！所以世尊還得再吩咐一遍「應生恭敬心，是則我大師」。不能夠因為自己能如實理解《法華經》，可以為人宣演，然後就想：「十方大菩薩對於這部經的所知，大約跟我差不多啦！」不能這樣想啊！否則就是還沒有如實理解其中一部分深妙理。因為《法華經》是函蓋一切經的，怎麼可以說那些大菩薩們的所知跟自己的所知一樣呢？所以如果有人說：「十方菩薩所知的《法華經》，我全都知道。」那我就會告訴他：「其實你完全不知道《法華經》。」然後我會再告訴他：「我所知道的《法華經》是你不知道的；可是十方諸大菩薩所知道的《法華經》，卻不是我能全部知道的，因此我說你根本不懂《法華》。」那他如果要問我：「那《法華經》的義理到底是深在哪裡？」我就說：「深啊！」然後我轉頭就走了，讓他疑三十年去！

《法華經》有那麼容易懂喔？他們個個都自以為懂。可是我如今也不敢說我完全懂啊！因為十方諸大菩薩所知的《法華經》，遠比我更深入、更廣大，所以為人宣演《法華經》的時候，這第三個「安樂行」法一定要記得，要「恭敬於十方菩薩僧」。諸佛都不會刻意去貶抑自己的弟子，除非那個弟子妄說佛法；如果不是妄說佛法，只是說得不好，諸佛也不會加以貶抑。你們有沒有誰夢見過世尊來夢裡告訴你說：「這蕭平實講得不夠好。」有沒有誰夢見過？告訴我、請舉手，第二講堂、第三講堂、第四講堂，有沒有？請舉手。沒有！諸佛都不會跟任何弟子說，他們的某某弟子、某某菩薩說法時說得不好。因爲佛法之所以能興盛的原因，就是在於對正法之師的讚歎。即使淺到依文解義，佛也不會去跟他的弟子們說：「你們師父都是依文解義，說得不好，你們不要聽！」絕對不會。諸佛都是這樣子，對自己的弟子都是讚歎；除非是虛妄說法，或者大妄語，否則諸佛都不會加以制止或加以貶抑。因此 世尊特地吩咐後世弟子們：「如果你有能力爲人宣演《法華經》，還得要歸依於十方大菩薩們，不要唯我獨尊哪！」

這是一切菩薩宣演《法華經》時應該具備的心態，所以假使整個同修會的教師團，在帶領大家共修的時候，我不會去告訴某某人說：「唉呀！你的老師講得很差！」我也不會去說：「唉呀！你們這一班的老師是我們同修會裡面最差的老師。」我絕不這樣講。即使當年楊先生退轉前說法總是有頭無尾，因爲他自己也瞭解不夠而講不下去；所以他常常講個起頭，然後交代說：

「你們回去以後要好好去用功，剩下的就是你們自己的事。」所以那時有位師姊就來告訴我：「老師！我們大家私底下都稱他為『楊一半』。」我說：「你們以後都不可以再這樣講，他是為你們好，你們怎麼可以說他是『楊一半』？」就被我罵了。雖然我沒有大聲說，跟平常說話的語氣一樣，但這內容也可以算是罵了。

可是等到他大妄語以及否定正法時，我就提出來講：大家管他叫「楊一半」。懂嗎？這個原則你們要學著，因為以後你們未來世也會當法主。不管誰來告訴我說，某老師說法時講錯了甚麼，我都說：「沒關係，你知道他錯在哪裡，表示你有進步，這就好了！」我總是這樣講，我不曾去貶抑過他；私下裡都不曾，更別說當眾貶抑他。甚至當有人大著膽子來跟我說：有許多人都叫他「楊一半」。我就當面告訴來人說：「你們不可再這樣講。」我還是要支持他啊！這就是說，你在未來世身為法主時，對於法眾應該如何看待，你要有所把握。諸佛就告訴我們這個道理，說你縱使有能力如實演講《法華經》時，對「十方大菩薩」仍然要作大師之想，不能輕視；因為你確實還沒有實力能加以輕視，這就是講《法華經》的人應該要有的心態。

「於諸佛世尊，生無上父想，破於憍慢心，說法無障礙。」對於諸大菩薩是如此，對於諸佛世尊呢？應當怎麼看待？佛陀又交代說：「對於十方世界諸佛世尊，應該生起無上慈父之想，同時要破除憍慢的心態，說法時才能夠無所障礙。」這就是說，對十方諸大菩薩們，都應該當作「大師之想」，那麼對於諸佛世尊當然更要生起「無上父想」，並且還要當作你的依止。任何菩薩在三大無量數劫的成佛之道修學過程中，都把諸佛當作「無上之父」；這個「無上之父」有很多人聽了就說：「我懂了，就是這個意思：就是像我的父親一樣，而且比我父親還行！因為我父親沒有開悟啊。」

可是這個「無上父想」，是隨著你的修證越來越高，而使你的感受與認知越來越深刻；在三賢位裡面，對「無上父想」的認知是一個層次，入了初地以後是另一個層次，然後地地都有不同。也許有人想：「那如果到了三地滿心，有了意生身，四禪八定、四無量心、五神通都具足了，可以來往千世界、萬世界了，這時不會再把佛陀當作無上之父了吧？因為這時候自己都好厲害了，十方世界可以來來去去，應該很行了，所以不必再對諸佛世尊『生無上父想』。」其實不然！他反而覺得諸佛世尊不可測度，難以思議；那時他越覺得「佛陀眞的夠格作我的無上之父」，當他的證量越高，他越會認同這一點，所以那時的認知跟凡夫是不同的。

菩薩悟了以後跟凡夫的認知不同，見性以後跟明心的認知又不同，在十行位、十迴向位、諸地，也都各不相同。這就好像說，你如果入地了；就好比一個十三、四歲的孩子，那他對老爸的認知足夠嗎？絕對不足夠。就像二十歲剛剛成年的兒子，自認爲對老爸的認知應該具足了。那你也許想：「**那我如果到了七地滿心，這時對佛陀的認知總夠了吧？**」其實不然，因爲即使到了四十七歲，還沒有全面接掌老爸的事業時，所知也還是很有限，都還沒有具足參與老爸廣大企業的所有事務呢。如果到了等覺位，就好像這兒子到了五十一歲，已經參與了父親的很多事業，他就能夠完全具足了知嗎？也不見得！還有很多是他所不知的。所以最知道 佛陀境界的人是妙覺菩薩，就是「**一生補處**」菩薩；可是一生補處菩薩，卻覺得自己跟 佛陀之間的距離好像比以前更遙遠；因爲他一樣無可測度、難以想像啊！

可是我卻要說：最「知道」佛陀境界的人就是凡夫。因爲凡夫們都說：「**啊！我知道了，佛陀的境界就是像我現在這樣。般若，講的就是性空唯名；**

佛陀講的就只是這樣子，我全都知道啦！」可是我卻說，他根本就不知道。往往是根本不知道的人，會認爲他完全知道。這就是娑婆世界五濁惡世時的現狀，特別是現在具足五濁之際。如果到了將來 彌勒菩薩來人間成佛時，那時人壽八萬四千歲，教訓學得夠多了，就不會有這個現象。

所以，於諸佛世尊眞的需要「生無上父想」，能夠越發了知諸佛的境界，便越能對諸佛「生無上父想」，那他就越能破除自己的「憍慢心」。憍慢心最深重的就是凡夫，越往上修，憍慢心越小。武俠小說裡面有一句話講得好，叫作「眞人不露相」；說人家練內功，練得非常好的人，太陽穴都會鼓起來，別人從外表一看就知道：「喔！這個人內力不得了。」可是有一天遇見了一個溫文儒雅的書生，這個書生竟然也背了一枝長劍。他背著寶劍，可是沒有人看過他的寶劍出鞘；因爲他的武功太好了，內力也太強了，根本用不著寶劍，那只是作爲莊嚴之用。假使遇到窮凶極惡的強梁大盜，他的氣功可厲害，就這麼一彈指：「噹！」惡人就倒下去了。可是大家都看不出來他有武功。

在佛法中也像是這樣子，修證越高的人，你平常聽不到他講佛法，難得聽到他講佛法；你要不是刻意問他，他還不會主動講出來。所以我的鄰居們，知道我懂佛法的人很少、很少；有時從我門外經過，看見我家裡二樓佛堂有座大經櫥，也供有佛像（我們講堂這個佛龕與經櫥是我設計的，是依我家裡那座我設計的圖樣放大給傢俱行去製作的），有人看見我家二樓佛堂大佛龕供著佛像，就來敲門問我：「請問你這裡有在問事情嗎？」（大眾爆笑…）我說：「我這裡沒有在給人問事情。」「啊？那你佛堂弄這麼莊嚴，沒在給人問事情，那你在幹什麼？那你是在這裡爲人家說法嗎？」我說：「我這裡也不爲人家說法。」「啊？那你到底在幹什麼？」我說：「我沒幹甚麼。」所以他們在社區路上走過，看到我每天只是坐在電腦前；鄰居們只是看我一天到晚坐在電腦前，白天也坐，下午也坐，晚上也坐。就這樣一直坐，也沒有在爲人說法，也沒有給人家問事情。那我遇見了他們，絕口不提佛法。

所以說，三腳貓最愛表現，可是眞正會抓老鼠的貓，牠不動也不吭聲。這就是說，當你證量越高的時候，雖然看見眾生離你的證量那麼遙遠，但你越會發覺自己的不足；當你越發覺得自己有所不足，越不會有憍慢心。要是有這樣的實證，發覺自己的憍慢心確實是很少很少了，就知道自己現在修行很好、很好了；如果知道自己現在憍慢心很多很多，就表示自己退步很大、很大了；但是，如果完全發覺不到自己的憍慢心，那就是完全沒有修行的人，（大眾笑…）這就是事實。所以能夠恭敬十方一切菩薩摩訶薩，都作大師想，也能對十方諸佛世尊有深入瞭解的人，表示他的證量很高；由對諸佛的證量時，他一定會覺得自己很不足，因此憍慢心就破除掉了，這時他說法就沒有障礙了！因為這表示他對十方菩薩僧的證量有深入理解；他對諸佛世尊的證量覺得不可思議，這表示他在佛法的深度和廣度上面都足夠了，否則沒有辦法恭敬於十方菩薩摩訶薩，也不可能對諸佛世尊生起「無上父想」。既然這兩點他都作到了，表示證量是很高的，智慧是很深廣的，那他為人說法就不會有障礙了。這就是想要在今世或者後世為人宣講《妙華蓮華經》的人，應該修學的第三種「安樂行」法，這第三個安樂行法的內容大約如此。

「第三法如是，智者應守護，一心安樂行，無量眾所敬。」有智慧的人應該同時守護這第三個「安樂行」法，當他能夠如此守護一心安樂行菩薩道的時候，必然是「無量眾所敬」；所以在弘法的過程中，不論是五濁惡世，或者到了人壽八萬四千歲時，之所以能夠獲得無量大眾的恭敬，不單單是能夠如實演講《法華經》而已，還得要遵行 佛所說的「安樂行」法，否則跟隨修學的人，心中會生起煩惱；當他們心中生起煩惱時，大家私底下竊竊私語：「啊！我們老師好貪，我們老師瞋心也是好大，我們老師其實沒甚麼智慧啦！」這一類竊竊私語將會流傳不斷，那他不能得到大眾之所敬愛，當他演說《法華經》的時候，心裡面一定不免一肚子氣；那麼請問：當他演說《法華》的時候，願意把其中的眞實義解釋出來嗎？一定不願意。但我說句老實話，其實他根本就沒有那個能力，因爲他不能遵行這個「安樂行」法，就表示他的智慧不夠嘛！智慧夠的人一定會遵行這個「安樂行」法；所以他攝受眾生爲大眾說法，幫助大眾證道，一定是「無量眾所敬」。那麼接下來 佛陀怎麼開示呢？

經文：【「又，文殊師利！菩薩摩訶薩於後末世法欲滅時，有持是《法華經》者，於在家、出家人中生大慈心；於非菩薩人中生大悲心，應作是念：『如是之人，則爲大失；如來方便隨宜說法，不聞、不知、不覺、不問、不信、不解。其人雖不問、不信、不解是經，我得阿耨多羅三藐三菩提時，隨在何地，以神通力、智慧力引之，令得住是法中。』文殊師利！菩薩摩訶薩於如來滅後，有成就此第四法者，說是法時無有過失，常爲比丘、比丘尼、優婆塞、優婆夷、國王、王子、大臣、人民、婆羅門、居士等，供養恭敬，尊重讚歎。虛空諸天，爲聽法故亦常隨侍。若在聚落、城邑、空閑林中，有人來欲難問者，諸天晝夜常爲法故而衛護之，能令聽者皆得歡喜。所以者何？此經是一切過去、未來、現在諸佛神力所護故。文殊師利！是《法華經》，於無量國中，乃至名字不可得聞，何況得見受持讀誦？」】

語譯：【「此外，文殊師利！菩薩摩訶薩們在後末世正法即將滅沒時，其中若有受持這部《法華經》的人，對於在家、出家人都應該生起大慈之心；對於非菩薩的其餘眾人，則應該生起大悲之心，應該以這樣的念頭放在心中：『這些人眞是大大失掉了自己的利益；如來運用種種善巧方便，隨順眾生之所宜而爲說法，這些眾生竟然不聞、不知、不覺、不問、不信也不解。這一些人雖然不問、不信、不解這部《法華經》，但是我將來得到無上正等正覺時，不論是在甚麼地方，只要有緣，我就用神通力、智慧力來引導他們，讓他們可以住在《妙法蓮華經》這個勝妙法之中。』文殊師利！菩薩摩訶薩在如來入滅度之後，如果有人能夠成就這個第四安樂行法的人，那麼他爲人家演述《法華經》時就不會有過失，因此他常常會被比丘、比丘尼、優婆塞、優婆夷、國王、王子、大臣、人民、婆羅門、居士等人，供養恭敬而且尊重他、讚歎他。虛空諸天，爲了想要聽聞他演述《法華經》的緣故，也常常跟隨在他身旁來侍候他。如果是在村落中或者大城市中、或是在空閑林之中，有人想要來難問他的話，諸天也會從白天到夜晚永遠都爲了法的緣故而衛護於他，能夠使得聽聞他說《法華經》的人，都得歡喜心。爲什麼這樣呢？因爲『此經』是一切過去諸佛、未來諸佛、現在諸佛的神力所護持的緣故啊！文殊師利！這部《妙法蓮華經》，在無量國中，乃至這部經典的名字都沒辦法聽聞到，何況可以親自看見、受持而讀誦呢？」】

講義：好！佛陀說完第三種安樂行法，接著又吩咐說，如實演講《法華經》的人，還要修第四個「安樂行」法。這第四個安樂行法看起來，好像對自己沒什麼利益，其實不然。我們先來解釋一下經文：菩薩摩訶薩在「後末世」，也就是末法時代即將結束的時候，如果有人在那時候還繼續受持《法華經》，也就是受持如來藏妙法，以及因如來藏妙法而演述出來的十方諸佛不可思議境界，這樣的菩薩摩訶薩對於在家、出家人應該生起大慈心；對於非菩薩之一切人，應該生起大悲心。那麼這裡面就有文章了，爲什麼對在家、出家人生大慈心，對於非菩薩人中生起大悲心？這在顯示一個道理：成佛之道勝妙而無上，不是聲聞之人所能知道，外道及世俗凡夫當然就更不知道了。

也許我說這句話的時候，今晚正好有人是第一次來聽經，心裡面想：「唉呀！你蕭老師講這一句話，會不會誇大了一點兒？」我說：「不會呀！一點兒都不誇大，因爲我說的是如實語呀！」諸位想想看，在正覺同修會開始弘揚佛菩提道之前，有誰聽過眞正的佛菩提道？沒有欸！海峽兩岸所有佛教界大師們在談佛菩提道，也就是在談佛法的時候，講的都是聲聞法，不曾講到佛菩提道的內涵。在正覺出世弘法之前，有誰曾把聲聞道、佛菩提道界定清楚？沒有！所以正覺出來弘法之前，大家說的佛法實證，都只有證得初果到四果，有沒有人說他實證的是第七住位菩薩、是第十住位菩薩，或者初地、五地菩薩？有沒有呢？都沒有啊！是從咱們正覺開始弘法以後才有此說。那，爲什麼他們主張說阿羅漢就是佛，我們卻說阿羅漢不是佛？因爲法道不同，實證的內涵不同，智慧不同，解脫境界不同，心態也不同。再說一個，就是心量差得更多，所以兩者完全不同啊！那怎麼能夠說阿羅漢就是佛？那麼聲聞法與佛法之不同所在，是我們正覺開始弘法以後才講出來啊！在我們之前，沒有人談到其中的差異。所以對於菩薩與非菩薩是要有區別的。

那麼前一句說「於在家、出家人中生大慈心」，這是對菩薩們講的；當你能夠爲人如實宣講《法華經》時，你對於菩薩種性的學人們應該生大慈心，「於非菩薩人中」應該「生大悲心」；這二個心態是不同的，面對的態度是不同的。爲何有此不同？因爲對於在家、出家菩薩，他們已經發起四宏誓願，受了菩薩戒，是眞正要行菩薩道的人，這正是菩薩啊！當他們已經發了四宏誓願又受了菩薩戒，他就是立定志願要一世又一世行菩薩道，不會專修聲聞道；可是這一些在家人、出家人，受了菩薩戒開始修菩薩道的時候，爲何需要你對他們生起「大慈心」？也就是說，他們需要你生起一個很大的、想要利益他們的心。要怎麼樣利益他們呢？就是幫助他們在佛菩提道中得以實證，實證的時候他們心裡就會很快樂啊！

你們來正覺學法開悟以後，會比開悟前痛苦嗎？有沒有？有的話請舉手（大眾笑⋯）。一定不會比開悟前痛苦，求開悟前很苦啊！因爲如喪考妣！好像死了老爹、死了老娘一樣難過。因爲：「明明就知道如來藏跟我在一起，可是我怎麼樣都找不到祂。」眞的好像椎心刺骨一樣，痛苦得不得了。可是破參了以後呢？「《心經》啊？原來是在講這個喔！我眞的知道其中的眞實義了，再也不是憑思惟想像來理解的了。」於是心裡面就很高興了。然後，把《般若經》請了出來讀：「啊！我終於懂了！原來以前都白以爲懂，現在才是眞的懂。」於是法樂無窮啊！「慈能與樂，悲能拔苦」，你既然能爲人如實宣演《法華經》，就得爲這些在家、出家的菩薩們生起「大慈心」，也就是要生起一個心念，想要讓他們得到很大的快樂。

但這個快樂要從哪裡來？從實證來。以前讀不懂《心經》到底在講什麼，看起來好像是一切都空掉了！因爲《心經》說「照見五蘊皆空」，然後接著說「是諸法空相，……無眼耳鼻舌身意，無色聲香味觸法，無眼界乃至無意識界，無無明亦無無明盡……」，什麼？連「無明盡」也沒有了？噢！那好像全部都空掉欸！最後告訴你說：「去吧、去吧、趕快去吧，大家都去無生死的彼岸吧！菩提圓滿了。」「揭諦、揭諦、波羅揭諦，波羅僧揭諦，菩提薩婆訶」，有沒有？就是告訴菩薩與大菩薩們趕快到無生無死的彼岸去吧！那麼超越了生死的彼岸到底在哪裡？又摸不著個頭緒。

可是等到有一天真的開悟了說：「原來《心經》是在講這個，就是我真如心裡的事情欸！懂了。」懂了就很快樂，對不對？甚至快樂到哭。快樂也會哭喔，因為太快樂了，所以會哭。以前有一位同修說：「我看人家寫見道報告，說他解三在誦《心經》的時候，感動到哭，哭到一塌糊塗。我如果真的悟了，我誦《心經》時才不哭呢！」等到他真正開悟了，解三誦《心經》時他照樣哭得一塌糊塗，還不是跟人家一樣！為什麼他也會跟人家一樣哭？因為太快樂了！以前被《心經》轉了三、四十年，現在則是自己可以轉《心經》，你說快樂不快樂？當然快樂啊！

這就是說，「於在家、出家人中生大慈心」，他如此生心的對象是凡夫位的出家、在家菩薩們；如果他們不是菩薩，那你就不應該用《法華經》這個妙法來對他們生起大慈心；換句話說，如果是聲聞人，你不要幫他開悟；一定是個菩薩，你才能幫他開悟。這是原則，所以若非菩薩類，你就不讓他證悟。如果某一個人，他的菩薩性具足，而且他已經發了四宏誓願受了菩薩戒，那你就要對他生起大慈心哪！要儘量拉拔他。如果他證得此經的因緣還沒有成熟，就儘量教育他，不斷教育他，教育到他的因緣成熟了，然後你的大慈心就要發揮作用了——幫他實證「此經」。這就是說，這一些在家、出家人是指菩薩。不是世俗凡夫，不是外道，也不是聲聞人。

如果你遇到某一些人，他們是聲聞人，一心只想趕快脫離三界生死，你叫他來為眾生作事，他們都不肯，只想自己每天打坐，自己讀經典、好好去參究；什麼都不管，只想自己的道業，這就屬於聲聞人了；即使他們進到正覺裡來，已經在修學大乘法了，我也還說他們都是聲聞人，因為心態就是聲聞人嘛！那麼對於這一種人，你得要「生大悲心」，你要對他們有很大、很大、很大的悲心，要有特大號的悲心！你得找機會告訴他們：「此經是菩薩之所實證的，你現在還是聲聞人的心態，你的菩薩性還差很遠呢！像你這樣每天只為自己而努力打坐、努力研讀經典，那你什麼時候才能證得此經？因為你不是菩薩類，你是聲聞類。」

要有大悲心，這話才講得出來，否則誰願意當惡人當面去跟他說：「欸！你是個聲聞人。」誰願意這樣講？都不願意呀。我出來弘法二十年了，我也不曾當面跟任何人講過「你是個聲聞人」，但是我會在說法的時候，常常舉例說甚麼樣的心態就是聲聞人；如果當面講了，可能他就不告而別，那麼未來世再相遇時，他的心性還是不會轉變啊！我們要設法在這一世轉變他，就得要一次又一次舉例解釋；那麼他聽了自然會去轉變，聽一次轉變不了，你就讓他聽十次；十次轉變不了，就讓他聽上一百次。有一句話說得很好：「謊話說了一千遍也會變成眞話。」你只要對他講上很多次，他熏習到後來也就習慣了，結果他就是漸漸接受了嘛！他自己將會不知不覺中，一分一分、一分一分就接受了，時間久了他的菩薩性就發起來了。

所以對於這一些人，應該有「大悲心」，要耐心教導；不要當面斥責他，否則他就覺得很無趣，於是只好離開啦！所以說，對非菩薩人應該生起大悲心，還應該要告訴他：「你只喜歡修解脫道，你只急著離開三界生死，可是你離開三界生死之後，五蘊十八界都不在了，無餘涅槃中只剩下本際如來藏，沒有見聞覺知，那你住在裡面有什麼意義？」先提醒他，你不能一次講太多喔！今天講一點，明天講一點，後天又講一點，讓他去深入思考；時間久了，他終究會思考：「原來入無餘涅槃是那個樣子，什麼都沒有，只剩下本際，而本際離見聞覺知。」他心裡面想：「那我就算眞的入無餘涅槃，不能利益眾生，也不能使我成佛，那我住在裡面幹什麼？更何況住在裡面的不是我覺知心自己，而是本際如來藏。」他一想：「欸！也對！是某甲師兄告訴我這個道理，我確實應該思考思考，要不要繼續單單一味追求解脫生死？」

他有一天眞的會去思考，然後哪一天有機會時，你就告訴他：「菩薩還沒有離開三界，就住在無餘涅槃裡面了。」上一回講的是把他的五陰殺掉，這一回卻要鼓勵他求證本來自性清淨涅槃，讓他羨慕，讓他去想：「好奇怪喔！我們得要滅掉我執才能入無餘涅槃，嘿！菩薩竟然不必滅掉我執，就已經在無餘涅槃裡面。奇怪，那是什麼涅槃？」於是他趕快來到你家問你：「欸！某甲師兄，你說菩薩五蘊都還在，就已經住在無餘涅槃裡面，那到底是什麼涅槃？」就告訴他：「本來自性清淨涅槃。」他聽了就問：「這是什麼道理？」你當然要爲他解說，這時應該生起「大悲心」，不要嫌他太囉嗦、太煩，也不要嫌他不懂，得要告訴他：「一切有情本來自性涅槃，因爲一切有情的五陰十八界，從來不曾外於自己的如來藏。可是一切有情的如來藏本來就在無餘涅槃中，所以一切有情的生死就在涅槃中生死，沒有離開過涅槃；生了也是涅槃，死了還是涅槃。」

「那爲什麼生了也是涅槃，死了也是涅槃？」他提出來問了，你就告訴他：「因爲生即不生之性。」就告訴他：「因爲不生也不死，就在不生不死之中，無妨有無量的生死；在無量的生死之中，其實是不生不死，所以不生不死就是無餘涅槃。」他一想：「對喔！」啊！可是又想不通。那你就告訴他：「你若是證得此經了，自然就看見實相確實如此。但你想要證此經，就得要好好發起你的菩薩性。因爲要證此經的人，得要有大福德，也得要有菩薩性才行，所以不要一天到晚窩在家裡打坐啦！」

因爲有好多居士都刻意去山上，找山上人家的小磚屋、小木屋，買下來或租下來，破破敗敗的，他就整修一下，然後一個人拋家棄子住在那山上，就這樣努力在打坐修道；可都不知道自己是盲修瞎練，一心想的只是怎麼樣出三界，永遠沒個入處。那你告訴他這個道理：「入無餘涅槃是那個樣子，是所有的三界自我全部滅掉，那你要不要？」他想一想：「那我才不要咧！那多沒意思。」眞的沒意思。然後告訴他：「這一邊的菩薩涅槃，跟你們那一邊的聲聞涅槃，是完全不同的。我們這一邊的菩薩涅槃，是在生死中就已經涅槃。」他一想：「有這麼妙的法，那我要來學這個法，但我要怎麼學？」你就告訴他：「你從今以後不許打坐，好好來跟我學拜佛。」就一步一步去引導他，然後轉介他進入正覺修學，對聲聞人，你應當這樣作。你不要嫌煩，因爲他想要轉變的時候，心中會有很多疑惑，那你要爲他解惑釋疑，讓他可以理解而完全信受，因此他就能夠轉換過來成爲有菩薩性的人。等他成爲有菩薩性的人，你就要換這一句話來遵守了：「**於在家、出家人中生大慈心**」。

如果他不是聲聞人，只是個世俗法中的凡夫，連解脫道都沒聽過，那你對他該怎麼辦？你應該先從人天善法爲他說起，然後再從聲聞道爲他解說：五陰十八界的內容，以及苦、空、無我、無常，就爲他講解四聖諦八正道。若是他一時也聽不進去，那你就等待機會，例如他家裡出事了，也許是他的親屬出車禍死亡了。那你趕了去，不要像慈濟那些委員這樣摟著對方，拍著他的背說：「**不要傷心啊！沒關係啦。**」等等，那些話都沒有用，慈濟人作那些事情只是在「**搏感情**」（閩南語）啦！不是眞的在利樂對方。眞正利樂對方，就應該告訴他：「**我以前跟你講過如何是苦，你現在這個情形也就是苦啊！這叫愛別離的苦啊！**」然後一面爲他解說這個道理，一面告訴他說：「**但你過去世也有很多的子女啊！其中也有很多是遭遇橫逆而死亡的，那你怎麼不爲他們哭一哭？單單爲這一世這個子女哭？**」

他一想：「欸！你怎麼跟我講這個話，你這個人這麼無情。」你說：「我不是跟你講有情或無情，我是在讓你生起智慧。你有無量的過去世啊！不是單單只有這一世。那你無量的過去世也都有成家立業，也都有子女啊！那你爲什麼單單疼愛這個，就把過去世的子女全給忘了呢？」那他想一想：「嗯！也有道理。」有點分心了，心裡就少一點苦了嘛！當你爲他說一堆法的時候，他就忘了那個孩子死去的事情。然後你就告訴他：「你現在沒有像剛才那麼痛苦了，對不對？」「對！我現在心裡面比較開解一點了。」那你就告訴他說：「你看！我跟你說了這一些法，你有聽進去啊！所以你的痛苦就減少了。所以說，苦在人間是永遠存在的；當苦的現象存在的時候，你要怎麼樣解脫呢？其實可以當下就解脫了！」

那你就先從理解這一些現象來幫他解脫這個痛苦，能解脫一分算一分，解脫十分算十分。可是你要讓他解脫這個苦，一定是很辛苦的。眞的很辛苦，因爲他是一位世俗人，要讓他瞭解苦是很困難的；但你既然有慈心、有悲心於一切有情，就應該爲他們拔除痛苦啊！因爲他既然跟你認識、跟你結了緣，你就應當這樣利樂他，不要嫌煩。這就是「於非菩薩人中生大悲心」，一步一步引導他走向佛菩提道。這個如果沒有大悲心是作不到的，只有一般的悲心就作不到，通常講上三、五分鐘以後，連自己都煩了，不要說是講更深入的法給對方聽。

那麼對於菩薩一類的人，不管他在家、出家，你都應該生起「**大慈心**」。這個慈心爲什麼稱爲「大」？因爲你這個慈心有兩個原因，才稱之爲大：第一就是你對於一切有情，已經迴心大乘中成爲菩薩種性的人，你對他們的慈心是恆續而久遠的。你不會說：「**我只要這一世利樂他，未來世我都不理他。**」絕對不會這樣，一定會盡未來際繼續利樂菩薩種性的有情，這個心是廣大而久遠的，所以不會輕易拒絕某些人；不管誰，你都要攝受他。那麼爲什麼又說是「**大慈心**」？第二，因爲這樣的菩薩智慧深而廣，所以能夠爲眾生次第開示引導，最後實證既深妙又廣大的《法華經》，所以這樣的慈心就稱爲大慈心啊！

不曉得諸位還記不記得達摩大師講的話，他說：「**諸佛曠劫妙道，不是那一種小根小器的人之所能證。**」得要是大心的人、得要是大根器，才能實證「此經」如來藏而開悟實相般若啊！如果根性不夠廣大，心量不夠廣大，老是爲自己著想，那是聲聞凡夫，不該讓他證得諸佛的曠劫無量妙道。所以對於菩薩道中的一切人，不論是出家或在家，都應該有大慈心想要利樂他們；這個利樂，既是廣大的，也是深奧的，而且是久遠的，這是很難作到的。有很多祖師度眾一世以後，想一想：「**算了！不要再來人間了，人類好難度化啊！**」於是他們死後生到兜率陀天去了，要不然就往生極樂世界去了，因爲在人間度眾生太辛苦了。

可是他們沒有注意到的一點，就是在人間度一個人證悟，遠比在欲界天中度一百個人證悟的功德更大。因爲人間的人是最難度的，那你到欲界天去，大家都只顧著享樂，所以你只好生到兜率天去。但生到兜率天去以後，那裡需要你度人嗎？彌勒菩薩都在說法啦！那你在那邊度一百個人，要度多久？你得要度多久？那邊的時間很長欸！若是在人間弘法一世，不要說度很多人，每一世度一百個人就好，每一世都能度一百個人開悟；換到四王天中，那裡的一天等於人間五十年，能度幾人？你在人間這一世就算活一百歲，用五十年時間度一百個人，也才等於四王天的一天而已；那你下一世又來度一百個人，想想看，以四王天一生的時間，你在人間可以度多少人？這樣算盤會打了沒？會了喔！所以不要怕辛苦啦！在這裡度眾很快，你在天界度不了什麼人；就算你能夠度一百個人，你那一世度一百個人，如果換成在人間，同樣的時間你可以度了多少人？要想通這一點喔！所以在人間度人，不要怕辛苦，不管如何不順利，打擊有多大，你都要作！

對於在家、出家的菩薩一類人，你眞的需要**「生大慈心」**，幫他們在合適的因緣下開悟。對於非菩薩——聲聞種性的人或者世俗凡夫，那你就要**「生大悲心」**；因爲你沒有辦法幫他開悟，他的緣是不成熟的、是沒有菩薩性的人，你不應當幫他開悟。你應當讓他瞭解自己原來所住心境的過失，然後次第轉變他；一世轉不成就兩世，兩世轉不成就十世，乃至一劫兩劫十劫去轉變他；只要不跟他結下惡緣，你未來世中都有機會轉變他，這就是你於這些非菩薩人生起大悲心。那爲什麼這個悲心稱之爲「大」？因爲你對他們的悲心是恆續而久遠的，不是短時間的；並且你要利樂他們，要把他們拔出痛苦的三界輪轉境界，所以這個悲心不小；因爲一切有情、諸天天土天人，都沒有能力拔除這些人的三界生死痛苦；但是你有能力，而且你也正在作了，所以這個心就稱爲**「大悲心」**。

這個大悲心函蓋的範圍還要夠廣大，也就是說，你所攝受的眾生，不單單是聲聞人，還包括世俗凡夫。不讓世俗凡夫起煩惱，並且將來有能力的時候，還要在世俗法上幫助凡夫眾生們。例如 觀世音菩薩為什麼大家都稱呼他為「大慈大悲觀世音菩薩」？為什麼都要冠上「大慈大悲」四個字？他為什麼有「大悲」，因為他對一切有情都不捨棄，而且是恆續而久遠，這才叫作大悲啊！從來沒有人說：「我去到龍山寺，菩薩都不讓我進去。」沒有吧？對不對？流浪漢進去裡面在那邊睡覺，菩薩也沒有托夢給住持要去趕人；窮凶極惡的人去求籤，菩薩也給籤，沒有求不到的，菩薩也給他指示；不管他問的是什麼東西，問的是世俗法，菩薩也給他指示；若是不該問的事情，菩薩也會告訴他說：這事情不該問。因此沒有人被拒絕過。所以普攝一切眾生，不捨一切眾生，這個悲才能稱為大悲。

那你要為人家講《法華經》時，也得要有這樣的心量與心境。得要保持這樣的心態，才不會動不動就說：「我好累喔！」於是徒眾來了說：「師父！您累了，我幫您按摩按摩。」你說：「不是！我心累了，不想弘法了！」那徒弟聽了會怎麼樣？會覺得很難過，也會寒心欸：「我跟隨師父這麼久了，師父突然說不教導我們了。」也會很難過啊！這表示說，他的悲還不是大悲，因爲不夠恆久嘛！一定是恆而持久、永續不斷，才能稱爲大悲。那麼諸位看看 觀世音菩薩化現作各種模樣利樂有情，且不說別的，單說 白衣觀音就好了，化現有多久了？不可考！因爲在 佛陀來人間之前，觀世音菩薩就化現作不同的身分，早就從世間法上在利樂眾生了！所以要能夠持續而久遠、恆常不斷，而且廣攝一切眾生，不拒絕一切眾生。即使是殺人放火之流，也許三更半夜跑到一間觀音廟裡，去請示或者求籤，菩薩也不拒絕，一樣攝受，這樣才能稱爲大悲！

所以你們要有個自覺，因爲我知道你們有很多人發願說：「**我未來世也要爲人演講《法華經》。**」好，現在要有自覺：「**於在家、出家人中生大慈心；於非菩薩人中生大悲心。**」你們要有這個自覺！以前讀過經文，不知道原來那內涵是那麼嚴重，現在知道很嚴重了喔！得要不捨一切有情。因此，對於菩薩性具足的人，你要幫他實證了。這樣想一想，心裡面不許打退堂鼓喔！既然發了願說：「**我未來世要講《法華經》。**」那就繼續走下去。因爲當你有能力講的時候，諸佛會加持你講《法華經》，你不必害怕。當你遇到橫逆的時候，諸佛給你依靠，十方大菩薩也可以給你依靠，不必擔心。

所以發了這個願，就繼續去作。在這麼艱難的環境中，我們都已作了二十年；這二十年來，其實也說不上什麼功績；例如說，我們有沒有蓋個什麼金碧輝煌的大山頭？有沒有？沒有。我們在這裡也不過買了三間講堂而已，第四講堂還是租的啊！（編案：宣講當時還沒有第五、第六講堂）可是我們作的是什麼？也沒有多作什麼，只不過把我們古時候，就像菩薩講的「衣冠重整舊宿風」，只是把古時候的衣冠重新加以整理，顯示出以前我們在弘法的那個模樣出來，只是回到古時的門風而已。我們作到今天二十年，看來好像沒有什麼成績；因為人家都是五十萬眾、一百萬眾，乃至於號稱千萬眾，而我們才多少眾？跟人家不能相提並論，所以看來好像沒有什麼成績。

我們也沒有什麼功勳可說，今天有誰出來讚歎說：「唉呀！蕭平實真好！你們正覺真好，把整體佛教給復興了！」有沒有誰讚歎過？也沒有啊！一個也沒有。佛教界看正覺，認為沒有什麼功績可說。是不是這樣？事實是這樣。沒有人讚歎過說：「你們正覺對佛教界貢獻好大喔！」我也不曾期待過，只要不毀謗正法、不抵制正覺就好了。可是菩薩為我們說出來了：「道是無功卻有功。」其實正法的功德力現在已經在發酵了。

我也知道諸位這兩個月來在北部很努力度眾生、發那些文宣，但是你們自己沒有感覺到什麼功績出現，其實是有。因爲有一天我去一個地方，跟人家有所接觸，有人在談論：「啊！今天我們老闆拿到一個什麼東西……。」我說：「你們拿到什麼？」他說：「唉！垃圾教！」（閩南語發音，大眾笑…）他們罵密宗是垃圾教。然後他們就講起來：「那些喇嘛竟然，竟然是……。」我就附和說：「對啊！喇嘛們就是這樣，不但如此而且……。」我又補充一些。我可以補充，因爲他們不知道我是誰（大眾笑…），我就說：「不但如此，而且……。」然後有一個人就說：「宗喀巴很好，宗喀巴就很清淨。」我說：「不然！宗喀巴是一次要用九個女人咧！」「啊？有這種事情喔？唉！垃圾教！」（閩南語發音）他們就罵開了。

你們看文宣品有沒有作用？有啊！他們剛接到的時候，會覺得不可思議：「怎麼可能會這樣？」剛開始以爲我們是在毀謗人家，可是結果呢，他們現在知道說：「喇嘛們都在淫人妻女，好在我老婆沒有去學密，好在我女兒沒有去學密。」他們現在是這樣想的。那麼，最近又有個喇嘛開闢了個電視節目，講什麼他們活佛轉世有多麼神聖、多麼高貴。但是咱們就繼續努力，正法的作用一定會一點一滴發酵起來。到最後，那些邪法不可見人的內涵就會整個蹦開來，讓大家全都看清楚。因爲喇嘛教的邪法裡面藏汙納垢，最後一定是腐朽而發酵，也就爆開來了！

所以諸位努力去流通文宣品時，看來好像沒有得到什麼功勞利益，但其實是有；所以救護眾生的事就得繼續作，那我們今年原則上不登報，就只是廣發〈解密快報〉文宣。這事情我有很多層面的考量，所以今年不登報，那麼明年，且等明年來了再來考量。有很多事情，我們去作以前，要從各個不同層面依當時的時空背景，作各種不同的考量，這也是利樂眾生時要考慮的地方。所以你們去發那些文宣品時，心裡不要起個念頭說：「唉呀！這些都是世俗人，這些都是世俗人。」每發一張就想是世俗人（大眾笑⋯），你如果這樣子，有這個念頭存在的時候，人家就會感覺到你對他有一點不屑，一定會感應到的；那你把文宣發出去，本來有很大的福德與功德，就被自己打折扣了，對民眾的說服力就降低了。如果你是很誠懇，他們會感受到說，你這個人是好人。這是第一個印象。當他發覺你很誠懇，已經認定你是好人的時候，那麼你的文宣品所說，救護他、保護他的那些字句，他就會接受，那你所要達到的功德與福德便成就了。

也許你要問：「那我發這些文宣品，有什麼功德，有什麼福德？」有啊！因爲你其實已經攝受了自己的一分佛土。你們如果讀過《本生經》就會知道，佛陀的弟子們都是往世跟祂結過緣，都是曾經在世俗法上先結過緣，因此很多世以後就被 佛陀所度。你親自遞出去，這是「自手施」，也就是親手施；你遞出去這一份文宣品，好像沒什麼價值，不過是一、兩塊錢印出來薄薄的一張紙，也是「財施」呀！且不說法施，單是這個財施，你每發一張出去給別人，未來世都是千倍萬倍之報；你發一張出去，假設那一張文宣品是一塊錢好了，未來的回報只算一千倍，那麼未來世就是獲得一千塊錢的回報。這個算盤會不會打？會呀？

而且，他們又會成爲你未來成佛時所攝受的佛土，未來世你成佛的時候，他們都是你的弟子，所以你不要小看眾生。那你救護他們，有一天他們突然想到說：「唉！有些年紀了，我得要學佛了。」於是他們會去注意應該走哪一條路，會想：「我應該學什麼法？」當人家介紹密宗的時候，他們第一個念頭就是「垃圾教」，垃圾教就是「骯髒教」的意思，於是他們就會遠離那種邪法；會去尋找正統的佛法修學，那時他們心裡面就很感恩。特別是他們終於找到正覺的時候，會說：「我會進正覺的第一個原因，就是因為有人給我的那一份破密宗的文宣原來是正覺發的，那就一定是正法道場。」所以他們就進正覺來了。雖然他們已經不記得那是誰發給他的，但心裡一定會很感恩；當他們未來世與你相遇的時候，種子就會相應到。

所以說，經文中告訴我們要作這一些事情，都不是沒有原因的。佛為什麼交代說「即使到了正法將要滅的時候，也應該發願救護一切人、攝受一切人」？為什麼交代說「對於菩薩種性的在家、出家人，你應該生大慈心幫他們實證」？為什麼又要交代說「在非菩薩人中，應該生大悲心來救護他們」？這樣作，對你有什麼利益？有啊！因為這是在教導你要普遍攝受一切佛土啊！你如果佛土攝受不夠，根本就不要談成佛。可是攝受佛土並不是去堆積泥土成為一個佛世界，而是從「眾生的心去攝受」，然後眾生各自有如來藏，將來因緣成熟時，就會共同成就一個佛土，這就是攝受佛土。所以這第四個「安樂行」法，其實就是告訴我們要發願攝受一切人，就是要廣泛地攝受佛土。那麼菩薩生起這樣的大慈心、大悲心，應該要有什麼作意，這就只好下週分解，因爲時間又到了。

世尊說，想要攝受佛土、想要爲人演說《法華經》來利樂眾生的菩薩，「應作是念：『如是之人，則爲大失；如來方便隨宜說法，不聞、不知、不覺、不問、不信、不解。其人雖不問、不信、不解是經，我得阿耨多羅三藐三菩提時，隨在何地，以神通力、智慧力引之，令得住是法中。』」這是上承前面 佛陀的吩咐說：「菩薩摩訶薩在後世末法即將要滅盡的時候，如果有人受持這部《法華經》，對於在家、出家眾要生起大慈心，要設法幫他們證悟此經；對於非菩薩的人，雖不應該幫他們證得此經，但是應該對他們生起大悲心。」非菩薩之人，就不應該讓他證悟實相，因爲這是三世諸佛的無上之密；不該幫他們證悟的原因，是因爲他們並非菩薩種姓。可是卻也不應當捨棄他們，應當對他們生起大悲之心；對他們生起大悲心的時候，應該怎麼樣安住自己的作意呢？應該住於什麼樣的作意之下來對這些人生起大悲之心？這就是今天一開頭要講的。

世尊吩咐說：「後末世講《法華經》的菩薩，對於非菩薩人，應該生此作意，在心裡面這樣想：『這一些非菩薩之人，眞是大大的失利；如來以方便隨著眾生根機的各種適宜與否，來爲他們演說妙法，可是這一些人竟然不能聽聞、不能了知、不能覺察，不但如此，而且連問都不問；對如來所說也是不相信、不能理解。雖然這一些人不問、不信也不能理解此經，可是將來我得到無上正等正覺時，不論在什麼地方，我會以神通力、智慧力而引導他們，使他們安住於這個妙法之中，不再生起疑心。』生起這樣的作意時，一定是有道理的，世尊不會無緣無故這樣吩咐。

首先第一個作意是：這一些人是大大的失利。爲什麼大大的失利？因爲這一些人不肯發菩薩性，不是菩薩人；他們或者是聲聞人，或者是外道，或者還沒有發起菩薩心而仍然是在凡夫的心態中，所以這些人不是菩薩。既不是菩薩，就無法實證這個法，因此能夠爲人宣講《妙法蓮華經》的菩薩，也不應該幫他們證悟。這一些人雖然有緣遇到了菩薩摩訶薩，也是不可能證得「此經」，這就是他們大大失利的地方。

至於爲什麼這些人大大的失利呢？如來解說了原因：如來以方便善巧，觀察眾生的根器，隨著眾生的適宜與否作出了判斷，然後隨著眾生的根性，看他們是應當瞭解聲聞法、實證聲聞法的人，就爲他們演說聲聞法讓他們得以實證，但終究不爲他們演說佛菩提；如果是只適合修天道的人，就告訴他們如何往生欲界天、色界天乃至無色界天，不爲他們演說聲聞菩提，更不解說佛菩提。如果只適合修人道，也就是持五戒不害眾生，就爲他們解說人間的善法，連如何往生欲界天、色界天、無色界天的法也不爲他們說；單說持五戒保住人身的法，未來世不下墮三惡道；對這種人當然更不可能爲他們解說佛菩提道。

那麼 如來爲什麼會這樣子方便施設而「隨宜說法」？因爲這一些人對佛菩提道是聽不到的；即使他們在座聽法也還是聽不到，因爲佛菩提道的內容太深，他們根本不可能聽得懂，所以就算是在座聽聞也是不聞。你們跟隨我這麼久了，知道佛菩提深在何處；如果沒有聽聞我講過佛菩提道的深妙法，也許你聽了心裡面懷疑：「豈有此理？佛菩提道是什麼地方深？我把經典請出來自己一讀就懂了。」我相信你們以前也走過這個過程，把《般若經》請出來讀時，心想：「我知道了，就是這個意思啦。」都是認爲自己看懂了，釋印順不也是如此以爲的嗎？對呀！而這卻是很平常的事。

然而佛菩提道，且不說深妙的佛菩提道，單單說見道中的眞見道部分，禪師們相見的時候大聲地說話，講的都是家裡人所知的話，可是禪宗典故記載的是，侍奉在禪師身旁的兩位侍者，側耳而聽，竟然都不曾聞，連一句也沒聽到，都不知道二位禪師是講什麼？這應該是不可能的啊！二位侍者又不是聾子，怎麼可能都不聽聞？其實是因爲完全聽不懂，不知道禪師在講什麼，每一個字都聽得懂，可是禪師到底在講什麼？全都聽不出來，所以說側耳不聞。由此可見佛菩提是多麼的深啊！單單是開悟明心的大乘眞見道就很難得聞，何況是佛菩提的整個內涵，特別是《法華經》的內涵。所以心量不夠大的人是聽不下去的，因爲他根本就沒聽見 佛陀講了什麼，聽了也是完全充耳不聞。聽不清楚 佛陀所說的內涵是什麼，顯然他就是不知，就等於完全沒有聽到一樣。

例如《法華經》這些字句，明明白白印在白紙上面，但古來能有多少人知道其中的深意？眞的是難得啊！所以不知《法華經》的人是很多的，不覺的人當然更多。不覺就是說，也許聽懂其中一部分，但其中很深的部分還是無法覺察的。不能夠覺察，也有另一個層次，就是說，乃至連某一些開示之中，是不是有表顯出一些言外之意，他都完全沒有覺察到。不知深意的人有時還會覺察說：「佛陀這麼講，應該有弦外之音。」可是前面說的這個人是完全沒有覺察的，就是懵懵懂懂地聽過去，也有這樣的人啊！

「不聞、不知、不覺」是三種人。如果「不聞、不知、不覺」的人，他正好是個聰明人，應該提出來請問一下。有緣遇見了世尊說法，聽不懂或不能知道、不能覺察，至少也該請問世尊：「世尊！您剛剛說的是什麼義理？」至少也要問一下。可是他們竟然連問都不問，這就表示他們心中有慢心，不想讓人家知道他聽不懂，所以不問而裝作已經知道。甚至於更嚴重的人，根本不相信：「啊！佛陀又在說一些神話故事了。」他心裡面這麼想，表示他根本不相信《法華經》所講的內涵，全無信受。

對妙法沒有信受的人，能夠理解世尊說的是什麼義理嗎？一定先要信受，才願意嘗試去理解佛陀所說的意涵到底是什麼。如果連信都不信，他根本不可能試著加以理解；所以才說「信」、「解」，信要先在前，然後聽了才能理解。即使遇到了邪教，想要領受邪教之法，也得先信嘛！然後才能去理解他在講什麼，才能夠下定抉擇，來判斷這是不是邪教。如果你沒有先信受他所說的言語，就不可能去理解他說的內涵，那你如何判定他？

就像我這一世因為還沒有離開胎昧，在這一世破參以後開始讀《大正藏》，讀到裡面的《大日經》、《金剛頂經》、《一切如來金剛三業最上祕密大教王經》等，當年第一次讀了，我也不敢否定它們；因為對於它裡面的東西還沒有深入去理解；當你的智慧還不夠深廣時，你也無法去找出它的問題所在。因為那些密續的經典，是天竺的密宗祖師很多人集合起來共同創作的，他們都是互相討論思考過的，你要是智慧沒有很好，一時還無法判斷它。所以我先試著去相信它，然後深入理解、思惟，再把它整理，後來發覺它講的道理不通。但剛開始時，我還是信啊！由於信，所以我會去讀。如果當年根本就不信，就不可能去讀，當年是想：「這是《大藏經》裡面的經典，既然被收入《大藏經》裡面，我就不應該起懷疑。」所以我當年就先信受了。

但我悟後也得要自己進修，所以我當然要去閱讀啊！可是讀來讀去，越詳細瞭解它的意涵時，就越發覺它講的道理不通；因此我開始把它整理，就用《楞伽經》、《解深密經》、《如來藏經》加以印證，但都沒辦法相通，有很多紕漏，導致我沒有辦法相信《大日經》，我漸漸找出它的問題所在，證明它跟三乘菩提是違背的，而那些違背佛法的說法都是沒有正理的。《般若經》所講的，對一般初學者來講，往往會覺得有違背，可是悟了以後重讀卻發覺都沒有違背，例如：無一切法，非一切法，卻又說祂是一切法。這從世間相的邏輯上是講不通的，可是你若用如來藏的立場來看，完全都通達，不會有任何矛盾。但《大日經》、《金剛頂經》……等，不論你怎麼樣把它套進三乘菩提之中，全都套不進去，跟三乘菩提完全牴觸：既違背了實相般若，違背了解脫道，也違背了第三轉法輪的一切種智增上慧學，而且邏輯上也自相矛盾。所以我發覺它處處都出問題，一大堆的問題出來了，於是理解它在講密宗的雙身法，已經完全理解說：「**原來它是在搞雙身法的。**」這《大日經》搞的就是雙身法！後來又發覺《金剛頂經》只不過是講一些密宗的儀軌而已，全都言不及義。至於《一切如來金剛三業最上祕密大教王經》也是在搞雙身法，這就能判定全部都是僞經，不是佛所說的經典。

可是爲什麼能理解？如果一開始就排斥不讀，一開始就不信《大日經》，那你就不能去詳細閱讀而理解它在講什麼。正因爲先信，由於它是《大藏經》裡面的經典，信了然後實際上加以理解，終於發覺它根本與三乘菩提不能相通，而且是互相違背的。因此我就作了判教：這是外道法。這個教判一下定了，以後絕不改變，因爲已經如實知。所以，對「此經」「不聞、不知、不覺、不問、不信、不解」，這是普通學佛人很常見的現象。有些人自以爲懂《法華經》了，其實他爲人講《法華經》講上好幾座，也還是一個不聞《法華經》的人。他根本就不曾聽聞眞實法，因爲他聽到的只是經中的文字表義，其中的眞正意思都沒聽見，因此也是「不知、不覺」的人。最大的問題是：遇到了善知識，他又「不問」，他對經中所說也「不信」，所以更不能理解。

雖然「非菩薩人」有這樣的狀況，可是菩薩摩訶薩心中要有一個作意：「這樣的人雖然不問、不信、不解這一部《妙法蓮華經》，但是我將來證得無上正等正覺時，不論我是在何處成佛，還是要以神通力、智慧力來引發他們，讓他們先信受《妙法蓮華經》，以後再幫助他們次第進修，終於可以住在此經的眞實義中。」這是後世末法時爲眾生宣演《妙法蓮華經》的菩薩摩訶薩應該要立下的志願，也就是不捨一切人。正因爲有這樣的作意存在，有這樣的大悲心存在，所以 釋迦如來度化的眾生無量無邊。世尊這樣子吩咐是有原因的，先如此吩咐而讓大家生起這樣的作意，隨後就會有印證的事相出現。以上是菩薩應該修的第四種「安樂行」法，如果你立下志願要在末後世爲人如實演講《法華經》，還得要有這樣的作意——要立下這樣的誓願，就是不捨一切人；即使眾生目前的心態是有問題的，也應該立下這樣的誓願。

所以我認爲 世尊說這一些話，不是單純的知見開示而已，祂是有眞實的用意在裡面，這個用意是說：「不論是誰，都不捨一切人，當你發願當菩薩時，就不可以捨棄一切人；所以將來你能夠爲人家演述《法華經》時，不論外道如何辱罵你，你終究不對他們生氣。」應該要有這樣的心量，這是一個聖教，但也是一個現量，而諸位心中要有這樣的比量。現量就以我自己來爲諸位作證明，我弘法以來不曾起過一念說：「唉呀！某某外道竟然這樣無根毀謗我，護法神爲什麼不處理他！」一般人會起這樣的作意，但我不曾起過。我弘法二十年來被罵那麼多了，有時候有些同修會從網路上下載來給我看，我都不看，我說：「看來看去都是一樣啦，反正他們罵來罵去最多就是邪魔啦、外道啦，都還比不上那個喜饒根登登報罵我是蛤蟆精、人妖，對不對？」（大眾笑…）他們再怎麼罵也不會超過他嘛！當年我對喜饒根登（姓吳）都沒有生氣，其他的外道罵得也不過分，（大眾笑…）那我何必再看它幹什麼，所以我從來不生氣。

我也常常告訴諸位說：「你們弘法的時候，心中要有一個作意說：『眾生本來如此。』」我們親教師心裡都有這個作意，說「眾生本來如是」啊！既然本來就是這樣子，那你對眾生生氣幹什麼？不但不能生氣，而且還要設法把法義講得更深入，函蓋面也要更廣闊，讓他們能夠得到法上的利益；即使他是專門在罵你，你也要爲他講得更清晰、更詳細，讓他可以理解。只要他心服就行，不必口服；他心裡面服氣了，雖然爲了名聞利養，爲了某一些世間法的利益，他會繼續罵你，你就讓他罵；但他心裡面服氣了，這也就夠了，不必去跟他們作任何的計較，要有這樣的心量。所以我這一世從來沒有抱怨過任何一個人，不曾在心裡面生起語言文字說：「欸！那個某某人，我對他這麼好，把法免費傳給他，竟然還反咬我幾口！護法神爲什麼不處理？」我不曾有過這種念頭或作意。

如果是一般人，那不早就氣死了？菩薩有智慧，爲什麼要爲這種事情生氣？愚癡人才生氣啊！從世俗法來講，眞要氣死了，都沒有辦法去醫院開個驗傷單，家屬也無法爲他去告官，對不對？所以氣死的人是最愚笨的人。菩薩連動那個念頭都沒有，爲什麼呢？因爲只要一氣，心裡面的惡種子又多了一件，這叫作增加起瞋的功能，何苦來哉？本來修得好好的，發大願來利樂眾生，但眾生本來就是這個樣子：有的人是上根，很好；但有的人是中根，有的人乃至是下下根人，他就一定會毀謗你，那你也要攝受他。不必管表面上他有沒有被你攝受，只要他心裡面有被你攝受就夠了。即使他這一世繼續罵你，繼續罵到死都沒關係，但他未來世或未來劫遇見你的時候，自然而然就是你的徒弟了；那麼也許你成佛的時候，他就正好可以明心見性，層次雖然很低，還在三賢位中，終究還是被你所攝受，被你利益了。

菩薩應該是這樣想的，不計較什麼利害得失。如果要計較利害得失，我早就歸隱山林去了；因爲我不愁吃、不愁穿、不愁住、不愁用，出來弘法又從來都不收受供養，竟然還要被人家無理辱罵。利益了眾生還要被眾生無理辱罵，如果是一般人，不是早就火冒三丈，把屋頂都給燻了？可是菩薩摩訶薩就不能有世俗人那種心念，一點點都不該有。我來作一個證明：即使像二〇〇三年那一次最重大的法難事件，全都是最親信的人，都是得我恩惠最多的人，竟然串聯起來咬我好幾口；不是咬手指頭，而是從腋下這麼咬的咧！

可是我有沒有生氣過？我沒有。當他們發動法難時，咱們開親教師會議，有位親教師那時剛上來當親教師，真的很生氣：「我不要他們回來！」我說：「為什麼不讓他們回來？」她說：「他們每一招都要同修會斃命，都要同修會關門！」我說：「不要計較啦！再給他們兩週時間，如果他們知道自己錯了，願意回來，我們就當沒這回事，他們原來當老師的繼續當下去，只要懺摩了，事情過去就好了。」我一向是這樣的觀念，即使當年那個樣子，我都沒有生氣過。

可是我這樣寬容大度，也會招來毀謗，例如第二次法難時，有好幾個人—其中也有老師—他們發動那個事變之前私底下不斷毀謗我，我聽到了都說：「沒關係、沒關係！」結果竟然因此而有人說：「那位某某老師，毀謗你那麼多，你還要接受她？」我說：「我當然接受，我不論對誰都接受啊。」後來就有話傳出來說：「啊！是不是老師跟她有一腿？（大眾笑⋯⋯）所以她毀謗到那麼嚴重了，老師還要繼續用她弘法。」我說：如果要有一腿的話，那我要怎麼成功？我同修都跟在我身邊，她是二十四小時跟在我身邊，半腿都沒，還能夠一腿？但我就是要繼續攝受，不論是誰，我都要繼續攝受。

所以有的人往往到了禪三共修的時候，因此而在小參室佔用了好多時間。因爲要向我懺悔，但都沒機會對我當面懺悔，這時是個機會，就說：「老師！以前我在網路上，曾經如何罵您……，好慚愧喔！」我說：「好！沒關係、沒關係！我都接受，不管你以前化名是誰、怎麼罵，都沒關係，進來正法就好了！喔！我接受了！現在別再浪費時間，回到小參的題目來。」（大眾笑…）我連聽都不想聽，他以前怎麼罵我的事情，我連聽都不想聽，只要幫他趕快把禪三的功德得到，這個才是最重要的。這個就是我，我就是這樣子，以這個現量示現給諸位看。

所以 佛陀這樣講，不是沒有原因的，因爲後面就會證明出來。怎麼證明的？後面就會有無量無數的菩薩出現在《法華》會上，而那些菩薩是怎麼來？總不是 佛陀三大阿僧祇劫之中，不斷去檢擇、選擇、挑選說：「這一個我要，這一個我不要。」不是這樣的。就像孔老夫子講的「有教無類」，不論什麼眾生，菩薩摩訶薩都要設法攝受，只是攝受的方法不一樣而已：某些人的層次只能到哪裡，你就給他到那個層次的法，不多給，但也絕對不少給；不計較以前的恩怨，無論如何都要使他往上提升，這就是菩薩摩訶薩應該有的心量。那麼 世尊這樣吩咐，不是光說不練，不是空口白話，而是如實作到。正因爲如實作到，所以這一品的主題開示完了以後，就會有無量無邊的菩薩出現，那就是 世尊在這樣的作意下，經歷無量無數百千萬億那由他劫去利樂眾生，對一切眾生莫不攝受，因此 釋迦如來攝受的眾生無量無邊！證明這一些開示並不是無因無緣而說的，而是有過去無量世度眾的經驗累積下來教導給我們。

對會外那一些凡夫菩薩們而言，我這一些開示對他們沒有什麼意義；而那些大師們也不懂我這些開示的用意在哪裡，他們永遠不懂，對他們也沒有用處，是因爲他們根本無法相信有 世尊這樣度眾生的事；即使是我度眾生時的心態，他們都不可能相信的，所以我若是對他們演說這樣的道理，對他們而言也是沒有用的。可是對諸位而言，你們進來正覺同修會，或者即將破參明心，或者已經破參明心，或者進而已經眼見佛性了，或者正在領眾了，這一些法教對你們而言就很重要；因爲你們都是要當菩薩摩訶薩的人，就應當如是作、如是信受、如是領受教導，然後心中發起這樣的眞實作意，才能夠迅速成佛呀！否則沒有辦法快速攝受眾生，你就無法快速成佛啊！

所以應當「作是念」，要發起大願心說：「我將來得無上正等正覺的時候，不論是在什麼地方成佛，對於一切的眾生，不分種類，都應該用成佛時的神通力以及智慧力，去引導他們，讓他們住於這個法裡面。」因此說，這個願是在因地就要發起來的。在因地雖然還沒有具足這樣的能力，但是應該要立即發起這個大願，因爲發這個願以後，你總是多多少少能夠作到一點。也許你現在對於「不聞」的人可以攝受，但對於「不知、不覺、不問、不信、不解」的人還不能攝受，那也沒關係，至少先攝受一部分佛土。心量漸漸擴大，乃至到最後對於這六種人都可以攝受了，表示你成佛的時候快要到了。

所以每一個人成佛，不是只有攝受少眾，而是攝受無量眾，而這個攝受無量眾是要一世又一世，至少歷經三大阿僧祇劫去攝受的。攝受眾生才是眞正在攝受佛土、攝受福德，你如果不能攝受眾生，就無法攝受福德。少攝受眾生就少攝受一分福德，因爲福德的建立，不單單是在自己身上，而是要從眾生身上建立自己的福德。那麼這個福德的建立，就是要靠著這樣的作意：以無邊廣大的作意來攝受一切眾生，然後終於成就福慧兩足功德而成爲世尊，才可以成佛呀！這一個開示，是想要在 如來滅後爲人說《法華經》的人，應該要先發下的誓願。

所以　佛陀特地又呼喚了一句：「文殊師利呀！」爲什麼要這樣呼喚？因爲要提醒大家特別留意。例如我上課或講經時，如果想要大家特別注意，我就故意呼喚某人；因爲從來都沒有在呼喚人，因此假使上課時我刻意呼喚某人：「某某某！這事情你應該怎樣……」大家就會很注意聽：「欸！老師在吩咐什麼人，這一定有特殊的原因。」大家都會注意聽了，對不對？即使本來在打瞌睡的人，聽到我呼喚人名時，他也會醒來注意聽。這時　佛陀故意呼喚而說：「文殊師利啊！菩薩摩訶薩在如來滅度之後，如果有成就這第四個安樂行法的人，當他演講這部《法華經》時，就不會有過失了。」這是爲什麼呢？是因爲他心中已經不排斥任何人了。

不排斥任何人是很難作到的，即使你在破斥外道的時候，即使你在破斥毀壞三乘菩提妙法的人，心中對他也該是沒有排斥的，你是爲了想要救他而破斥他。你如果能夠救了他，就可以救得一大票人。你破斥了他，即使救不了他本人，至少他座下的那一大票人，也會因爲你對他的大悲心——因爲看見你爲他演述那麼多的勝妙法，使他座下的那些追隨者，心裡面醒悟說：「某某菩薩對於我師父都不曾惡口，他只是很詳細把我師父說的錯誤地方講出來，並且還引據了聖教來作證，還從現量、比量來作證，說得這麼詳細，這顯然不是惡意。」於是他們心中接受你。也許因爲外在環境的緣故，他們口裡還在繼續罵你，但只是在罵的表相上而已；因爲他是被外在環境繫縛而不得不罵呀，否則他們就無法生存了；可是他們心中其實已經信受了，那你攝受他們就成功了。

所以攝受眾生時不必看表相，而要看背後的實質。如果你能夠成就這第四個「安樂行」法，你對眾生就沒有排斥了！因爲你立下這樣的大願，表示你有了大悲心，有大悲心時就不會排斥眾生。所以有的同修有時候問我說：「某某人像這樣子的行爲，老師您爲什麼還要包容他？」我反問說：「我爲什麼不包容他？他都是我們正覺的一家人了，我爲什麼不包容？他眞要是作錯事了，叫他懺摩滅罪就好了。把罪滅了，他還可以在正法中安住啊！只要能夠改往修來，他的道業進展就會很快速，爲什麼我們不包容他？對會外無理辱罵我的人，我都不排斥了，何況他已經是家裡人？」所以當然要包容。只要把他錯誤的心態改正了，只要他不要再犯同樣的過失，他可以從我們的幫助之中，快速推進他的佛菩提道，那我們爲什麼要排斥他？所以這時你來演說《妙法蓮華經》，就不會有敵人；來聽你講《妙法蓮華經》的人，都會感受到你對他們沒有惡意；這樣一來，你就沒有過失，這時就能夠服眾了！所以「**常爲比丘、比丘尼、優婆塞、優婆夷、國王、王子、大臣、人民、婆羅門、居士等，供養恭敬，尊重讚歎**」。因爲你沒有排斥過他們，身爲菩薩摩訶薩本來就應該如此啊！

所以你們在外面道場那些大師們身上看到的模樣，在我身上看不到。例如你們在外面那些大道場走動過，常常會發覺那大師往往會瞪人，被瞪過的人很多，對不對？但你們有沒有看過我瞪人？我沒有瞪過人，更沒有罵過人。我不會開口罵人，這一世，打從在法上實證之後，就不罵人、不瞪人；這樣的實證菩薩，你要到哪裡去找？會外能不能找得到？怎麼搖頭呢？應該說：「**可以！只是難得！**」這就是說，你的心量應該要大到什麼程度，你自己要先作一個抉擇。當你的心量越大的時候，你攝受的眾生就越多。但是攝受眾生的事，不要只看一世的表相；即使那一些還在辱罵你是邪魔外道的附佛外道們，他們心中其實已經服了，然而爲了道場的維持，他不得不繼續罵你，可是他心中其實是服氣的；因爲他不斷地在尋找你的毛病，不斷地在誣賴你、毀謗你的過程中，就因爲細讀你的書中法義而使他自己正在進步；所以只要跟你敵對上十年、二十年以後，他們都會進步很快，他們心中其實是服氣的。可是你看不到他對你的服氣，但他未來世就會被你攝受了；未來世被你攝受的因，在這一世就種下了，所以你在本質上已經攝受他了！這就是你應該要作的事。

所以說，當你有這種大悲心，而這個悲心又是非常廣大的時候，你就能夠涵容一切人。即使你破斥他的時候，心中對他也沒有瞋心；所以當我們寫書在辨正法義的時候，不曾有過一點點的瞋，因爲目的是要救護眾生，不是在跟他互相敵對！當然在回應對方而寫書時，心中其實是法樂無窮而沒有不悅。這樣寫出來的書，就能爲對方講得很詳細，對方心中也會感受到；因爲你從來不作無理謾罵、人身攻擊：「你這個人是邪魔啦、你這個人是天魔啦！」你從來不罵他們，那他們也會領受到。當他們能夠領受到了，別人難道還看不出來嗎？有智慧的人都會看得出來，所以你就被一切人所「供養恭敬，尊重讚歎」！

當你能夠作到這個地步，又能為人如實宣演《法華經》，那你所宣演的《法華經》範圍是很廣而殊勝的，所以「**虛空諸天，為聽法故亦常隨侍**」。他們為了要聽法的緣故，會跟隨在身邊奉侍你，這時各類鬼神、山精鬼魅，全都無法靠近你。這種冥冥之中的保護，一般人感覺不到；被保護的人有時也沒有感覺到，因為都沒事情，（大眾笑⋯）沒有事情就不會感覺到被保護；那保護你的虛空諸天，也不會打擾你，他只是幫你擋掉一些鬼神的干擾。如果他們每次擋掉一件就來跟你報告，你就被干擾了，你就會覺得很煩：一天到晚有這麼多事情。所以你什麼事都沒有的時候，就是你有被保護著。

對了，有一件事情要注意：現在有人在新竹那邊發傳單，說什麼「**從耳根去用功，然後就能證得佛法⋯⋯**」，應該是清海那個女人以前留下的東西，如今還有人繼續在私下推廣。請所有老師、各位同修們要注意：假使有人拿到那種傳單，要吩咐他們別信，因為那樣修下去都會出問題。以前學那個所謂觀音法門的人，鬧出問題的很多，送進醫院去的也很多！請大家要注意一下。為什麼學了清海那個東西會出問題？因為會被鬼神所干擾。有一些人總是說：「**我沒辦法離開藏傳佛教啦！因為我一離開，我們那個法王就會對我**

怎樣、怎樣！」其實不然，會被怎樣是因爲他沒有下定決心離開。他如果下定決心離開，歸依眞正的佛門三寶，就沒有那些鬼神的干擾了。由於他已下定決心離開了，佛門的護法神就可以對那些鬼神加以區隔，讓他們遠離；如果自己心裡沒眞的想離開，心中還想著：「**他們有一些奇特的境界也不錯！**」那護法神怎麼能擋呢？就好像守衛在門口幫忙擋著，主人竟然說：「**其實讓他進來也不錯啦。**」（大眾笑…）那守衛還能擋嗎？沒有理由擋了。

話說回來，你如果能夠有這樣的心量，有大悲之心想要利樂於一切有情的時候，你的智慧也能夠這樣爲人講《法華經》，諸天想一想：「**這麼勝妙的法，到後末世竟然還有菩薩摩訶薩能夠爲人宣講，我們若不去聽講，那可是大損失啊！**」所以就要來聽經。爲了聽你講《法華經》，就常常要來跟隨你，於是那一些層次低的惡鬼神就只好遠離。

那也許有人心裡面聯想到一個問題：層次低的鬼神遠離了，那比欲界諸天更高層次的他化自在天的天魔，欲界天的護法諸天沒有辦法遮擋了吧？這樣想好像有道理，其實沒道理；因爲凡是能夠有這種大慈心、大悲心的菩薩摩訶薩，能爲人講如實的眞實義理的《妙法蓮華經》的菩薩摩訶薩，這個證量絕對是超越於欲界境界的。那請問天魔的境界，他是哪一天的境界？欲界嘛！就是他化自在天的境界，他的境界不如菩薩摩訶薩啊！那他如何能干擾菩薩摩訶薩？沒辦法干擾嘛！因爲他來了就只能聽菩薩摩訶薩說法，不能爲難，除非菩薩摩訶薩當時正好色身衰劣，給了天魔可乘之機。因爲層次越高的魔越要說理，就好像你出外時，不小心遇到了黑道，那黑道小弟跟你講不講理？不講理。可是如果你遇到他的大哥呢？大哥得要跟你講理，因爲他若是不講理，就不能服那些小弟啊！所以你遇到黑道大哥時可以跟他講理，理講好了，黑道大哥一聲令下，小弟就不再來干擾你了。同樣的道理，魔子魔孫不跟你講理，他們會跟你死纏爛打；可是天魔來了，你跟他講理，他不得不聽，因爲他是欲界最高的天主。

如果他來了也不講理，那以下諸天誰服他？因爲他是欲界最高的天主啊！如果他來了都不講理，那以下諸天就不免各說各話，沒有人服他，那他就不能統領欲界了，因爲這顯示他的失德。他統領欲界，得要有統領欲界的道德啊！統領欲界之道，以及統領欲界之德，兩個他都要具足，才有資格統領欲界諸天。那你跟他說理，他依於欲界之道，必須要跟你論理；可是他論理時論不過你，因爲你能講《法華經》，你早已超越欲界，他沒辦法，所以天魔正式前來干擾，其實也不是大事情，沒有這問題，因爲他根本不敢正式來干擾你。

爲什麼他不敢正式干擾你？因爲他所能給你的干擾，不過就是欲界法。可是你本身就住在欲界中，而欲界的法綁不住你，他拿了五欲之繩要綁你，根本綁不住。例如他說：「我來幫你，讓你非常有名。」你說：「我對名聲沒有興趣。」他看這一條綁不住你，就說：「那我來幫你，讓你徒眾很多，供養一大堆。」你說：「我不求利，也不求廣大徒眾。」那他從這個利上也綁不住你；也許他又說：「那我乾脆派我三個女兒送你作老婆好了。」你說：「我也不要，我一個老婆已經夠頭疼了，（大眾爆笑…）我還要娶那麼多老婆幹嘛？我娶妻生子是在還債，我只要把債還完就好了，你幹嘛再多給我三個老婆？那我不是要還更多了嗎？」那他就無可奈何你了。他就是要掌控欲界的一切有情，而你正好住在欲界中度眾生；可是他能夠繫縛你的就只是五欲之繩呀！但是你已經住在五欲之中，卻不被五欲繫縛住，他就無可奈何了！既無可奈何你，說法又說不贏你，那他來找你幹嘛？也就不來了！

所以，低層次的鬼神被諸天阻絕在外，干擾不了你，不會來打擾你，即使你三更半夜到夜總會去也沒問題。夜總會聽懂嗎？就是亂葬崗，都沒問題，因爲鬼神得要遠離你啊。但是你也不必故意去，（大眾爆笑…）因爲他們就會被你干擾了，何苦來哉？你要安樂眾生，就不必半夜裡去亂葬崗讓他們難過。這意思就是說，這時你是不會被干擾的，你是很平安的。所以密宗喇嘛們宣稱說誅法有多麼厲害，他們有好多人在修誅法，特別在西藏、西康、四川、青海，據說好多喇嘛在修誅法，要誅殺蕭平實。他們弄了個藍色的麵團，捏成人形，然後寫上「蕭平實」三個字——藍色的蕭平實；他們依誅法而作了法以後，把寶劍往「蕭平實」麵人的脖子一刀劃作兩斷。可是他們不曉得劃掉多少麵人了，我這個人依舊好好地在這裡演說《法華》。我不是說被他們驅使的鬼神不存在，而是說那些鬼神的層次很低，根本不可能靠近，早被諸天給擋掉了。

正法在人間的唯一希望，就是正覺，諸天當然要護持著；所以我從來沒有感受到什麼誅法，都感受不到。這意思就是說，當你有那個大慈心，不論什麼層次的人都願意利樂；只要他們是菩薩就行了，不管他們的身分高低，也不管他們是人類或者諸天，全都不管，只要他們是眞的菩薩，你就願意利樂他們；有這個大慈心，當然贏得人家的擁護，不論是明裡暗裡，就是要擁護你。當你有大悲心對一切有情，你都願意攝受，即使他們「不信、不解」，你也願意攝受他們，那你就不會被他們所怨嫌。即使他們爲了名聞利養，不得不怨你、嫌你的時候，其實當他們口出惡言罵你邪魔外道時，他們當時心中是有愧疚的；當他們心中有愧疚時，代表什麼意思？代表他們已被你攝受了。要能夠作到這樣，那你將來成佛時，弟子眾將會無量無邊不可計數。接著說：

「若在聚落、城邑、空閑林中，有人來欲難問者，諸天晝夜常爲法故而衛護之，能令聽者皆得歡喜。」也就是說，當諸天願意衛護你，不論你在城市裡，或者鄉鎭、或者村落、或者空閑林中，有人來質疑你，故意提出問題來難問時，諸天也是一樣沒日沒夜地守護你。他們會促使這一些人，在向你難問而聽你解答之後，生起歡喜之心。諸天就是這樣作的，大家心中不要懷疑說：「我睡覺時，諸天也不去睡覺嗎？」不用懷疑，因爲諸天不用睡覺，爲什麼不用睡覺？因爲四王天的一天等於人間五十年，他們如果來了，你弘法五十年，對他們而言不過是一天而已。等你弘法完了，老了入滅了，他再回天上睡覺就夠了（大眾笑…），這段時間裡，他們何必睡覺？不用睡覺。由於諸天的擁護，可以使得來難問的人心中生起歡喜，這就是他們暗中在作的事情；那他們作了這樣的事情，福德無量無邊的廣大，使他們自己的道業也快速地增長，這就是他們來人間努力護衛正法的原因所在。

「**所以者何？此經是一切過去、未來、現在諸佛神力所護故。**」那，爲什麼諸天爲了聽《法華經》，願意這麼辛苦？爲何不在天上享受，特地來人間衛護於你呢？因爲「**此經是一切過去、未來、現在諸佛神力所護故。**」換句話說，《法華經》是諸佛最重視的經典。《法華經》從文字表義——從經典中的字句上面看來，好像很粗淺，又像只是在演說故事；又很像只是在吩咐子女們應該如何、如何，似乎跟佛法無關。

其實不然！因爲其中所隱含的義理非常深妙，所以諸佛——不論是什麼樣的佛，也就是說「**三世諸佛**」，例如未來佛的你們，把這一部《法華經》聽完了，你們也會發願說：「**將來我成佛時，同樣會主張這部《法華經》是最勝妙的經典。**」因爲這是連化身佛都作不到的啊！只有應身佛才能作得到；所以這時你會同樣立下那個誓願：「將來我講《法華經》的時候，多寶如來同樣要來印證。」而 世尊在 多寶如來同在的當下，告訴大家說：「所以者何？此經是一切過去、未來、現在諸佛神力所護故。」這就等於說：多寶如來當場在這張支票上背書過了。因爲 多寶如來在場啊！而 世尊這麼說，其實就是由 多寶如來爲 世尊向大眾證明：「確實如此。」因爲 世尊說了這個原因以後，多寶如來並沒有否定，並沒有提出來說：「不然！不然！」這就是默許。

「文殊師利！是《法華經》，於無量國中，乃至名字不可得聞，何況得見受持讀誦？」佛陀特別再吩咐說：「文殊師利啊！」大家注意了，世尊這時又再叫人了，就是要大家注意，佛陀就說：「這部《法華經》在無量國中，乃至名字不可得聞，何況得見受持讀誦？」所以 佛又吩咐 文殊師利說：「文殊師利啊！這部《法華經》在無量的佛國之中，甚至於連《妙法蓮華經》這個經名都聽不見，何況能夠親自遇見、聽聞、受持而且讀誦呢？」前面講過無量無數的化佛都被應身佛 釋迦如來召回到娑婆來，那麼請問：化佛在諸佛國有沒有宣講《法華》？沒有嘛！因爲凡是講《法華》的時候，一切化佛都要回歸才可以開講，那麼請問：釋迦如來的那麼多化身佛在諸佛國中有沒有講《法華經》？沒有。否則 釋迦如來就得被召喚過去參與聽聞《法華經》，就不是在娑婆世界這裡宣講而召回十方諸佛了。所以 世尊在十方世界的諸化身佛當然是沒有講《法華》。那麼，以此緣故，在其他那麼多的佛國之中是聽不到《妙法蓮華經》的名字，更不要說是聽到內容。所以 佛陀沒有一句誑語：「於無量國中，乃至名字不可得聞，」連經名都聽不見，何況是能夠親自聞見而且能夠受持讀誦？可想而知，這部《法華經》是多麼勝妙！

也許有人還覺得懷疑，那麼我們不妨再提出一個問題來：假使你是 多寶如來，於十方世界諸應身佛講《法華經》以外，諸佛各自的千百萬億化身佛也講《法華經》，那你也要去聽經嗎？你要一一都去嗎？你不去了！對不對？因為你心中很猶疑：「每一尊佛的無量化佛講《法華經》，而我都要去聽經，那我是在當什麼佛？豈不貶抑了諸佛的佛格？」對不對？所以化佛不講《法華經》，應身佛講《法華經》的時候 多寶如來一定會來；如果是化身佛在講《法華經》，多寶如來就不會來。那你講這部《法華經》，可信度就打折扣了，那你不如不講。所以一定是應身佛講《法華經》時，多寶如來才會來聽經。這也有現量可以證實，因爲我講《法華經》的時候，多寶如來沒有來，（大眾笑…）因爲我連化身佛都不是啊！只不過是菩薩而已。

所以諸化身佛——千百億化身 釋迦牟尼佛，不會講《法華經》的；假使勉強講了 多寶如來也不會來證明，所以化身佛不講《法華》，應身佛來示現成佛時才會講《法華經》。那你想，千百億化身 釋迦牟尼佛，在弘法的所有佛國世界中，都是不講《法華經》的，所以那些佛國連此經的經名都聽不到。既然示現成佛了，那你如果把這一部經的名稱講了出來，徒眾們一定會要求說：「世尊！請您爲我們講《法華經》。」那你到底是講或不講？眞是講也不對，不講也不對啊！因爲你既然示現成佛了，就應該可以講《法華經》；可是你講了以後 多寶如來又不來證明，那麼你要如何演說〈見寶塔品〉？那時你該怎麼辦？化身佛難道沒有智慧思惟到這個地方嗎？當然有智慧啊！所以絕對不會講，連此經的名字都不提，也就天下太平。所以 世尊特地吩咐說：「文殊師利！這部《妙法蓮華經》在無量佛國中，乃至名字都不可得聞，何況得見、受持、讀誦。」

這樣總結性的吩咐，眞是如實語啊！那麼爲何要這樣講？因爲有的人總是智慧稍微差一點，沒有辦法如實理解，佛陀就運用方便善巧，作個譬喻來爲大家說明，我們就聽聽 佛陀怎麼開示：

經文：【「文殊師利！譬如強力轉輪聖王，欲以威勢降伏諸國，而諸小王不順其命，時轉輪王起種種兵而往討伐。王見兵眾戰有功者，即大歡喜，隨功賞賜，或與田宅聚落城邑，或與衣服嚴身之具；或與種種珍寶：金、銀、琉璃、車磲、馬瑙、珊瑚、虎珀、象馬車乘、奴婢人民。唯髻中明珠不以與之，所以者何？獨王頂上有此一珠，若以與之，王諸眷屬必大驚怪。文殊師利！如來亦復如是，以禪定、智慧力得法國土，王於三界，而諸魔王不肯順伏。如來賢聖諸將與之共戰，其有功者心亦歡喜，於四眾中爲說諸經令其心悅，賜以禪定、解脫、無漏根力、諸法之財，又復賜與涅槃之城，言得滅度，引導其心令皆歡喜，而不爲說是《法華經》。」】

語譯：世尊又吩咐說：【「文殊師利呀！譬如擁有強大力量的轉輪聖王，想要以他的威勢來降伏諸國，然而那一些小王們不願意隨順他的命令，這時轉輪聖王就發起種種兵前往討伐；轉輪聖王看見這些兵眾們，戰鬥的時候有功勞的人，心中生起大歡喜心，隨著他們各自不同的功勞，而有所賞賜；在這些賞賜之中，或者給與田宅聚落城邑，或者給與衣服嚴身之具，或者給與種種的珍寶例如黃金、白銀、琉璃、車磲、馬瑙、珊瑚、琥珀，或者象車馬車乃至給與奴婢或者人民。單單是他頭上髮髻中的明珠不拿來給他們，爲什麼呢？因爲轉輪聖王頭上獨獨有這麼一顆寶珠；如果把這天下唯一一顆寶珠給了這些有戰功的兵將，那麼轉輪聖王的眷屬們一定會大大地驚訝和覺得怪異。文殊師利呀！如來也像是轉輪聖王的作爲一般，如來以禪定和智慧兩種力量，得到了諸法的國土，於三界中成爲三界之王，然而諸魔王不肯隨順降伏。以此緣故，如來座下的賢聖們如同法將一般與諸魔王共戰，這一些如來賢聖弟子之中，在法戰時有功勞的人，如來見了心中也是很歡喜，於是在四眾之中爲這一些賢聖們演說諸經，令賢聖們心中得到歡悅，然後在這一些說法之中，賜給這些賢聖們禪定、解脫和無漏根力、諸法之財，然後又賜以涅槃之城，說這樣就是獲得滅度了，如是引導這些賢聖們，令一切眾心中都得歡喜，但就是還不想爲這一些大眾演說這部《妙法蓮華經》。」】

講義：這一段開示是在講什麼道理？是說一定到最後大家所應該證的已

證，所應該斷的已斷，所應該修的已經修了，如來才會在最後把這部《法華經》演說給大家聽，讓大家可以受持，也是在宣示這部《法華經》之所以珍貴勝妙的原因，所以用轉輪聖王征服別的國家時，對大臣、將士們的獎勵作爲譬喻。

轉輪王有四種，這裡講的是鐵輪王。爲什麼這個譬喻講的是鐵輪王？因爲四品的轉輪王管轄的區域並不相同；金輪王王於四大部洲，銀輪王王於三大部洲，銅輪王王於兩大部洲，鐵輪王只能在南瞻部洲稱王。如果身爲金輪王，不但王於四大部洲，還可以到忉利天上去；那玉皇上帝釋提桓因看見了金輪王，還得要趕快把他法堂上的法座分半座給他，兩個人一起共坐。如果是銀輪王、銅輪王、鐵輪王，可就到不了忉利天中。最差的鐵輪王，跟其他三品的輪王很不一樣；其他三品的輪王不必發動兵將，只要他和金輪、銀輪、銅輪一到，諸王也就隨順了；那鐵輪王就不一樣了，有時得要發動兵將，由他的主兵臣寶率領兵將去打仗，打贏了才能夠降服一大部洲的天下。這段經文中說的轉輪聖王已經發動戰爭了，所以這裡講的就是指鐵輪王。

世尊說，譬如強力的轉輪王，想要以他的威勢去降伏諸國，可是其他的小王不隨順他的命令，這時鐵輪王就得要發起種種兵：象兵、馬兵、步兵前往討伐。討伐之後，轉輪王看見這些兵眾在戰鬥之中有功勞的，心中當然大大歡喜。如果老是打敗仗的，那就不必賞賜了；當然，既是轉輪王，有主兵臣寶主持戰爭，當然是打勝仗。那些將士們「戰有功」，就表示打了勝仗、有功勞，所以要給與賞賜。在賞賜時的財物，當然就有各種不同了；都看他們的功績，該給什麼就給什麼；有的給他田地，有的給他大宅院，有的甚至於給他一個聚落或者一個城邑；有的則只是給他衣服或者莊嚴色身的莊嚴具，有的人是賜給種種珍寶，譬如金銀、琉璃、車磲、馬瑙、珊瑚、琥珀；或者是大象拉著的大車，或者由馬所拉的較小車子。乃至於賜給奴婢或者給他封邑，因此這個大臣就擁有許多人民，可以統治收稅。雖然有這麼多種的賞賜，但就是有一樣財寶，轉輪王始終都不肯賞賜給任何人，就是轉輪王頭上髮髻藏著的一顆很大的寶珠。

這顆寶珠是珍藏在他的頭上，所以沒有人能夠竊盜；也因為是最寶貴的，天下就只有這麼一顆，所以他放在頭上。因為全天下都沒有，只有這麼一顆，是轉輪王才會擁有的天生寶珠，是不是最珍貴的？是呀！譬如古董界，古董界有這樣的傳說：假使天下的某一種最珍貴瓷器，全天下就只剩下兩件，而他手裡擁有一件；後來他聽說另一件正在某一家古董店求售，他去刻意瞧瞧，看見是一模一樣的眞品，他就問：「請問你這一件古玩要價多少？」對方也許要價說：「十萬兩紋銀。」然後雙方一來一往殺好了價錢，然後他拿在手裡把玩之後怎麼樣呢？他故意隨手讓它掉在地上摔碎，店家大急說：「啊！這十萬兩紋銀的古董，你竟然跟我摔碎了！」可是這位大老爺不慌不忙，掏出一張銀票就給了。

他爲什麼要把它摔碎？（大眾笑：）因爲全天下只剩下一個，就在自己手裡。從此以後，不管誰要來買，開價一百萬兩紋銀。眞是想要的人就得要拿這麼多錢來買，因爲天下只剩下這一件，再也沒了，表示它的稀世可珍。珍寶的意義在什麼地方，就是具足兩個條件：第一是珍寶、第二是稀世。普天之下再也沒有第二件了，普天之下只有轉輪王頭上有這麼一顆寶珠，那是他與生俱來的。普天之下再也找不到了，所以他這一顆如果也賞賜了出去，王后、王子、公主、大臣等人，大家會不會覺得很驚怪？一定是嘛！一定會問轉輪王說：「聖王！你爲什麼連這寶珠也賞賜出去？」大家都會來問啊。

如來就像這個樣子，如來是以智慧和禪定兩種力量得到三界萬法的國土，因此 如來稱為法王——王於三界。因為對三界萬法無　不知，才能稱為如來。假使有人宣稱他成佛了，或是自稱法王，問他五陰的內容，他都講不清楚；連聲聞初果的見地都沒有，那他是王於什麼法？什麼都不是！換句話說，聲聞初果的所見，五陰識陰全部都虛妄，結果他還落在意識裡面，或者落在具足六識的識陰境界裡面而自稱法王，那其實就像一個乞丐，弄一些草綁一綁，套在頭上說那是王冠，就自稱是國王。密宗喇嘛們正是如此，那算什麼法王呢？

法王是王於三界，三界一切法無所不知。成為法王時一定要有法王的實質，如果沒有實質而自稱法王，那會遭諸位哂笑；但密宗信徒依舊會信入骨髓，都不知道被喇嘛們騙了。「哂笑」意思懂嗎？「哂」，口字旁加一個東西南北的西。「哂笑」換個名詞來說叫作「冷笑」：你聽了覺得可笑，但是沒有歡喜心，有些看不起，所以笑得冷冷地。當人家來到你面前自稱是法王，或者是有人向你推薦某某喇嘛是法王，當然你一定知道那就是密宗的人；當他們說某人是法王時，你就呵！呵！呵！呵！（大眾跟著笑起來…）我剛剛這個笑聲跟你們的笑聲有點不同，你們笑聲是覺得有趣，我這個笑聲則是不屑；「哂笑」是說對這種法王，你覺得好笑，可是你沒有歡喜心，所以就是冷笑，或叫作「哂笑」。爲什麼你會對密宗的法王哂笑？因爲你知道他們根本連我見都沒有斷，尚且都還不是聲聞初果，具足凡夫邪見，何況是阿羅漢所不知道的菩薩開悟明心智慧呢？那樣的凡夫也會宣稱是法王，那豈不可笑？所以你聽到時就冷冷地笑了幾聲。

法王不是那麼容易當的，能夠王於三界，對三界一切諸法無所不知，才能稱爲法王。所以從諸佛、諸菩薩的境界，以及諸辟支佛、諸阿羅漢下至於無色界、色界、欲界人間乃至三惡道的境界，無所不知，這樣才能說是王於一切諸法，成爲三界至尊，才有資格稱爲法王。那麼有人「**以禪定、智慧力得法國土，王於三界**」，是藉禪定力、三乘菩提的智慧力具足，所以獲得「**法國土**」，成爲三界萬法國土中的大王，稱爲法王，可是魔王依舊不肯順伏。

這本來就是欲界中的現象，因此，弘法時遇到逆境不應該生氣，當你把了義的、究竟的正法爲佛教界演述的時候，不可能每一個人都肯順伏；因爲即使 世尊在人間示現時，外道也都沒有全部順伏啊！而且諸天也沒有全部信服，何況你只是菩薩。所以外道們不順伏，乃至佛教界有很多人不順伏，也都是正常的。如果佛教界都順伏於你，那你就是有問題的人，因爲你一定擴大在人間的勢力而跟他們同流合汙，大家沆瀣一氣：「我們同樣都是離念靈知，離念靈知言語道斷。」這是跟他們同一鼻孔出氣，所以他們就認同你；因爲他們不能否定你，他們如果否定你，就是否定他們自己；因爲你在人間的勢力很大，又因爲跟他們同流合汙，他們就認同你啦。

可是當你不跟他們同流合汙，你說：「如來藏才是開悟之標的，離念靈知是意識，是應該破斥的。」他們受不了你，就得要否定你。就好像 如來說：「應該要斷三縛結，不許承認五陰眞實。」魔王就受不了啊！爲什麼受不了？因爲如果把五陰否定了，那欲界人間的人們是不是漸漸地都要走光了？那他在欲界中還能當什麼魔王？他的王位就失去了。他的眷屬將會不斷地減少，最後王位失去了，他只剩下一個人在欲界中當魔王，那他當魔王還有什麼樂趣？所以他就不能接受，必須要來否定 世尊所說的三乘菩提正法，當然要常常來擾亂 世尊的弟子們。但是有時擾亂不了、否定不了，最後只好來求 佛：「佛陀！您不是說沒有度眾生嗎？那您就趕快入涅槃嘛！

我也是眾生之一，您不是要利樂一切眾生嗎？爲什麼要讓我失去眷屬而讓我難過？」他就來求 佛了，好！佛陀就對他說：「我不度眾生，因爲我度了一切眾生以後，眾生其實都沒有得度。」魔王聽了很歡喜：「啊？原來眾生還是沒有得度，那還是被我管轄的。」所以他就很高興回天宮去了。但世尊其實是爲他演說深妙法，只是他自己聽不懂；世尊眞的沒有騙他，不過天魔還是很歡樂，他因此就沒有煩惱，於是回欲界天上去了。

世尊說的是：「當我把眾生度了，但我這個度不是聲聞法的度，是佛菩提道中的度。我把眾生度了以後，眾生如來藏才是眞正到達無生無死的彼岸；可是我把眾生這樣度了，眾生發覺自己的如來藏本來就在無生無死的彼岸，所以得度了其實等於沒得度。」如來說的是這個意思。但天魔波旬聽不懂，他只聽到語言上所說的表義：「世尊承諾把眾生都度了以後，其實眾生並沒有被度，所以還在我的管轄之中。」他以爲是這樣，所以本來已經煩惱到變老了，連走路都有困難，後來聽到 世尊說眾生被度了其實也沒有得度，眞的沒有被度，他就好高興又變得很年輕、很雄壯，然後很歡喜回到天上去了。這是什麼經講的？《不退轉法輪經》。所以天魔波旬又變得很年輕、很少壯、很有力氣又回到天宮去享樂了。

這就是說，法王之法是有一定的內涵，除了禪定力還要有智慧力。而這個智慧力，上從諸佛下至地獄一切有情，都是 如來所知的範圍，無一不知；所以世界是怎麼來的，眾生是怎麼來的，三界六道是怎麼形成的，這些世間為什麼會出現，如來無所不知。要這樣才能成為法王，眾生造了什麼惡業，將來死後將會下墮什麼地獄；從那個地獄出來之後，來到鬼道時會變成什麼鬼，壽盡之後生到畜生道裡，將會變成什麼樣的畜生，回到人間時又會成為什麼樣的人；全都各有不同，所以 如來能夠為人講解「十習因」。

密宗那些法王們懂什麼叫作十習因？完全不懂欸！那你說，他們那樣叫作什麼法王？所以「法王」有它的實質內涵：具足智慧力，具足禪定力。不論誰來講三界中的一切禪定境界，沒有人能超脫於 如來所知的禪定境界；不論誰來講各種智慧，也沒有人能超脫於 如來的智慧之外。所以諸佛如來的國土是法上的國土，不是三界有形的國土；而 如來法王是三界之王，不是只有娑婆世界中的一個小小星球裡面的一個小小國度的國土。眾生不瞭解，剛開始總是恐懼於法王之名，所以聽到說 如來是法王，就想：「那祂會不會搶了我的國土？」眞是個愚癡的國王，而眾生都是這麼愚癡啦。

可是從菩薩的所見，那有形的國土，菩薩根本不想要，因爲菩薩可以到色界天去當梵天王，或者一世又一世當轉輪聖王，這些王位全都不要了，何況人間一個小小國土、小小國家的國王，菩薩當然不想要。除非他有特別的原因，例如他有一個目的——爲了正法的久續流傳而必須委屈自己去當那個國家的國王，否則他才不想要。因爲菩薩覺得這不是他所要的，所以法王與世間的國王相差太大了，差距太遠了！可是世間的國王知道這個道理嗎？不知道，因爲大多數國王連想都沒想過；所以世間的國王往往對於菩薩還疑神疑鬼，但菩薩心裡總是覺得好笑：「隨便欲界哪一天，我都可以去當天主，還希罕你這個人間的小小王位？」在人間，即使是最大國家的國王給他當，菩薩也不希罕；因爲最多不過當個五十年、六十年，最多當個一百年好不好？得要活一百五十歲才能當一百年的國王吧。可是如果到天界去，隨便哪一天的天主一當，只要當一天就足夠人間王位當上一世了，對不對？那他在天界看著人間的國王死掉一大堆了，他都還在當天主，那你想，菩薩會喜歡當人間的國王嗎？不會啦！除非有某一種因緣，菩薩才會去當那個國王，否則都不會想要當的。

菩薩的所見如此，何況諸佛如來法王的所見，當然更不會有世間法的愛樂之想。可是魔王就不同了，魔王老是想：「我王於欲界天，欲界一切眾生都是我的子民哪！如來竟然到人間來，度欲界諸天和人類要離開欲界！唉呀！這我沒辦法接受啊！搞不好把我欲界中的子民全部都度光了，那我剩下一個人當什麼王？」所以他不接受。

而轉輪聖王也一定會跟魔王對戰，爲什麼會互相打仗呢？因爲轉輪聖王的金輪王全都是以佛法治化，和銀輪、銅輪、鐵輪王不同，絕對不以世間的刑法來殺害眾生，也不會以五欲來引誘眾生，眾生就會漸漸走入佛道中，所以魔王對轉輪聖王很厭惡。好了！既然雙方如此不能相合，魔王徒眾當上了國王，就會與轉輪聖王互相打仗。轉輪聖王當得到勝利，這　仗打完了，當然就要觀察誰戰功殊勝來作賞賜。在　如來法中的道理也是一樣，「如來賢聖諸將」與魔王共戰，請問諸魔是用什麼來跟「如來賢聖諸將」打仗？魔王當然是以各種煩惱跟「如來賢聖諸將」打仗；而「如來賢聖諸將」打仗時是跟什麼打仗？不是跟有形的魔打仗，而是跟無形的魔打仗，例如五陰魔、煩惱魔、死魔以及天魔。跟天魔打仗時不必動到刀槍，而是在「斷煩惱」上面跟他打仗。至於斷煩惱這方面，就分為「五陰魔、煩惱魔和死魔」，「如來賢聖諸將」就跟這一些魔打仗，打贏了這三個魔就等於打贏天魔。

好！「如來賢聖諸將」為什麼分為賢和聖二種？這表示說 如來所度的眾生有兩大類：一類為賢人，一類為聖人。賢人就是實證以後還在三賢位之中，例如十住位、十行位、十迴向位，都屬於賢者；二乘的聖者如果迴向大乘來修學佛法，例如阿羅漢或者三果、二果、初果人迴向大乘來修學佛法，得要熏習佛菩提的知見，還要累積各種利樂眾生、護持正法的功德，最後才終於可以開悟明心，成賢位菩薩。當他們迴小向大也受了菩薩戒成為菩薩，也還只是在第六住位而已；等到他們悟了般若以後，成為第七住位的菩薩了；然後繼續快速進修（因為他有阿羅漢的果證，又已經修集了很多福德，所以他的進修會很快速），而且因為往世跟隨著 佛陀已經進修很久了，這時感得應身佛前來，所以把往世的一切功德在這一世實現，因此很快就進入初地了。這時終於開始瞭解：「原來我在過去世諸佛座下，就曾經開悟過了；也曾聽過諸佛講經，我現在終於開始有一點知道了。」這時 釋迦如來因為他們的緣熟，感應大家的因緣而來示現成佛時，他們就跟著如來修學而斷除五陰魔、煩惱魔、死魔，然後成爲菩薩。這就是「如來賢聖諸將與之共戰」的內涵，大致上而言就是這樣；若是要細說，當然就有很多法義。那麼今天只能講到這裡。

《法華經》在上一週講到「如來賢聖諸將與之共戰」。如來法中的賢聖將士與各種不同的魔王共戰，原因是各種不同的魔王都「不肯順伏」於佛法。眾生處於人天善法之中修行，特別是欲界六天以下的善法中，魔王們是不會有意見的；因爲修學欲界的善法，死後都會受生在欲界中，魔王都會接受。例如天魔，天魔是欲界第六天他化自在天的魔王，統領欲界；如果有人在欲界中，有時生天、有時下沉人間乃至三惡道，他都無所謂。人們有時造惡、有時行善，他也無所謂；因爲造惡下墮三惡道，依舊是他的眷屬，全都不離欲界啊！依舊是他的子民，他當然就沒有意見。

如果行善生天，一樣是他的眷屬；因爲修行十善業道而在死後生天，只不過是欲界六天之中，不會出生到色界天去；因此他對於正在欲界中行善而不修禪定的眾生，他都沒意見。可是，如果有人修四禪八定，想要脫離欲界，天魔就會有意見啦，他會常常留意你有沒有實證禪定。一般人大多無法發起禪定，因爲連未到地定也修不好，他根本就不在意。然而當你初禪圓滿具足發起了，那麼你那天以後如果再入定了，他就會來跟你擾亂；因爲你已經超出他的掌控範圍，不再是他的子民了。可是你在初禪天的定境中，距離欲界的他化自在天很近，而你又是在人間入定，所以他可以來你的定境中干擾。因此你在人間入定進入初禪，他就會來干擾你；因爲他認爲你這一世捨報後將會超出他的境界，不再受他所管轄，他就少了一個眷屬。

天魔不是一般人能夠感應到的，所以很多人不信有天魔。我曾講過一個比喻：譬如你是一個大地主，擁有一大片土地，這塊土地四面是險峻的高山，中間的平原有十萬公頃，有一些牛羊養在裡面，水草豐盛，都是你的財產。那牠們在裡面吵吵鬧鬧生活，互相欺侮或者互相扶持，牠們全都是屬於你所有，而你自己有很多快樂的事情想要去作。那些牛羊雖然都是你的財產，但你不會去管牠們，死了幾頭你也不會理牠；接著又出生多少牛羊，你也不理會牠們，反正牠們死了再投胎還是出生在你的土地中，全都是你的財產。

可是有一天，突然有一頭牛懂得如何超出那個山谷；可是牠又會回來住在這裡面幫助別的牛羊，那你要不要管牠呢？你得要管了哦！你若是不管，就少掉一頭牛。萬一這一頭牛常常回來教別人如何逃出山谷，那你要不要管？更要啊！這時你要設法引誘牠：「欸！我給你好多漂亮的母牛，給你更多更廣大的芳草大地。」牠就不會離開啦！牠被引誘以後起了貪著，就不可能再離開了。可是如果牠不受引誘呢？那你就損失了這一頭牛。這一頭牛是其中最厲害、最有智慧的，牠離開也就罷了；偏偏牠一天到晚還回來山中，不斷地教其他的牛羊如何離開這山谷；那你要不要想方設法來引誘牠安居下來？要啊！不然你將會大量流失你的財產。

可是其他的牛羊都沒有被你管理過，從來沒有被你干預過，當然不知道你的存在。只有那一頭牛有被干預過，牠知道說：「這山中是有主人的，有一個欲界主。」可是其他的牛都沒有感覺到，都不信牠說的話。欲界中正好是如此，所以欲界眾生不太相信有天魔的存在。等到你的初禪具足圓滿，然後你又發願不離開欲界，要繼續在人間利樂眾生時，天魔就一定會來找你，因爲怕眷屬被你一個一個度走。度走一個也就罷了，偏偏你又不走，常常回來繼續度人可以離開欲界，那他就得要管你啦。有人也許想：「欸！老師您眞會講譬喻。」我這說的當然是譬喻，沒有錯。這雖然是個譬喻，但我說的是眞話，因爲我親自體驗過。

十幾年前我初禪遍身發的時候，才一週的時間，天魔就派了他的女兒來了。他的女兒很漂亮哦！眞的好美麗！世界小姐還沒有她們的美。前後總共來了三位，一位是黃皮膚的，跟我們是一樣的，只是好美好美。但是來了也沒有用，我就告訴她說：「妳如果眞的有辦法，就當場變成一個人類，來和我當夫妻；如果不行，妳就趕快走，別矇我了！」我心裡面這麼講，她就走掉了，因爲她知道騙不了我。再過幾天，又進入初禪中，因爲我那時候有很多時間；打坐也眞太棒了，吃過午飯走走路，然後上來三樓佛堂裡坐，一整個下午，一忽兒就過去了，下了座以後神清氣爽。那段時間眞的是享受，現在可沒那麼好命啊！現在忙得一塌糊塗！

在這位黃種女性之前，是個白種女性；現在的世界小姐都不美，根本不能相提並論。我同樣是告訴她：「妳如果能夠現在立即變成一個人類住在人間，我娶妳當老婆都沒關係。否則妳就離開。我知道妳是什麼人，留下來沒有用的，妳干擾我也沒有用，我還是依著色界境界安住。」於是她也只好離開。又過了一段時間，這是兩、三週以內的事情，接著來了第三位，又來了一個女兒，天魔這個女兒皮膚黑黑的，膚色有點像歐巴馬那樣，應該是屬於黑白混血兒；這一回不像上回兩個女兒穿得很整齊，她穿得很清涼，在我面前跳舞，種種的挑逗；看我沒動心，她跳著跳著就漸漸脫光了，光著身子還在我面前跳舞，我說：「妳也一樣啊！再怎麼樣都跟妳那兩位姊姊相同，對我是沒有作用的，所以不必再跳舞，可以走了。」於是她也只好走了。

連著三次來引誘，不到三週的時間。但天魔爲何要這麼麻煩派那三個漂亮的女兒來，是想要幹什麼？是因爲我住在人間，我不會離開人間；而我會不斷地教人家怎麼樣超出他掌控的境界，讓他管不著。而且這一些被度的人又會繼續住在人間，同樣繼續教人家怎麼樣超出他的境界，他也是無可奈何啊！天魔能夠綁住眾生的一樣很厲害武器，那個武器的名稱叫作「五欲之繩」，就是用五欲的繩子把你綁住在人間；然而，菩薩住在人間，是住在五欲之中離欲，不是超出人間而去離欲的；所以說：「菩薩我住在人間，五欲我照樣有，你還能用什麼來引誘我？你沒辦法啊！因爲我本來就住在五欲之中而離欲，你要再來綁我也沒有用啊！我本來就有一堆五欲之繩，我把它拿來玩而不是拿來綁自己。」

所以，天魔最後也是黔驢技窮，三踢之後什麼都作不到了。他那三個女兒等於來踢我三腳，卻沒法子踢到。黔驢，黔是那一省啊？貴州省，聽說貴州省的驢子後腳這麼一踢，蠻厲害的。別人來時，牠這麼一踢；一踢不中，就繼續踢，總共就只有三踢，然後就沒別的招數了。所以，他前後派了三個女兒來，不就是黔驢三踢嗎？因爲技窮了，所以只好不再來了，因爲對我沒有用，而我繼續住在人間離欲，同樣要教導大家住在人間離欲、發起禪定，使更多人可以遠離他的掌控。所以天魔最痛恨的是菩薩，不是痛恨阿羅漢；才會來跟我搗蛋。

天魔若是跟那一些阿羅漢們搗蛋，通常是什麼時候？是他們迴心成爲菩薩以後；因爲大家都發願要繼續在人間利樂眾生，不離開欲界。他的五欲繩綁不住這些菩薩們，而菩薩們又繼續在他的眾生之中不斷地教導眾生脫離欲界，那天魔想要用五欲之繩來綁菩薩又綁不住，因爲菩薩手中就有許多五欲之繩拿著玩，所以天魔就因此而痛恨菩薩，但是也無可奈何。可是其餘的人，你若告訴他們說：「眞的有天魔啊！」他們全都不信，因爲他們從來沒遇過。

至於一貫道老是說修行會有魔考，其實他們只會遇見鬼神，從來沒遇見過天魔。所以說，在欲界中確實有天魔，可是天魔奈何不了菩薩。因此「**如來賢聖諸將與之共戰**」，首先就贏過了天魔啦！只要你能夠得初禪不退失，發願繼續住在人間，你就會成為天魔的眼中釘；可是他卻又拿你無可奈何，因為引誘不了你，這就是「**如來賢聖諸將與之共戰**」的道理。

這只是四種魔王之一的天魔。那麼除了這天魔以外還有五陰魔、煩惱魔、死魔。「**如來賢聖諸將**」也同樣「**與之共戰**」。不過這三個魔我們下一段再來談，這一段只談天魔。天魔確實存在，大部分人都沒有遇到，不等於他不存在。有的人根性非菩薩或是善根不夠，因此感應不到佛菩薩，於是他們不相信有佛菩薩。可是有很多人能感應到啊！這就是說，是由因緣夠不夠，來決定這個人能不能感應到佛菩薩。與天魔相遇也是一樣的道理，如果你的因緣成熟了，也就是你有能力超脫於欲界，但是你又不離開欲界，一心要繼續留在欲界中接引眾生遠離天魔的掌控，他就會來找你了。你若是超脫欲界而不再回來，他最多只是損失一個眾生，那還可以忍受；因為欲界中還有那麼多眾生，才損失一個人就沒有關係；但是你住在欲界不走，不斷地教導人家，好像一隻牛王，可以出去卻不出去，還一天到晚教導牛群，讓大家懂得該怎麼走出去，天魔可就受不了了，當然要來干預。有很多人根本感應不到天魔，就認爲天魔不存在。至於「魔考」究竟是怎麼考的，從來沒有人講過；其實「魔考」也很簡單，總而言之就是藉「五欲之繩」來考，不是一貫道等外道們說的什麼恐怖境界。如果誰被引誘了，貪瞋癡現行了，就被它所繫縛了；而菩薩們抵抗所有誘惑，就是「如來賢聖諸將與之共戰」。

成佛之道的長久歷程中，不但有天魔來擾亂，而且還有煩惱魔、五陰魔和死魔。菩薩這樣「與之共戰」之後，「其有功者心亦歡喜」，凡是戰鬥而有功勳的菩薩，如來心中當然歡喜。戰勝天魔，這個比較容易談，能夠發起初禪而不退失，以禪悅自娛，不接受天魔的誘惑，這只是很基本的戰功；最重要是在斷我見、斷三縛結，然後還要證得因緣法，接著再明心、見性，成爲眞實義的菩薩僧，這都是與魔共戰而有功勳的人。那麼有功勳的人，佛見了以後，心中都歡喜啊！假使，佛來人間度化眾生，可是每一個眾生都沒辦法超脫欲界，也都沒辦法斷三縛結，初果都證不到，講了一堆的眞如與佛性妙義也沒有人能實證，那麼 如來每天爲大家說法，眼看著大家都沒有辦法證得，那請問：如來心中歡不歡喜？如來心中一定想說：「我枉來人間一趟！」

人天至尊特地來人間一趟，結果沒有任何成績，當然會說是枉來；但如果教導之後，大家與魔王諸魔共戰，而能夠斷三縛結，魔宮就震動啦！只要有一個人斷三縛結證初果，魔宮一定會震動哦！不僅僅說有人開悟明心以後又證得初禪不退，為什麼呢？因為天魔很擔心：「這個人斷了三縛結，七次人天往返以後，他就會出離三界了，那永遠就掌控不到了。」而且初果人一定會回來人間再度一些眾生，所以他心中抑鬱寡歡、慘然不喜、魔宮震動！所以你們在人間斷三縛結的時候自己沒感覺，可是魔宮是在震動的。若是在禪三破參了、明心了，那魔宮震動得更厲害，只是你們不知道而已。因為他知道又有一隻金毛獅子出生了！不必幾年，他就可能成為金毛獅王，所以天魔看見說：「唉呀！在台灣正覺同修會有這麼多金毛獅王。」他其實是很苦惱的。可是他無可奈何！所以你們看，我們親教師們在有線電視台上弘法，天魔很不高興。於是，他就發動那些徒了徒孫，告訴他們說：「你們的名聞利養受損了，要趕快去抵制正覺。」所以就有人寫了信去法界衛星電視台抗議。

那封信好像是我寫的欸！因爲那封信署名是「魔蕭」，（大眾大笑…）說是邪魔蕭平實寫的信，好奇怪！我幹嘛寫信抗議我自己？這意味著什麼？意味著他們被五欲之繩所繫縛，天魔的五欲之繩把他們綁得很嚴重，他們寫這封信給電視台，如果成功了，天魔可就樂壞了。如今因爲看見我們這些金毛獅子們是一大群，不是只有一個、兩個，而是一群證悟的菩薩在電視上說法，大眾聽到很歡喜，佛教界的佛法知見都快速提升了，他們再也無法籠罩佛弟子，已經混不下去了，所以什麼樣不堪的字眼都可以用。

但我們正覺不是只有一個人在弘法，一般而言，你們看某一個道場去有線電視闢了一個節目說法，就只是那個道場的住持一個人。可是我們正覺不一樣，我們是一個教團，我們顯示出來有這麼多人在電視上說法，但我們還沒有全部派出來，只是其中的三分之一、四分之一而已。假使再有一個更長的節目，我們會再派更多的人上去說法。所以有個法師去跟電視台威脅：「你們再不撤掉正覺的節目，我就撤掉我的節目，不跟你們往來了！」我說：「好啊！請他趕快撤掉，我們趕快再接啊！」結果他又不撤了。本來想，這半個鐘頭實在沒什麼可講的，講不了多少法啊！因爲掐頭去尾只剩下二十六分鐘可以講，所以希望有一個鐘頭的節目；然後把原來這半個鐘頭的節目變得跟點心一樣來說基本佛法，結果他又不撤了！我們沒辦法再接新節目，就這樣維持著。（編案：後來改為一小時的節目了。）

那我們《宗通與說通》現在也開播了，每一天播過了，隔天就把所播的內容貼上網站，大家事後都可以上網去看。如果在電視上來不及看，後來再到我們官網上面去，也可以看得見。這在顯示什麼？顯示我們正覺是一個教團，不是單單一個蕭平實能說法；這些親教師們個個都是金毛獅子，目前先派出十位、十一位上去，如果有更多的節目就會派更多上去。我們不像他們那些法師們都會打上廣告：他們的道場地址、電話號碼，郵政劃撥帳號。我們從來沒有，我們呼籲觀眾：「護持法界衛星電視台。」不用護持我們正覺，那些法師們卻是靠節目收取護持款；聽說大多是壹百塊錢、二百塊錢、五百塊錢、一千塊錢護持，數目都不大，可是量很多，所以他們如果把節目收起來，就等於少了一大筆收入，也等於退出弘法事業；所以那位法師威脅說要撤掉他的節目，後來又不肯撤。那我們雖然不廣告我們的劃撥帳戶，可是也有觀眾看到我們說的妙法，就到書局去找正智出版社的書；找到書了，有些人也會劃撥到出版社來支持正法，有五百的、有一百的、有一千的、也有二千的，然後就轉給同修會入帳。雖然數目不大，數量也不是很多，但是令人感動。我們不要他們護持，可是他們為什麼偏偏要設法匯款來護持？因為發覺這些法都是聞所未聞，對他們利益很大。

我們能夠在電視上講的法，當然都是很淺的法，但對他們而言已經是聞所未聞，所以如獲至寶。我們不想讓他們劃撥來護持，他們還特地問清楚了就劃撥來護持。也有看了我們的說法節目以後說：「喔！沒想到你們正覺規模這麼大！」我心裡面想：「我們規模哪有大？」人家是一、二百公頃的大道場，我們在台北只不過有四個講堂，台中四個講堂；新竹昨天買了，所以新竹講堂裝潢好了就會搬家了。然後就是台南、高雄，高雄三個講堂是比我們台北四個講堂合起來更大，因為每一層的面積都很大，但也不過如此。（編案：這是二〇一一年所說，當時台北尚無第五、第六講堂。）人家是一百公頃、二百公頃的道場，那才叫作大。

可是那些大道場，大多只有一、兩個人能說法，就是堂頭和尚，其他人大約都講不來；而這個能講的住持，卻又講得零零落落地，諸位聽了都會覺得：「唉呀！你根本不懂佛法。」可是我們這些親教師們上去講，個個都有很多勝妙的法講出來，於是他們都會覺得說：「這個道場不得了！竟然能夠有這麼多能說法的老師，這規模一定很大。」因爲我們是個教團，所以我們不是只有一個人能講，這樣具體來顯示說「如來賢聖諸將」住在人間，與魔共戰而發願不離人間，利樂有情。所以天魔痛恨得不得了！可是他對我們又無可奈何，因爲天魔所能夠作的就是用五欲之繩來繫縛大家；但我們大家都在人間領受著五欲，每天都在色聲香味觸、財色名食睡之間打混，根本就誘惑不了我們。

如果天魔要弄更多的五欲來，那也沒關係啊：「我有老公、我有老婆，可是我不被綁住啊！天魔要再弄幾個老婆來給我也行，我就命令她們每天幫我除草，作各種工作。然後我有很多校對的工作，要求她們來幫我校對。」（大眾笑…）天魔派三個老婆來給我也可以啊！我就說：「妳幫我謄稿。」四老婆派來了，我說：「四老婆！我也有工作給妳作，來幫我校對。」反正我有一大堆派不完的工作給她們作。等她們把那些工作作完了，老了死後回到天上，換天魔開始聽她們說法。（大眾笑…）維摩詰居士就是用這一招，所以把那一萬二千天女都接收了，爲她們說完法，讓她們再回到魔宮去輾轉說法，把法傳去魔宮裡，天魔完全無可奈何。這不是阿羅漢作得到的，只有佛菩提道中的「如來賢聖諸將」才作得到；賢，就是在三賢位中；聖，就是入地以後，這些人都能與魔軍共戰。

當 如來座下的「賢聖諸將」能夠這樣作到的時候，如來當然認爲這一些賢聖們是跟魔王共戰而有功勳。既然有功勳，心大歡喜，當然就有所賞賜；那麼 如來要賞賜什麼給大眾呢？賞賜「禪定、解脫、無漏根力」，用這一些勝妙法財來賞賜。正因爲共戰而有功勳的緣故，因此「心亦歡喜」，便在四眾之中爲大眾演說諸經，所以十二部經就一一演述出來。演述這些經典就能讓大眾心中歡悅，爲什麼歡悅？因爲你可以從 佛陀說的法中，獲得解脫、禪定、無漏的五根與五力，以及種種勝妙的佛法。

諸位想一想：「是不是眞的如此？」這不必用想像的，從諸位來正覺學法，自己親身的體驗來作個比量。佛陀在世說法時，大家應該如何？會得到什麼樣的證量，你們可以作出一個比量。依你們進入正覺學到現在的現量，來對 如來在世說法時的狀況作個比量，就可以證明經中說的都是眞實。例如以前你們學佛，有的人學佛三十幾年，全台灣道場他們都逛過；這種人太多了，我們會裡面有很多。學佛三十幾年逛過各個道場，但「什麼是佛法？」好像知道，可是又摸不著邊，總是覺得渺渺茫茫、杳杳冥冥。我可不是在講《道德經》，我講的是一般佛弟子學法的過程，總是不知所措、茫然無依。說個般若，那般若到底是怎樣才叫實證？也摸不著邊，也沒聽人家講過。說個解脫，怎麼樣才是眞解脫？也弄不懂，大法師們也都是自以爲是。

在正覺弘法以前，有好多大師宣稱證得阿羅漢，可是他們那樣是阿羅漢嗎？在你們來正覺學法以前，也沒有智慧可以分辨他們是不是阿羅漢啊！你們來正覺之前就是這樣，你們想一想：是不是這樣？是啊！就是這樣。可是等你們來到正覺以後，第一堂課聽下來，覺得說：「老師好像也沒教什麼，只教我一些佛法概念。」第二堂課又來聽，好像也沒教什麼，只是說一些同修會的事；第三堂課又聽，「好像也沒說什麼法，只是教我怎麼樣拜佛而已。」好像每一次來上課都覺得沒什麼，可是到兩年半學完以後，遇到以前在別的道場的同修們，互相交談以後才發覺說：「唉呀！原來那些師兄、師姊竟然都聽不懂我說的法！」對方也感覺很驚訝說：「我才二、三年沒看見你，爲什麼你現在這麼有智慧？」那時你們才覺得：「原來我是有智慧的。」是不是這樣？是啊！這個過程你們都經歷過了。

然後呢，每一次想到這件事，就想：「我在正覺學法，好幸福！好快樂！」請問：你們來正覺學法是痛苦的？請舉手，沒有啊？第二講堂呢？第三講堂呢？也沒有。第四講堂呢？怎麼沒反應？舉舉手嘛！（大眾笑…）對嘛！（此時似乎有人持反對意見。）沒有人要附和你啦！你自己看。為什麼大家都不附和你？為什麼？因為來到正覺以後，整個佛法脈絡弄清楚了：什麼是證解脫道，什麼是解脫道中的二果、三果、四果；什麼才是菩薩，菩薩的實證內涵是什麼，與聲聞修的解脫道的修法有什麼異同，然後成佛之道與解脫道互相的關聯是什麼，它的過程與次第是什麼，二者有什麼不同，全都瞭解了。

所以來到正覺以後可以自己去確定：咱家目前在正覺學法到現在，如今是在三賢位裡面的某一位階。自己可以確定了：「我接著要往哪一個位次邁進，在解脫道裡面，我現在大概是初果向，因為三縛結有沒有確實斷除，我還要再檢查。」等到有一天確定：「我的三縛結真的斷除了，在解脫道裡我是初果人。但是我還沒有明心，我接著是要拼明心開悟。」等等、等等，都要有一個次第才能眞的修學嘛！知道自己現在的定位是什麼，然後知道說：「接著下一步，我應該是證什麼，再下一步我又應該修什麼、證什麼。」都清楚明白！再也不像以前學佛二十年、三十年以後依舊渺渺茫茫，佛法這個成佛之道到底是該怎麼修、如何證，都不知道。以前總是每天學得苦苦惱惱，現在學佛卻是學得很快樂。

所以會外他們說的那個「學佛」二字是要加引號的，因為他們那不是眞的學佛。會外學佛學得很快樂的只有在慈濟，但她們那個「學佛」得要加上引號。引號的意思代表什麼？說明她們不是眞的在學佛，所以每天到晚在世間善法中嘻嘻哈哈作事，就誤認為是在學佛法。她們出去行善，人家就感恩地說：「唉呀！好感恩！董事長夫人您又來了！」「感恩某某師兄師姊，您們又來了。」每天被人家感恩，所以心中覺得快樂。因此她們互相見了面，不再稱「阿彌陀佛」。我們大家初見時都說：「某某師姊！阿彌陀佛！」她們卻是說：「某某師姊！感恩喔！」因為她們被感恩慣了，每天聽著，所以心中很快樂。

但是那樣叫作學佛嗎？不是，那都只是人天善法，只能說是正在培集十信位中的道糧。眞要問到佛法呢，她們眞的一問三不知，不是像諸位這樣清楚了然。這意思就是說，眞正的學佛，是應該有這一些實證的內涵。這個內涵總括而言就是這四種「禪定、解脫、無漏根力、諸法之財」；這四種法財是如來賜給大家的，但還不是最究竟的，最究竟的是《法華經》，得要留在最後才給：當大家跟諸魔共戰而戰勝了，各有功勳時，如來就爲大家演說諸經，令大家心中歡悅，卻還是得等到最後階段，才會給大家《法華經》，演說「此經」的眞實義。

所以你們假使有人來正覺同修會學法以後，學得苦苦惱惱，心中不快樂，那一定是自己本身有問題。爲什麼大家都學得很快樂，獨有他不快樂？表示他跟諸魔共戰失敗了，沒有功勳。來正覺同修會到禪淨班結業的時候，至少得要斷三縛結、證初果，這是正覺會裡基本的實證。如果早上一起床就發覺說：我這口袋子裡有個果實。有這麼一顆果實，還沒有第二顆、第三顆、第四顆，雖然只有這麼一顆，心中也就很高興了！想想學佛以來，看到那麼多宣稱是阿羅漢的大法師們，如今竟被證明全都還是凡夫，結果發覺到一個事實：「**自己來到正覺兩三年默默無聞，誰都不認識我，竟然可以斷三縛結、**

證初果。」這難道不值得高興嗎？這就是解脫果的初步實證啊！解脫果的初果已經證得了。至於三縛結究竟是有沒有眞的斷除了，可以依據《阿含經》來自我檢驗。

解脫道中的初果實證了，接下來二果該怎麼證？二果是薄貪瞋癡，不是只有解脫道中的見地；這表示自己有努力在修行，把貪欲、瞋恚以及解脫三界生死的無明努力在斷除，所以全都變得淡薄了。這時不是只有見地，已經是進入薄地了，這也不錯啊！這時候說：「唉呀！原來我現在是薄地。」突然知覺到這一點，也是會覺得很意外的，但這卻是可以自我印證的，因爲解脫道的實證都是自證自知的。

那麼如果繼續努力進修，爲眾生付出，爲正法的久住而努力，都沒有考慮到自己的私人利益，對於欲界的財色名食睡也都沒有任何的貪求，從深心中說服意根成功，於是發起初禪了。當初禪發起了，接著會去探求：五個下分結的內涵是什麼？探求之後發覺，原來只是這樣子，這個我已經作到了，這時自然會知道自己是三果人，不就是解脫的進一步實證了嗎？接著再修不放逸法，這在《阿含正義》裡面也有說明；然後去取證盡智以及無生智，心得決定時就能成爲阿羅漢。但是故意再生起一分微細的思惑，繼續受生於人間行菩薩道。這時天魔對你也是無可奈何，但你卻繼續住在天魔的境界中去度眾生。而這些全都是可以實證的，至於自己目前處在菩薩道的哪個階位中，也是可以自我檢查，同時可以用阿含聖教來印證自己在解脫道中的位置。這些是佛教界中，不論哪位大師都無法否認的；也都是自知自作證的，這就是解脫啊！

不但如此，迴心大乘以後，還可以親證菩薩的實相般若智慧。只要悟得如來藏，現前觀察祂的眞實性與如如性，能夠現觀如來藏的眞如，就是經中說的證眞如；這時又多了一個涅槃解脫，叫作「本來自性清淨涅槃」，定性聲聞阿羅漢之所不知。當他們說：「我將來入無餘涅槃，把我的五陰十八界滅盡，是我生已盡、不受後有。」你就告訴他們說：「其實現在你就在無餘涅槃中了，只是你自己不知道。」阿羅漢們只好搔搔後腦勺說：「你在講什麼？」他們覺得好疑惑。

然後你就告訴他們這個道理：「你們死時滅了自己的五陰十八界以後，是不是佛陀所講的『本際獨存』？」他們想：「對啊！就是要把自我五陰十八界滅盡，只剩下本際獨自存在。」那你就問他們：「本際是什麼？」他們說：「我們也不知道啊，應該是一個『識』吧。」那你要告訴他們：「對啊！就是阿賴耶識改名爲異熟識。而你們的異熟識本來就不生不死，當你們入了無餘涅槃以後，剩下祂不生不死就是無餘涅槃。但是你們現前當下五蘊存在之時，你們的異熟識就已經是不生不死了，這不是涅槃又是什麼？」他們一想：「對喔！對喔！可是我們的涅槃在哪裡？」他們又看不見。

他們如果求你：「拜託啊！菩薩！我們的涅槃在哪裡？」你就給他們每人一巴掌！他們抗議說：「你爲何打我們？」你告訴他們：「你們不是想知道涅槃在哪裡嗎？我已經告訴你們啦！」他們一定想：「菩薩的法爲何這麼難懂？」於是只好一起跟你請法，你就告訴他們：「涅槃之中不生不滅、不來不去、不垢不淨，跟你們的五陰非一非異！」他們想：「這不是佛說的中道嗎？原來你懂中道啊！」因爲你可以現觀，當然可以爲他們當場講出來。當你看到阿羅漢們聽不懂時，你是不是（這時平實導師用唱的方式說）：「快樂得不得了？」（大眾笑…）那個廣告詞不是這麼唱的嗎？正是！你心中一定很快樂嘛！但是這快樂從哪裡來的？正是起因於 如來「於四眾中爲說諸經令其心悅」，還是從 如來而來的，不是自己眞的很行。

然後，有了這些法身德、般若德、解脫德，你已有三果實證的時候，你就有了基本的禪定，初禪一定是跑不掉的。也許你因此進修又得了二禪、三禪等，那你最多再修到第四禪，就不繼續進修禪定了。這時最多只修到第四禪，一定不想進修四空定；因爲證那個境界沒什麼意義，愚癡人才會去修四空定。除非你的福德已經大到足以成滿三地心了，那你就把四空定、四無量心、五神通都修起來，可以滿足三地心，可以在十方世界利樂眾生。還不到這個階段時，四空定就不用修了。那你這時也有禪定了，這個禪定又跟外道禪定不一樣；因爲外道的禪定依舊是生死流轉法，而你的禪定卻可以用來增益你的無漏根慧，使你的無漏根慧產生了「無漏根力」。

然而這無漏性的根與力也是靠 如來教導，才能熏習、才能增長，然後從五根轉變爲五力。在十信位裡面，五根都還不具足，更別談五力，正像慈濟那群自以爲證量很高的人一樣，全都還在十信位中混著呢。在十信位裡面修的主要就是這五根：信根、精進根、念根、定根、慧根。她們都還在修這五根。這五根不修滿足以前，就脫離不了十信位。然而這五根，台灣佛教界或者大陸佛教界到底有誰教授過？我還沒有獲得訊息說有誰曾經如實教導過。我這一世學佛初期，二十幾年前讀過顯明法師寫的一套書，他倒是有講到五根，但是也沒什麼解釋；因爲他是研究天台的，他是天台宗的……應該叫作末代傳人、末代掌門人。可是五根有那麼難嗎？沒有啊！那爲什麼近代的佛教界沒有人細說五根？就別說是五力了。

上週最後說到五根。培植「五根」有那麼難嗎？沒有啊！那，爲什麼近代的佛教界沒有人細說五根？這五個法不難啊！不過就是信、進、念、定、慧。然而，對一般道場來講，這五根竟是他們無法說明及實修的，因爲連堂頭和尚自己也不瞭解啊！如果眞的要從五根講到五力，那他們怎麼辦呢？當徒眾們瞭解五根與五力的正確內涵時，大眾就會相互檢查：「那我的師父，**他有沒有具足五根？有沒有把五根轉生五力？**」那時怎麼辦？那時變成砸自己的臺。他如果跟人家宣講五根五力時，將等於搬磚頭砸自己的腳，所以就沒有人願意詳細講解。

而且老實說，這五根是面對什麼來說五根？是面對什麼來說五力？他們也講不出個所以然，因爲他們對三乘菩提都不懂。他們都在印順法師的邪教導下，錯把不正確的聲聞解脫道，當作菩薩所修的成佛之道，那他們要怎麼講解五根和講解五力？

關於五根與五力，一定要有一個基本的主體，才能談得上五根與五力；例如五根中的「信根」，這信根的生起、增長或者圓滿，是要信什麼？總得有個主體嘛！總不能說：「我信宋七力、我信清海、我信李洪志。」總不能夠信那些外道嘛！而這信根的對象就是信受三寶。但三寶的意涵究竟是什麼？他們也是語焉不詳。後來有一些法師終於講了一點三寶的道理，卻又令人奇怪：原來他所說的三寶只是三藏教的三寶，不是大乘教的三寶。那你們說，他的信根是在什麼層次之中？只是在聲聞教中發起他的信根而已。

所以，對於佛法，對於大乘三寶的信根具足，是要有一個主體內涵顯示出來，然後為大家說明那個信根內涵的實質，讓大家知道說：原來我們在大乘法中，信根的圓滿而有第一分的信力，是要對大乘法教的三寶有具足瞭解，而這個具足瞭解是函蓋二乘教的三寶。因此，對於三藏教的三寶、對於大乘通教的三寶、對於大乘別教的三寶，乃至對於圓教的三寶都應該有所瞭解。這樣才算是大乘法中、佛菩提道中信根的圓滿。

當這個信根圓滿的時候，才能夠有「信力」；對於大乘三寶理解而產生的信受力量終於生起了，有信的力量了，這時的信不再只是「根」。「根」是在地表下面看不見，例如你把一顆種子種下去，薄薄的一層土蓋上去，灑了水；十天後它的根已經長出來了，但你並沒有看見，換句話說，這時你沒有看見種子的作用。一直到甚麼時候看見呢？它的根長得差不多了，然後有芽冒出地面來，這時才能夠說有基本的「信力」。根的力量具足而可以支撐芽、支撐枝幹，不斷地往上生長出來而長成一棵樹了，這才是有了具足的「信力」。所以根是潛藏著，但是這個根也得要培養才能夠增長，當你對於大乘三寶有具足的理解，有具足的信受的時候，你的「信根」才能成熟，作為隨後「信力」增長的基礎。也就是說你的菩提芽發出來了，突出了地面了，人家說：「唉呀！**原來你有一分信力了。**」所以你才能投入眞正的正法道場，不再停滯於表相道場中、不再於相似像法中流轉，因爲你這時對佛教三寶已經有信力了。這時不論誰想要移轉你離開正覺同修會是不可能的，因爲你對大乘三寶已經有信力，你的信力已在運作了。

有了信力，接著就會有「精進」的動力。精進的動力基礎就不斷地在增長，這時你還看不出精進的模樣，因爲那個精進度還不夠，只是精進根而不是精進力。所以進了正覺同修會以後，今天來上課了，下一週可能雨下那麼大不想來了，打個電話請個假；不是因爲家裡有事情，只是因爲雨太大；（大眾笑…）我們有發覺近來新班的現象，現在是七月嘛！我們今年四月新開的班有這個現象，所以有的老師就感嘆說：「唉！這期新班的菩薩們，好像是**五根五力不具足的樣子。**」這表示說，他有信根、有信力，不會離開同修會，可是不精進，表示他的精進根有待培養。可是先要有信力，否則他的精進根不容易增長；但因爲有信力，所以沒關係，縱使有一搭沒一搭地學也行，然後經由信力繼續運作的結果，他的精進根會不斷地增長；增長到一定的程度——也許半年、也許一年，他突然就精進得不得了，然後道業就突飛猛進，大家都有目共睹。這時就說他有精進力了！好！有了精進力，他一定是很努力在用功的。所以每一次上課都不再打瞌睡了，老師說什麼、親教師教什麼，他都很努力聽聞；如果有不懂就記著，下回來小參時他就趕快問了。

於是，他終於生起了勝解——老師說的東西他都能如實理解，於是他開始懂得一些佛法，人家問起來，他懂了就可以稍微爲人家說明。這表示什麼呢？說他有「念根」了，他能夠記得住了！可是他其實不是用記憶的，而是因為有了勝解所以能夠記住一些法。雖然沒有全部記住，但是有一部分記住了，表示他這時有「念根」了。有了這個念根，他會發覺：「我在正覺學法有受用，我的道業進步到自己可以感覺到，我要繼續努力！」於是憑著他的信力、精進力，他這個念根繼續增長。終於來到最後半年，親教師說什麼他都懂，他都知道，也都能為人講解，這表示他的「念力」出現了！這樣就有三根三力了。

到了這個地步，他心中下了決定：「我這一世不管能不能開悟，反正就是賴在正覺不走了。」原來他開始要改姓賴，賴在正覺不走了，這表示他對三乘菩提心得決定了，就是有「定根」了。縱然有時候別人對他說：「唉呀！你都不跟我們回去看師父，師父好想你欸！一天到晚要我們來叫你回去！」他有時候心裡面想一想，有一點過意不去：「好啦！好啦！過年的時候我再跟你們回去。」終於過年了，跟他們回去一趟，可是聽到師父講那些法言不及義，於是回來正覺繼續共修以後呢，又把師父忘了。因此他就是每年去看望一趟，以外就不再去了。然後他在正覺就再也不離開了，決心要學到底，心得決定了，這就是「定根」。

你們可以檢查一下自己有沒有定根？如果沒有定根，你不會繼續坐在這裡，因此就這樣安住下來。所以你看我們有好多同修，凡是什麼義工他一定到，可是他在進階班一待十年，從來不報名禪三；但我就在等他什麼時候要報名。（大眾笑…）就是這樣啊！這表示什麼呢？是說他的「定力」生起了，心得決定、絕不退轉。只要能利益正法，讓正法久住就行，自己能不能開悟，無所謂，他不計較。可是每一次有什麼事情需要人，他一定來，從頭作到尾，就是有這樣的同修啊！可是禪三報名表沒看見過他寫，這就是菩薩，這就是定力已經具足了。

有了這個定力，他認定這個眞如佛性的法，認定這個初果到四果的法，確定佛法中的聲聞道是要否定五陰、滅盡五陰的正理，心得決定以後，他也開始正確理解大乘佛法，所以他的「慧根」增長了。慧根增長的意思是說，他對於三乘菩提的智慧可以吸收，也就是有了如實的理解而有聞慧、思慧、修慧，然後一步一步融會貫通。當這個慧根繼續增長到一定程度時，他就算沒有想要證果也會證果，因爲解脫道的智慧他已經生起了，他有那個「慧力」

了。到底證初果的內涵是什麼，檢查的結果也發覺自己眞的斷三縛結，初果確實已經取證，這就是基本的慧力！然後談到如來藏，其實他有觸證，可是心裡不急，慢慢體驗；也許他會體驗個三年五載，然後才去報名禪三。

就這樣在進階班裡面，親教師在講種智的內涵或論著，他其實聽懂，就是不急著去打禪三；因爲他自己覺得無所謂，只要能護持正法，能利樂眾生就行，不計較被印證的事，這表示他有慧力了。但是他一直待在進階班裡面，接引了很多人進來，甚至被他接引的人已經破參而進入增上班了，他也不急，他就繼續在進階班裡面待著：「反正我有智慧就行了，去不去禪三無所謂。」他就這樣認爲。而且那個進階班待久了，親教師越教越深、越教越深，他覺得說：「我在進階班得到的利益也不小啊。」所以他就這樣子一直待下來。可是探究他的本質，他其實五根與五力都有了。

在正覺同修會中就是有這個現象，你在外面是找不到的。這種五根與五力都是「無漏性」的，不像在慈濟、佛光山、法鼓山、中台山，他們那些都叫作有漏的五根五力，因爲名爲學佛，卻都只是世間善法的層面，跟出世間的無漏法不相應。而且很可笑的是，例如法鼓山，他們的《中華佛學學報》，是個佛教單位設立的學術單位所發行的學術刊物，裡面發表的論文應該是支持佛教才對，欸！它竟然發表反對佛教的論文。那麼請問：這樣的道場、住持，他到底是不是佛教徒？到底是不是？（有人答：不是。）不是哦？可是人家剃了頭、燙了戒疤，還穿著僧衣，並且還當佛教寺院的住持欸！眞的好奇怪！其實不奇怪，因爲現在是末法五濁惡世呀！所以他們的信眾也是不加簡擇就這樣奉行。那他們的五根五力是什麼性質？是有漏善的五根五力；但是那個有漏善的五根五力所擁有的功德，抵不上在破法本質上的一點點過失啊！竟然在《學報》中主張說：「耆那教是勝過佛教的。」竟然主張說：「這個基督教是勝過佛教的。」佛教道場所設的學術研究機構，竟然允許外道貶抑佛教的論文發表在他們的刊物中，這樣子破法的結果，就把有漏善法中的五根五力全部破壞掉了，顯示他們看來好像具足的五根五力其實都只是表相。所以他們那個五根五力不但講不清楚，而且他們所謂的五根五力實質都不離有漏善，實際上卻反而牴觸「無漏根力」。

如果接著要再講到諸法，三乘菩提中的諸法他們能瞭解嗎？根本就不可能了，因爲連無漏的五根、無漏的五力都不懂了，又如何能夠懂得三乘菩提的諸法？三乘菩提的內涵也只是正覺同修會弘法以後才開始宣揚起來，以前沒有人宣講；以前臺灣佛教都是用印順法師的《成佛之道》書中的理論，說那個六識論外道見就是佛教的正法。然而他只是抄襲宗喀巴的《菩提道次第廣論》而已，怪不得他會跟隨宗喀巴主張意識是常住的，才會發明一個「細意識常住說」，這證明他們根本不懂三乘菩提中的諸法。

三乘菩提中的諸法，內涵之豐富、勝妙和廣大，在近代佛教界無人能知。現在就只好把我們的親教師們推出來，讓他們開始教導佛教界，快速地提昇佛教界信眾的佛法水平。我們這一招是效法誰呢？是效法早期的共產黨。我以前就設定要這樣作，那時我出版了《邪見與佛法》，在書中寫了〈法義辨正無遮大會〉的補充聲明，那時有人跟我說：「老師！您寫這個聲明沒有用啦！」我在聲明裡面也附有寫給各佛學院院長的信，也有人跟我說：「老師！您寫這封公開信沒有用，他們不會理你的。」我說：「你錯了！我寫這兩篇文字並不是要給佛學院的院長、教師等人讀的，是要給佛教界的基層信眾閱讀的。」他恍然大悟說：「喔！原來是這樣。」我說：「對啊！我們就是要用鄉村包圍城市。」當佛教界的信眾都瞭解了，當大家的知見都提昇了，各家佛學院的院長、教師們就不得不跟著進步，他們不想改變也得跟著改變。後來證明有沒有成功？成功了嘛！以前不管誰講到如來藏都會被罵：「**自性見外道！**」現在各道場如果不講如來藏就沒有信徒。（大眾笑…）就是這樣。現在大家都認爲：佛法的修證就是要證第八識如來藏，想要親證實相般若就是要開悟明心。那如果有人問：「**師父！請問我要如何才能開悟？**」師父就會告訴他：「**我告訴你，你去正覺修學，但別說是我講的。**」（大眾笑…）所以，三乘菩提以前是沒有人講的，眞正的佛法是沒有人講的，都是錯把解脫道當作是佛菩提道，並且他們所說的解脫道還是錯誤的。但是我們一一條分縷析，細加演繹在書中，大家一本又一本讀過了，於是逐漸提升上來；現在終於知道了：「**原來佛法的勝妙與深廣，非吾輩之所能知。**」於是，佛教界只要聽到說誰是去正覺學法的，一遇到他，大家就閉嘴不講佛法。對不對？你們很多人遇過這個現象嘛！你們只要到任何道場去，如果明說「**我是從正覺出來的**」，他們就不跟你開講佛法了。爲什麼呢？因爲怕你抓包啊！這就是說，三乘菩提諸法無量無邊，不是一般凡夫之所能知。

以前，被人家質疑時，有的同修很生氣；我說：「**沒有關係，我們既然**

宣稱開悟了，也宣稱能幫人家開悟，我們就得要接受人家的挑戰，這是我們的義務。既然有義務，人家來挑戰了，我們就細說分明；如果細說分明他們聽不懂，太深了，你就話說從頭也行，從最淺的開始跟他講到最深的，把整個佛法系統說清楚。」我就這樣子弘法過來。所以，在佛法的實證上說有九種現觀、十種現觀，以前有聽誰講過？沒有人講過。沒有那些現觀，怎麼敢說他實證了諸地的果位呢？那些現觀是菩薩實證佛法的標準，就好像說，你去玩尋寶遊戲，總共有幾關，每一關都會有一個寶物。好比有人說他把尋寶遊戲全部都玩過了，那他總共要拿到幾種寶物，得要全部拿出來給人驗證才行。但他手裡竟然連一樣寶物都沒有，就向人說他全部玩過、全都過關了，顯然他根本連第一關都還沒有通過。

道理是一樣的，佛法究竟有多少內涵，得要實際上去親證，然後才能夠有那個本質呈現出來；當他把這個本質呈現出來，我們才能夠說他眞的有這個實證。所以，世尊爲了給大家獲得這四種法財，就是「禪定、解脫、無漏根力、諸法之財」，爲了給大家這四種，所以講了許多經典。講了這麼多的經典，讓大家擁有這四種財寶之後，最後告訴大家：什麼是涅槃？所以「又復賜與涅槃之城」。

涅槃到底是什麼？在我們正覺弘法之前沒有人講過，釋印順的書裡面，在他那套《妙雲集》裡面有稍微講一些，也是語焉不詳，他其實講不出個所以然，後來乾脆說：涅槃是不可知的、不可證的。那就要請問：「你釋印順究竟是在弘揚什麼佛法？」弘揚佛法的最基礎實證就是二乘菩提的涅槃呀！這是二乘菩提之所證，他竟然說涅槃是不可知也不可證，那我要請問他：「你弘法一生，到底弘揚什麼法？」他竟然還同意把他的傳記命名為《看見佛陀在人間》，唉呀！我眞不知道這是什麼樣的佛陀？

如果把他弄個諧音封給他，叫作「浮圖」還差不多。就是個寶塔嘛！「浮圖」也就是寶塔的意思。我是說「浮圖」，不是「糊塗」。（平實導師把發音重講，大眾笑……）因爲，他釋印順的五陰在人間的時候就是個寶塔，只是他對自己的寶塔內涵完全無所知，可是我卻把他看得清清楚楚。所以我有時候才會說：「我比釋印順更瞭解釋印順。」因爲他連自己的落處都不知道，可是我摸得一清二楚，因此我在書上寫了他那麼多，終其一生，他都不敢回應一句，他算是有自知之明。

如果現在上網搜尋「涅槃」的註解，一定是我寫的最多；而且我的局版書還沒有上網，目前還搜尋不到，單單是結緣書就有那麼多。但是我二十年來講了那麼多的涅槃，從不同的方向、不同的層次來講涅槃，前後都沒有衝突，要這樣才能夠說是「實證涅槃者」。不論我講有餘涅槃、無餘涅槃、本來自性清淨涅槃，或者諸佛的無住處涅槃，都不會有互相衝突之處。我講的涅槃講得最多，但是都沒有衝突，原因是什麼？因爲是「實證」的。實證的涅槃，不論前後相隔多少年所講的，都是不會有衝突的；因爲那是法界中的實相，我們只是依照自己的所證，從現前的觀察之中把它演說出來，當然不會有矛盾之處。可是，我這樣是不是很厲害？不！全都是 佛陀之所賜。如果不是 佛陀賜給「禪定、解脫、無漏根力、諸法之財」等四種法財，我們無從得起啊！因爲 佛陀給的禪定不是世間禪定，是與無漏法相應的禪定，這不是外道所能教授的。

然後談到涅槃。佛陀出現在人間之前，好多外道們都自稱證涅槃、得阿羅漢；當然也有外道自稱是如來，可是自稱如來的外道是少數中的極少數，反而是自稱阿羅漢的外道有如過江之鯽。那麼 佛陀出現在人間以後，就尋找主要的大外道，徒眾越多的越好，就去爲他們說法。於是那些自稱阿羅漢的外道們，聽了 佛的說法以後終於知道自己不是眞的阿羅漢；但是 佛陀說完了法以後，他們發覺自己眞的是阿羅漢了，可是 佛陀的智慧依舊不可猜測，於是就趕快歸依於 佛。所以涅槃不是外道之所能知，佛陀降生在人間弘法之前，好多外道都自稱得涅槃、是阿羅漢，後來一一都被 佛陀推翻，然後被 佛陀度了，都成爲阿羅漢而實證涅槃，由此證明，這個「涅槃之城」仍然是 佛陀之所賜與，不是哪個佛弟子自己那麼行。

然後，佛陀賜給弟子們「涅槃之城」了，就告訴大眾說：「你們已經得『滅度』了。」爲什麼不說「生度」？在我們正覺弘法之前，所有的佛教界大師們講的「得度」都是「生度、活度」，不是「滅度」。可是你在三乘菩提大小乘經典裡面，只能找到「滅度」，永遠找不到「生度、活度」，因爲要滅盡五陰、不受後有，才能到達無餘涅槃彼岸。即使菩薩不滅盡五陰，也是要滅盡對五陰的執著，然後讓五蘊實際上住在無生無死的涅槃彼岸，仍然是要滅掉對五陰的執著，所以還是「滅度」啊！

有一位大師以前都說要「消融自我」：「人家罵我們，無所謂；被人家倒了帳也無所謂。當人家罵我們的時候，不要跟人家對罵，要消融自我。」可是他們口說已經消融了自我，「我」還在不在？在啊！因為由「我」消融了「自我」，結果是沒有消融。後來不談「消融自我」了，竟然反過來教大家說：「要把握自己，要當自己。」原來他的自我眞的沒有消融，又回到五陰自己去了，他開始當自己、把握自己，這比他年輕時還要糟糕！套一句南部市場裡的俚語說：「老番顚。」（台語）正是越老越糊塗了！壯年時雖然沒有斷我見，至少還懂得應該消融自我；老了當大師了，反而要把握自我、當自我，竟然都不覺得前後所說自我矛盾。所以你看，他們所以為的解脫都是想要生度，都沒有人說是滅度的；等到咱們正覺出來說是滅度，他們不接受也得接受；因為《阿含經》說的解脫道，阿羅漢們都是來到 佛陀面前自稱：「我生已盡，梵行已立，所作已辦，不受後有，解脫、解脫知見知如眞。」

那麼 佛陀就是這樣子利益弟子四眾的啊！不但如此，在教導弟子實證涅槃之前，佛陀本身就是以「禪定」和「智慧」的力量來獲得佛法的國土，因此於三界中成為法王。這不像基督教的耶穌還宣稱是人間的王，怪不得基督教徒老是不離政治，與佛教徒不涉入政治事務不同。話說回來，如來是「以禪定、智慧力得法國土，王於三界，而諸魔王不肯順伏」。但是他們不肯順伏時，如來不理他們，直接度眾生；當眾生追隨 佛陀修學而得度以後，魔王也不得不接受。這樣看來，如來的對策也跟共產黨一樣，對不對？也是以鄉村包圍城市。當大眾都信受、都證了以後，魔王只好孤孤單單地躲在他的魔宮裡面，不是像南部某大師說的「從此以後過著幸福快樂的日子」，而是悶悶不樂。所以他每過幾年、幾個月，就會下來人間求 佛陀：「佛陀！您趕快入涅槃吧！」佛陀都說：「止！止！波旬！我自知時。」這是說：「什麼時候該入涅槃，我自己很清楚，你不用再三前來求我。」

這就是說，在佛法的久住和利益眾生上面還是要從大眾下手，因為那些經營名聲幾十年後，已經獲得名聞利養的大師是不會接受的。諸位可以瞧一瞧，自古以來有幾位凡夫大師接受過開悟的菩薩？如果他們已經有一大片道場，徒眾一大群，他們會接受嗎？不會！即使是《六祖壇經》中記載的印宗大師，也是因為傳說六祖南來——衣缽南來已經傳說了十五年，所以他遇到六祖時才接受了；如果不是已經傳說了十五年，六祖得了衣缽馬上就來見印宗大師，他會接受嗎？不會接受的。

所以那一些大師們不會順伏於正覺所證的「禪定、智慧力」，因此咱們傳法得要從大眾下手，讓大眾的佛法知見水平普遍提昇上來，緣熟的就幫他實證；然後，當大眾普遍都有這樣的水平時，那些大師們總不能被這樣的佛法水平「沒頂」吧？他們如果不跟著大眾提昇，就一定慘遭沒頂：如果信眾講出來的法，他們聽不懂，未來還能繼續率領信眾嗎？於是他們不得不跟著往上走，所以現在那些大師們偶爾也不得不講一點如來藏了，但他們以前都罵「如來藏是自性見外道的邪見」。他們也開始講三縛結了，現在終於開始有人講了，以前他們都不講這個。但為什麼現在他們也要開始講一點呢？因為信眾們不斷地在問。

當信眾不斷地在探討時，他們不得不也去探討；所以就委託一些代購公司，去跟正智出版社買整套的書。但他們不想讓人家知道身分，所以自己不出面；當然也不能讓信徒知道，所以不能叫信徒去書局買，就委託給代購公司。那，代購公司來請購時，我當然知道嘛：「六折就行了。」我就這樣告訴賣書的同修。我們又不是為了要賺錢，我打了六折給對方，那我就賺到四成的功德啊！（大眾笑⋯⋯）這有什麼不好？那他們要計較錢，沒關係，我從來不計較。他們希望六折，那就六折。他們如果要賣給大師八折，那我依舊是賺四折，錢財賺少了，功德就賺多了；一得一失，正是「如秤兩頭、低昂時等」。眞的就像天平一樣，所以我總是不太計較。

那麼大師買了我的書以後是怎麼樣呢？晚上或白天，把方丈室鎖起來就開始讀，從此以後他說法時就跟以前不一樣了。然後大家就開始讚歎：「唉呀！現在師父好有證量，說法都跟以前不一樣了。」然後徒眾跟著歡喜，供養也多了，我也都隨喜。寧可他們的徒眾們對他們供養越來越多，我心中都是隨喜；因爲他們雖然多收供養，但是信眾們同時跟著他提昇佛法知見了，這有什麼不好？我對供養沒興趣，所以他們供養收越多，我越歡喜，表示他們的信眾跟著提升越多；有更多人提昇佛法知見了，才會有更多人努力供養他們，因爲開始得到法利啊！這就是說，以前講「生度」的大師們現在不講了，現在也懂得要改講滅度了。所以對各大道場的主要信眾——重要的信眾或是大護法們，大師們也開始瞭解應該正確教導他們，眞是好事一樁。

所以說，他們現在懂得對五陰的執著要滅除，對於十八界的執著要滅除，對我所的執著—例如密宗的無上瑜伽樂空雙運—也開始知道應該滅除。

現在大師們不敢再說我那一本《邪見與佛法》是邪魔外道寫的，終於不得不接受了，也不敢再公開推崇達賴率領的四大派密宗了，這就是我們從佛教界基層開始教育所產生的功德。而如來自始至終就是這樣巧設種種方便去教育大眾，於是佛教的信眾越來越多；當大家都很有智慧的時候，那些外道就覺得有壓力了，那我們也採取這個辦法。

不但我們現在這樣子，以前祖師們也是如此。達摩大師觀察震旦的因緣還沒有成熟，還要等到二百多年後，因爲大乘經論還沒有被譯出來流通，禪宗是無法生存的，一定會被質疑而不能站得住腳，所以吩咐說：傳到六祖時才能公開廣傳，屆時「**一華開五葉，結果自然成**」；但是六祖以後就不要再傳衣缽了，要以法來傳。所以六祖奉五祖之命南下，不在京城弘法，皇帝老兒也管不著；而且他是個聖者，是五祖印證的證悟者，皇帝也不敢砍他的頭；可是他偏偏南下，不住在京城，皇帝想要把他請入宮中軟禁也作不到。

禪師們就是懂這個道理：你如果住在京城附近，皇帝要請入宮供養，總不能不去。講不過去的，只好去受供；可是一進宮去就沒什麼機會出來了，皇帝想：「**我把他供養在宮中，每天跟他談論佛法，也許我就開悟了。**」可是禪師最討厭的就是這樣，因爲禪師在人間出現不是爲皇帝一個人，所以每天與皇帝論法時，就是不讓皇帝證悟。除非召進宮中只是住個幾天論法，就又恭敬送還寺中，又因爲努力護持禪師的正法，禪師才會幫他證悟。因此，六祖就奉命南下，混在獵人隊裡十五年，讓「六祖南來」的風聲繼續傳播下去。等他被風傳到很有名的時候，再去見印宗法師求剃度，然後開始弘法，成爲一代宗師。

那時是武則天當皇帝，武則天希望六祖進宮相見論法；因爲武則天跟佛教的寺廟有很深的因緣，她還沒有當上皇后、皇帝之前，被貶出家而住在佛教寺院中，與佛教有很深的因緣，所以她當皇帝穩坐寶座以後，就想要得到佛法。她護持正法雖然很努力，可是她的惡業也幹了很多呀！京城的玄奘菩薩當然不會幫她證悟，只顧譯經。南方的六祖也想：「我不能幫她開悟欸！」武則天不死心，於是派了薛簡南下邀請，六祖不去，明明沒病也說有病。薛簡回去覆命又來，前後來了三次都一樣，都稱病。最後武則天耐不住性子就說：「你再去，這一回如果再不來見，提頭來見！」果然帶著尚方寶劍南來。當薛簡說完邀請之意，六祖依舊說：「老僧年紀大，體弱多病，沒辦法去。」

薛簡就說：「皇上給我尚方寶劍說：『如果這回再不進京相見，就得提頭去見！』」六祖二話不說，把頭伸出去說：「來！請你砍頭去見！」他敢砍嗎？沒那個膽子，因為那是殺聖僧啊！好啊！薛簡只好又空手回京覆命。武則天最後也不敢砍六祖的頭，只好另外又派人——可能還是派薛簡，把磨衲紫衣袈裟和水晶鉢送到曹溪去給六祖，不敢再要求他上京了。

那六祖為什麼堅持要在南方？因為在南方，天高皇帝遠，要怎麼利樂眾生都行，皇帝管不著啊！如果被皇帝請入宮中去供養，大約就沒機會出宮了；禪師又沒有練武功，怎麼打得出皇宮？（大眾笑…）只好繼續受供養。可是禪師們最討厭這樣，因為無法度眾生了，所以你們看慧忠國師被皇帝請入宮中供養，那一、二十年的恭敬供養，他都不看在眼裡；皇帝想要求悟，竟是把他軟禁在宮中，所以他就不讓皇帝悟入，都不給皇帝方便悟入。為什麼呢？慧忠國師心中一定是跟我同樣的想法：「你把我圈在宮中，讓我無法度眾，我這一世白白來了一趟，損失了多少福德功德？你還想從我這裡開悟啊？門都沒有！」（大眾笑…）

就因為這個緣故，所以那一些把禪師請入宮中供養不肯放人的皇帝，全都悟不了；如果是每年請入宮中供養一個月，然後恭敬送還寺中，又努力護持佛教正法，那皇帝就有機會開悟；因爲他不是私心，而是恭敬心、護法心。如來度眾生也是同樣的道理，如來都不會特地去找那些國王們度化，都是先度平民眾生。然後國王聞風而來，這時才爲國王說法，通常都先講施論、戒論、生天之論，然後再講「欲爲不淨、上漏爲患、出要爲上」，最後才開講四聖諦讓他證初果；開悟般若的事就等以後慢慢再談，如來度眾生就是這樣度的，那我們當然也應該這樣來度眾生。

最勝妙的大乘佛法，如來不是一開始就給的，而是先給這一些聖弟子們二乘法，使大家都能「言得滅度」等等，「引導其心令皆歡喜」，然後在宣講般若諸經時，配合平常相處時的教外別傳，幫弟子們證得如來藏眞如心，可是諸佛的境界到底是什麼，十方佛國的境界到底又是什麼，全都不講。一直要留到最後，當大家所應得的法都已經得了，所應證的智慧都已經證了，即將要捨報再去別的世界八相成道度眾生了，這時才爲大家演述這一部《妙法蓮華經》。那諸位想一想，這是不是壓軸好戲？是啊！這當然是壓箱之寶，不可能一開始就給。老實說，若是一開始就給，大家也不信。至於爲什麼不信？且聽下回分解。

我們今天講經開始前，要先向大家報告一下：我們新竹講堂成立那麼多年了，一直都是租房子來當講堂，也沒有一個適當的場所可以買下來用。以前，大概已經三年多、將近四年了，曾經講好一個大樓的某一層，後來對方聽說是我們正覺要買的，就臨時漲價，好像臨時漲了四百萬元吧！因此就沒買成。原來的屋主是印順系統的法師，後來不曉得我們是怎麼洩漏消息出去的，讓她們知道我們要買，就臨時漲價；我很討厭這種事情，就沒買。因為那是一千萬元出頭的房子，突然間要漲四百萬，那是原來房價的四成，我不能接受。後來我們又陸陸續續看了許多地方，都沒買成，這一回終於買成了，環境很不錯；而且是我們所有講堂裡面最高的，我不是指它的高度高，而是指它的天花板很高，有三米六。

在買這個講堂之前，我們廖理事長說：「是不是可以先預製佛龕？因為不管怎麼樣，將來台中講堂也還有兩個講堂尚未建設，因為那二間講堂現在還沒辦法收回來裝修，不如先預訂，吊進講堂先擺著也行。」我說：「可以啊！也許我們買新竹講堂，會比台中第三、第四講堂的裝修早一些，佛龕先訂製了將來就可以用。」沒想到還眞的應驗了，新竹講堂就先買了。那麼新竹這間講堂有一百八十七坪，準備分隔成一大一小兩間講堂來使用，這間新竹講堂應該可以應付六、七年時間，大概沒問題，以後有需要時再買別戶。這是說明新竹講堂的緣起，新竹的同修們終於可以有自己的家了。只要裝潢好了，不必再等待，因爲佛龕早就是現成的，已經做好預備著了。接著就是佛像，好像也是現成的，已經事先訂好備在那邊等著了，這要問我們行政組才會知道。所以大致上新竹講堂應該會很快喬遷，就等產權過戶跟交屋就會開始裝修。（編案：這是二〇一一年八月九日所說。）

現在回到《法華經》來，上週講到一百三十二頁第一段最後一行，說「而不爲說是《法華經》」，這一句經文還沒有解釋。

對於一般人來說，《法華經》裡面這一句話，他們大約心中會覺得 佛陀這話有些誇大。對他們而言，他們想：「這《法華經》裡面所說的，也沒有什麼高深的法義，爲什麼說這部《法華經》是經王？又說是最後最重要的一部經？而表示說，不到佛法演述完畢即將捨壽前，不爲眾生說？」有些人會覺得這部《法華經》裡面的語氣都很誇大，認爲所講的都是神話故事。這就是那些學術研究者以及那一些六識論的法師們，正是錯把解脫道當作佛菩提道、錯把阿羅漢當作成佛的那些凡夫大師們的看法；所以他們深心中對 世尊這一句話是不太認同的，只是不方便公開否定而已。

但是諸位想一想，從我們講《法華經》到現在，已經對佛法、對諸佛的境界有所瞭解，知道諸佛的境界這麼難以想像；可是對眾生而言，他們只看到表相：「諸佛到人間來示現，同樣要托缽，也要沐浴啊！和人類一樣要有飲食、便利。」他們只看到這樣的表相。又想：「佛陀知道的法義只不過是四聖諦、十二因緣，這個我也懂。所以佛陀的境界就是像我現在這樣子。」中國佛教的大師和信徒們，幾十年來就是這樣的認知。直到正覺同修會開始弘揚佛法，講出 如來的許多功德時，終於才知道：「原來佛法不等於聲聞的解脫道。」

以前有許多法師們不服氣說：「講什麼開悟明心？他們正覺的明心跟人家某某寺、某某禪寺不同，又跟某某山傳出來的開悟明心都不一樣。不但如此，正覺竟然敢說還有另一個眼見佛性，到底是在講什麼？從來沒聽過啊！」這一、二百年來的佛教，諸位有沒有聽過誰傳授「眼見佛性」的法？正是聞所未聞。大師們所說的見性其實就只是明心，認為明心就是見性，而且全都是離念靈知的六識自性。當正覺弘揚出來這麼勝妙的佛法時，他們剛開始時都沒有辦法接受，也就群起反對，就有許多法師們化名在網路上，對正覺傳的妙法大肆攻訐。但我們有次第性的一一鋪陳出來，也把整個佛菩提的內涵，以及佛法所含攝二乘菩提的內涵都鋪陳出來以後，大眾才終於瞭解：原來如來藏是真實的，不是憑空杜撰，不是方便施設的，也不是外道神我的六識自性，而這個第八識真實有；後來大師們終於相信了！

他們十幾年來想方設法要推翻這個如來藏妙法，但是讀我們的書又去經論中比對研究的結果呢？發覺推翻如來藏這個法會產生很多的問題，而這些問題都不是他們能解決的。本來是想要引經據論來批判正覺弘揚的如來藏妙法，結果發覺 佛陀所講的、諸大菩薩所講的經論，全都是在弘揚如來藏妙法。好不容易，終於有正覺裡面自己的人退轉了，拿出《大藏經》中安慧論師的《大乘廣五蘊論》來否定第八識，卻沒想到安慧只是一個聲聞凡夫，寫的那部論被我們略作辨正以後，分明顯示他的立論不能成立，導致他們再也無法繼續宣揚安慧的邪論，當然更不可能推翻我們寫的《識蘊真義》內涵。

我們對安慧邪論的評判，沒有人能推翻，那他們最後只好死了心，心中自言自語說：「啊！原來還眞的有佛性可以看見，還眞的可以有如來藏實證。若是推翻了如來藏的實證，實證的二乘菩提就會變成斷滅空，就沒辦法建立二乘解脫道了。」因此只好承認是有這個第八識可證，不管口頭上如何說，都得要承認，不能否定；否則他們自己弘揚的所謂解脫道就會變成「斷滅空」，於是如今只好個個閉嘴呀！

諸位想一想，單單是大乘見道的入門，都還只是入門、只是見道而已，單是這個明心、見性，他們都無法相信了，我們得要經過前後二十幾年的教育，寫出那麼多書來，並且有那麼多的見道報告印出來，終於才被他們信受；可是不信的法師們仍然不少，仍然在六識論中掙扎圖存哪！那麼諸位！你們想，如果要再講到般若的別相智，或者當我們把般若別相智講完了，再來講一切種智，他們根本就沒辦法聽懂，反而會認爲說：「唉呀！你現在變成在搞學術了。」

所以，正覺同修會實證內涵之中最基礎的部分，他們都得要經歷二十年才肯接受，那麼別相智以及一切種智，他們就更難接受了。然而即使是修到了妙覺位，對《法華經》的妙理也無法完全理解啊！那你說，如果諸佛一開始就講《法華經》，大家一定會當作神話來聽，心中都沒有辦法信受的。而我們宣講《法華經》，所講的又不是一般人依文解義講出來的那種內涵，而這樣的內涵才是《法華經》的眞實義；所以我講《法華經》的時候，我的標題是什麼呢——「法華經講義」，不是「講記」喔！而是「講義」。也就是說，《法華經》裡面的眞實義，我要把它宣演出來。

「講義」這個名詞，現在也被濫用了。現在大家說的「講義」，定義是什麼？竟然變成是綱要了。其實不對，「講義」本來的意思是說，把其中的眞實義講解出來，這才叫作「講義」。我宣講此經的命題叫作「法華經講義」，將來整理以後印書出來，書名就叫作《法華經講義》。因爲其中的眞實義很難理解啊！只有極少數、極少數的人能如實理解，而今能如實理解的人在人間是很難遇見的。也許到現在還有人認爲說：「**你講的眞實義，我聽起來也沒什麼啊！**」別這樣想，聽到最後全部講解完了，你就會知道我沒有打誑語。但是像這樣的眞實義，如果諸佛一開始就演說，被度的弟子們都還沒有明心，也還沒有眼見佛性；也許有證得解脫果，但是講出《法華經》的眞實義時，有幾個人能眞的信入？諸位想一想：佛陀已經三轉法輪完畢，《無量義經》也講完了，最後即將入滅前，才講了這部《法華經》，準備要開講時也都還有五千聲聞凡夫退席抗議啊！那你們想：如果一開始就講《法華》，是不是百分之九十九都生疑而有更多人跑掉了？那還能弘法嗎？

所以 世尊這一句話不是空口徒言，確實是如此。因爲十方諸佛世界的不可思議，十方諸佛世界的深廣無有涯際，眾生是無法想像的；所以才會有許多事情在講《法華經》的過程中，示現給大家看，作爲佐證。即使今天我把其中的眞實義講了出來，將來整理成書本，都還不曉得會不會有人公開出來罵我呢！這是我一直放在心中的一點好奇心，是我未來想要觀察的一點。將來《法華經》講完整理出來，印出去流通以後人家讀了信不信？這是很值得觀察的。所以《法華經》的眞實義講了出來，而聽眾能夠信受，並且願意把它當作是眞實而應該奉行的聖教，目前也就是只有諸位。

所以諸位從一開始聽到現在，還沒有生起煩惱而離開，這個不容易啊！你們不要以爲說：「我坐在這裡聽，其實我是什麼證量都談不上的，不過是剛剛入門。」或者說：「我都還沒有被印證，所以我眞的不算什麼。」你這個「不算什麼」，這觀念是正確的；但是從我的立場來看諸位的時候，我就覺得諸位眞的很了不起，不是「不算什麼」。這是因爲《法華經》的眞實義確實很難使人信受，很多事情，在諸位覺得沒什麼，但是在我看來，這是不容易的事。

例如有一天你如果有了如夢觀，你在定中或者夢中或者睡覺前去看一看，看到某一些往世的事情，然後你會發覺說，在遠劫前發生事情當時，自己也是覺得那件事情沒什麼；但沒想到那件事情在未來會被證實說，當時發生的那一件事情在未來很多劫以後，竟然是很重要的，才會導致今天有這樣的證量。這是很多人所不知道的，所以今天你們坐在這裡聽《法華經》時，也許心中覺得沒什麼；但是要瞭解的是你們所聽的是《法華經》的講義，不是《法華經》的科判，也不是《法華經》的依文解義。因此，在你的心田中，把這一些了義說的種子種下去以後，它會影響到你未來成佛之道的每一個過程，使你在未來成佛之道的三大阿僧祇劫過程中，都不會對諸佛有慢。

當你把如實說的整部《法華經》聽完，就會有這個功德；於諸佛起慢的人，他們對《法華經》的眞實義一定聽不下去，最多只是願意瞭解一下表面上是什麼意思，作一下科判：這是在講什麼，那是在講什麼。最多只是如此，但是無法如實理解經中的眞實義和諸佛的境界。因此，他們對於經中所說的十方諸佛境界的說明，總是心中懷疑。當他們心中有疑的時候，就很難完成十信位的功德。如果你們能夠從頭聽到尾，全部都聽完，也全部有所理解而不是靠強記的；是對於其中的眞實義——當我把它演述出來以後，你對我從一開始到演講圓滿的《法華經》演繹，你眞的有如實信受，就保證你的十信位功德可以滿足，因爲你們在正覺已經先學習過很多相關的佛法了。

所以這樣的一部經典，如果在成佛之時就開始說，眾生無法信受，因此世尊對這部《法華經》的全部內涵，只能夠在最後當大家有了禪定力、有了解脫力、有了般若智慧等無漏根力支持，然後廣有諸法的法財，也就是已經有許多人證得無生法忍，並且有很多弟子藉著無生法忍的力量、解脫的功德，可以在《法華經》演述的過程中來爲 世尊作證明；到這個預備階段都完成了，才可以演述《法華經》。

所以《法華經》不可以在一開始就演說，大家要相信 佛陀所說的道理。這一段經文的最後三行所說，世尊對於弟子們，確實要先「賜以禪定、解脫、無漏根力、諸法之財」，要先使弟子們對佛法有所實證了，然後再「賜與涅槃之城」，這時才能告訴大家說：你們現在都有能力入滅度了。這時大家心中大大地歡喜，終於知道：原來以前證得聲聞四果時所認爲的出三界，其實根本就沒有出三界，而是滅掉自己的五陰成爲無餘涅槃；而現在證實眞的是有能力出三界，也知道爲何阿羅漢沒有眞的出三界（編案：詳見《邪見與佛法》中的說明），現在有能力出三界，可是卻不想出三界了；因爲現在心想：「佛法那麼勝妙，諸佛的境界那麼勝妙，爲什麼在我們可以獲得諸佛勝妙法時，卻要去灰身泯智滅掉自己而不受後有呢？這對眾生眞是無所利益！」所以這時演講《法華經》是最恰當的時候。

現在正是讓大家瞭解諸佛世界不可思議境界的時候，所以這時就應該要爲大眾宣演《法華經》。所以將來如果整理出來，我們的這套書也可以定名叫作《法華經演義》。你們讀過《三國演義》了，有沒有？「演義」是講什麼？演義兩個字的意思，就是告訴大家：「我把其中眞正的事情演述出來。」這才叫作演義。結果因爲最有名的是《三國演義》，很多人認爲那是小說家所編撰的，所以現在演義兩個字不能再用了，因爲人家會誤認爲是我編撰出來的，所以我只好改用「講義」來出書。

那麼，這樣子說明以後，諸位就能瞭解，爲什麼 佛陀說一開始不爲大眾演說《法華經》？當大眾都有很多的功德之時，「引導其心令皆歡喜」之後，都還不演說；一直等到大眾都具足了大乘無生法忍的功德時，有許多阿羅漢回心成爲菩薩，可以爲 世尊作證明時才要開始演講。所以即使弟子們在初轉法輪時期成爲阿羅漢時，乃至第三轉法輪成爲入地菩薩時，佛陀都還不宣講這部《法華經》。要到什麼時候才是 佛陀眞正可以講《法華經》之時呢？我們就來看 佛陀怎麼開示：

經文：【「文殊師利！如轉輪王，見諸兵眾有大功者，心甚歡喜；以此難信之珠，久在髻中不妄與人，而今與之。如來亦復如是，於三界中爲大法王，以法教化一切眾生；見賢聖軍，與五陰魔、煩惱魔、死魔共戰，有大功勳，滅三毒，出三界，破魔網，爾時如來亦大歡喜；此《法華經》，能令眾生至一切智，一切世間多怨難信，先所未說而今說之。文殊師利！此《法華經》，是諸如來第一之說，於諸說中最爲甚深，末後賜與；如彼強力之王久護明珠，今乃與之。文殊師利！此《法華經》，諸佛如來祕密之藏，於諸經中最在其上，長夜守護不妄宣說，始於今日乃與汝等而敷演之。」

爾時世尊欲重宣此義，而說偈言：「

常行忍辱，哀愍一切；乃能演說，佛所讚經。
後末世時，持此經者；於家出家，及非菩薩，
應生慈悲：斯等不聞，不信是經，則爲大失。
我得佛道，以諸方便，爲說此法，令住其中；
譬如強力，轉輪之王，兵戰有功，賞賜諸物：
象馬車乘，嚴身之具，及諸田宅，聚落城邑；
或與衣服，種種珍寶，奴婢財物，歡喜賜與；
如有勇健，能爲難事，王解髻中，明珠賜之。
如來亦爾，爲諸法王，忍辱大力，智慧寶藏，
以大慈悲，如法化世；見一切人，受諸苦惱，
欲求解脫，與諸魔戰；爲是眾生，說種種法，
以大方便，說此諸經；既知眾生，得其力已，

末後乃爲，說是《法華》；如王解髻，明珠與之。」】

語譯：世尊開示說：【「文殊師利！猶如轉輪聖王，看見諸兵眾與魔眾戰爭而有大功勳的人，心中非常地歡喜；於是以這顆世間人難可相信的寶珠，是轉輪聖王很久以來就一直藏在他頭頂的髮髻中，一向不虛妄、也不輕易送給別人，然而今天就拿出來送給有大功的大臣。如來也是像轉輪聖王這樣子，在三界之中爲大法王，以勝妙法教化一切眾生；當如來看見賢聖大軍與五陰魔、煩惱魔、死魔共戰，已經有很大的功勳了，看見大家滅除了貪瞋癡三毒，已經出離三界，並且能夠破壞諸魔所設的羅網，這時如來也是心中大大歡喜；就由於這部《法華經》能夠幫助眾生到達諸佛一切智的境界，然而一切世間對於一切智的境界大多有所仇怨，而且難以信解，這時如來就把以前所不曾演說的《妙法蓮華經》，於現在爲大眾來詳細演說。文殊師利！這一部《妙法蓮華經》是諸佛如來第一無上之說，於所有的說法之中是最爲甚深的妙法，所以留在最末後才賜給大眾；猶如那位強力的轉輪聖王，長久以來守護著頂髻之中暗藏的明珠，如今乃賦與大眾。文殊師利！這部《妙法蓮華經》，是諸佛如來的祕密之藏；於所有的諸經之中，這部經典最在其上，長夜守護著，不在不恰當的場所爲大眾宣說，從今天開始才爲你們大眾而敷陳出來、演述說明。」

這時世尊想要重新宣示以上所說的眞實義，就以偈頌這麼說：

「永遠都是行於忍辱，而且哀愍一切眾生的人；才有智慧能夠演說，這一部諸佛所讚歎的《法華經》。

在未來末世的時候，受持這一部《法華經》的人；對於出家之中或者在家之中的一切菩薩，以及對於非菩薩的一切人，

應該分別生起慈心或悲心，心中要有這樣的想法：這些人不能、或是不曾聽聞《法華經》，或者不信受這部《法華經》，他們就大大失去利益了。

我證得佛道以來，以種種的方便，爲大眾演說《法華經》中的眞實義，令大眾住於其中，而不曾去提到這部《法華經》；

猶如有很強大威德力，身爲轉輪聖王，當他的兵將於戰爭之中有功勳的人，就賞賜了種種的寶物；

例如象馬車乘，以及嚴身之具，又如賞賜種種田宅，或者賞賜聚落城邑；或是賜與衣服，和種種珍寶，乃至於奴婢財物，一一歡喜地賜與；

但是如果有特別勇健的軍將，能夠作到別人所作不到的事業，成就更大的功勳，轉輪聖王便解下他在髮髻中，所珍藏的明珠來賜給他。

如來也是像這樣子，是諸法之王，有忍辱的大力，也有智慧與福德等等大威德力，並且還有智慧的寶藏，而以大慈大悲之心，如法教化世間；

如來看見世間一切人，受到種種苦惱，心中想要求得解脫，因此而與諸魔共戰；

如來爲這一些有緣的眾生，演說了種種勝妙的法義，再以很大的方便施設，來演說這部《法華經》所含攝的種種經典；

最後知道眾生從諸經的實修中，獲得戰勝諸魔的強大力量以後，在最後才爲大眾演說這一部《法華經》；

猶如轉輪聖王解下他髮髻中珍藏的明珠，來送給有大功勳的人。」】

講義：「文殊師利！如轉輪王，見諸兵眾有大功者，心甚歡喜；以此難信之珠，久在髻中不妄與人，而今與之。」世尊爲了要強調這一點，特地又呼喚說：「文殊師利！」這麼呼喚時，大眾就會注意聽了。例如我在講經的過程裡面，如果一直很平順地講下去，有些人也許一面聽著，一面有些什麼聯想；也許一面聽著，一面在寫筆記，可是我如果突然呼喚：「某某人！」大家就會特別注意了。同樣的道理，佛陀知道大眾的心想，當 佛陀想要讓大眾全都注意的時候，就故意呼喚：「阿難啊！」因爲這一呼喚，大家就會注意 佛陀要跟阿難講什麼。

這時也是一樣的情形，佛陀呼喚說：「文殊師利！」大家就會特別注意，看 佛陀是要跟 文殊師利講什麼？如果指名道姓要跟某人說什麼，大家都會有一個好奇心，就會特別留意所說的內容。這個好奇心一直都會存在，直到你成佛時才終於全都不存在。因爲 佛陀呼喚了某菩薩時，世尊到底要講什麼，當你還沒有成爲三界法王之前，一定會想說：「佛陀是不是有什麼特別的法要講？」一定會特別注意。那你若是成佛了，這也就無所謂，因爲已經有十力了，沒有任何一法是你所不知的，所以成佛時就不可能再有好奇心了。當你還有所不知的時候，好奇心就會繼續存在，所以只要聽到 佛陀呼喚誰，大家就會去注意，呼喚的用意就在這裡。

然後 佛陀就開示說：「譬如轉輪聖王，他的頭頂有個髮髻；」轉輪聖王也有三十二相，只是不像諸佛那麼分明而已；所以 佛陀有這個髮髻，轉輪聖王頭頂也有；「那轉輪聖王頭上的髮髻裡面一直都藏著一顆寶珠，」這顆寶珠本來可以光明萬丈，轉輪聖王就藏在頭髮裡面，故意不顯示出來，所以大家都不知道他有這麼一顆明珠。「當轉輪聖王看見諸兵眾，」例如鐵輪王能夠降伏南瞻部洲，銅輪王、銀輪王，乃至金輪王可以降伏四大部洲；不管他是哪一種轉輪聖王，髮髻中都有這麼一顆明珠，沒有人知道；當他率領兵眾去征服四大部洲或者征服南瞻部洲等等，「看見有大功勳的兵將時，心中很歡喜；」是因爲他的轉輪王功業成就了，他太歡喜了；這確實是他一生所應該完成的最後功業，例如以鐵輪王而言，他最大的功業就是把整個南瞻部洲統一，要求諸國國王都要在他的率領下，全都以法治化，不許有惡行之法；如果還有邪教等等，全都不許存在；各國國王如果能夠接受這樣，他就把國土還給所征服的那個國王，要求他以法治化，不許橫徵暴斂，不許有酷刑等等，鐵輪王就是這樣。他得要把南瞻部洲所有諸國全都降伏；由於戰爭結束時，他最後的功業成就了，「心甚歡喜」，這時對於其中功勳最大的人，就要賜給這顆一向珍藏的明珠。

如果是銅輪王，要統領兩大部洲；等候兩大部洲都統領完成了，他才會把髮髻中的明珠解下來，賜給功勳最大者。如果是金輪王，就要統領四大部洲了，等四大部洲都統領完成、以法治化，諸國全都臣服而不再橫徵暴斂，都能仁民愛物了，他這時已經把四大部洲統領完成了，才會把他髮髻中的明珠取下來，送給功勳最大的人。因為這是轉輪聖王最大最後的功業，隨著他是金、銀、銅、鐵四種輪王而有不同的功勳，當他把這些完成了，那麼他在最後完成的階段，就要作最後、最大的賞賜，所以這時候就把髮髻中的明珠解下來送給功勳最大的人。

「**如來亦復如是，於三界中為大法王，以法教化一切眾生；**」如來也是一樣，如來不只是王於四大部洲或三、二或一大部洲，而是王於三界，是三界諸法之王，所以是大法王，以正法教化一切的眾生。但是教化還沒有全部完成時，就好像轉輪聖王還沒降伏全部國家一般，不會贈與頂上的明珠。而如來最寶貴的《法華經》，猶如轉輪聖王頭上獨一的最珍貴明珠一樣，因此《法華經》不隨便講，要留到最後階段才來為大眾演講。所以 世尊說：「**如來是三界中的大法王，以正法來教化一切眾生。**」

那麼這兩句聖教，我就有一些話要說了。「**於三界中為大法王**」，表示如來於三界諸法無所不知。那麼三界有哪一些境界？三界的成因又是如何？這是法王應當要知道的。如果身為法王而不知道三界六道二十五有的成因，他根本沒有資格自稱法王。例如人類，為什麼會有各種不同的人，所謂「人之不同各如其面」，人們的心性各不相同，這個原因，身為三界諸法之王，一定得要知道。既然是法王，三界諸法全都知道，怎麼可能對人界的事會不知道？那還能稱為法王嗎？

例如人類大概可以區分為十種人，這十大類人的心性各不相同，但這十種心性不同的人類，在往世是怎麼造因而輪轉生死過來的？凡是法王都得要知道，才不枉法王的稱號。這十類人，以前在三惡道裡面，是怎麼樣回來成為人間這十種不同的心性？那麼有另外一批人，不是從三惡道往生過來的，他們往昔是天人，是從天界往生過來的，那他們為什麼往昔是從天界來的？所以在這一世成為這樣的人？這些都要知道。那麼在人間會造惡業的十個種類，他們將來下了地獄會成為什麼樣地獄的有情？也有不同的種類。地獄有情不是只有一大類，然後他們各自應該受到什麼不同的果報？應該在什麼地方受什麼樣的差別果報？身為法王也得要知道啊！然後他們受報完了，往生到鬼道去時會成爲什麼樣的鬼？這是因爲鬼類也不是只有一種，有的鬼是善鬼，會幫助人類；你們讀《聊齋誌異》，裡面寫的一些故事，其實也是有所本。因爲是人家親歷以後傳說出來，蒲松齡就把它記載下來，所以有的鬼會成爲人類的好朋友，跟人類互相幫忙。鬼道如此，畜生道也是如此，所以有一些狐仙心性是很好的，有些狐仙則是會跟你搗蛋的，道理是一樣的。

因此，凡是法王，這一些都是已經瞭解的。某些人是從欲界天生來人間的，某些人往世是從色界天往生過來的，某些人往世是從無色界漸次輾轉下生來到人間，他們的心性又會產生什麼樣的差別不同而顯示出來，如來是三界中的大法王，當然應該都已具足了知。那麼諸位檢查一下，佛教所有經典之中，有哪一部經典講過這一些事情？其他的經典中有講過這些道理嗎？只有一部《楞嚴經》。如果把《楞嚴經》排除於佛法之外，那就表示 佛陀轉法輪還沒有圓滿，所以五陰的習氣種子滅盡的境界還沒宣講出來，就是弘法還沒有圓滿。如果弘法還沒有圓滿——化緣還沒有圓滿，就不應該入涅槃。可是 佛陀明明已經示現入涅槃了，這表示化緣已經圓滿。

所以如果把《楞嚴經》排除在 佛陀所說經典之外，顯然 佛陀該說的法還沒有具足說完，那就不會取涅槃啊！但 佛陀明明示現滅度了，所以那一些人在講什麼「《楞嚴經》是僞經」，還有人寫了什麼〈楞嚴百僞〉出來主張，我就說那呂澂還眞的是糊塗蛋。那我們把它演講了出來，證實《楞嚴經》不是僞經，看他們說的〈楞嚴百僞〉還能不能成立？所以說，既然 如來身爲法王，王於三界一切法，就要對三界諸法都應該有所交代啊！例如下地獄是什麼原因？爲什麼會下這種地獄而不是那種地獄？原因是什麼？都應該有說明。然後從某一種地獄受完苦報來到鬼道時，將會成爲什麼種類的鬼？成爲這種鬼類時會受什麼報？這種果報受完以後，來到畜生道時，他將會變成什麼樣的畜生？

三界中的一切有情差別，並不是沒有原因的。例如一隻烏鴉，牠爲什麼會成爲烏鴉？難道牠眞的想要當烏鴉當到死嗎？難道牠眞的願意未來世很多、很多不可計算的無量世，還想要繼續當烏鴉嗎？牠們也不想啊！烏鴉看著人類鄰居；因爲烏鴉是留鳥，不是候鳥，例如我家庭院就有一對烏鴉住著，我今天才看到牠們生了兒子，（大眾笑…）有一隻小烏鴉，我今天才看到。今天我正要來講堂之前，正在沐浴淨身的時候，看見電線上停著一隻小烏鴉，牠與父母就跟我們住在一起，那牠們就是有一個地域性，一直都住在一起，其實就是鄰居；那麼牠們看見我在那邊生活，吃喝無虞、住得舒適；不像牠們，颱風一來，就得要找屋角或車庫等什麼地方躲。然後看見我出門有車，難道牠們不羨慕嗎？

那牠們會想：「我這個鄰居人類雖然不會飛，可是他生活比我好多了。」難道不羨慕嗎？且不說別的，單說一樣就好了，牠們每天看見我這個鄰居人類，拿了飼料去餵魚，那些魚都懂得該吃飯了，一看見這個人來了，趕快都游過來，牠會想：「我如果能夠像他那樣當人類，不是很好嗎？」難道牠們都沒有想過嗎？一定有！因爲烏鴉也是八識心王具足，而且烏鴉都很聰明。就如老鼠懂得人類在講什麼，如果牠跟你同住一個屋簷下，聽你講了什麼話以後就去作什麼事，同住久了以後牠就知道你那一句話講出來，就是要作什麼事；老鼠都能聽懂啊！老鼠也有八識心王，牠只是不能表達意思而已。

那麼這一些動物，看見人類這樣的生活，牠們不羨慕嗎？當然羨慕啊！又例如寵物狗，你講什麼牠也聽得懂，因爲牠跟你生活久了，牠知道你講的那一句話是什麼意思，牠也有八識心王啊！牠知道生活上的一切都要仰賴於你，而你可以買車子來開，有房屋住，天氣熱了開冷氣，叫牠進來一起吹著舒適，牠想：「主人生活過得眞好，那我爲什麼不能當人？」牠一定想過。但是牠能當人嗎？沒辦法！牠死了以後想要去投胎當人，可是牠死後出生的中陰身依舊是一條狗；牠的中陰既然是狗，就沒有辦法投胎當人。所以在人間，我們看到有的狗連續很多世、很多世，都一直當狗；當鳥的繼續當鳥，而鳥又分成很多類，各有不同；當魚的也繼續當魚，當蚯蚓的同樣繼續當蚯蚓。但爲什麼會這樣？都有背後的原因，牠們的果報未盡就無法轉生。所以從某一個立場來說一個觀點，雖然有點殘忍，可卻是法界中的事實。

又例如上帝說：「背向天而行走的，都賜給你們吃。」那爲什麼會這樣？上帝其實不懂，也不是他賜給人類吃；都因爲牠們往世欠了人類，牠們的業報就是要償還人類，直到償還完畢才能回到人間當人。所以有的牛就是一直作苦工到死，當牠的業報漸漸開始快要還盡了，所欠不多了，牠就有福氣了，就會遇到好主人；每天給牠作的工作都有一定的時間，不會很操勞；等牠年紀大了，主人每天帶牠去吃草，還會常常幫牠洗澡，讓牠安享晚年，那就表示牠的業報快受盡了，牠再沒幾世就快要回到人間了。可是有的牛稍微沒力氣了，主人就把牠賣出去被殺掉，賣牠的肉，這表示牠的業報還要再受很久。

所以在人間的各類有情，之所以會有那樣不同的果報，是有背後的原因的；不是牠們想要繼續留在畜生道、繼續留在鬼道，而是牠們還沒有那個福德可以來當人。這樣說，諸位也許覺得說，上帝說：「**凡是背向天行走的，都賜給你們吃。**」也許認爲上帝說的好像有道理，其實沒道理。我剛才說似乎有道理，爲什麼現在說他沒道理？因爲那不是上帝之所賜，而是各自的業力使然。所以《聖經》裡的上帝都是在說謊，全都是因爲業力啊！那些畜生道的眾生看見人類過這樣的生活，牠們都很羨慕，因爲人類有很多地方可以自己來作決定，可是即使當了寵物，生活過得很好，也沒辦法自己決定，還是要由主人決定哪！即使主人哪一天不高興就拿了棍子痛打牠一頓，牠也還是要跟著主人，因爲牠沒辦法呀！業力就是這樣。

但是身爲三界大法王，當然要懂得這其中的道理。那麼這個到底是什麼？這個就是「異熟果」，然後衍生出「等流果」來，才會有這些差別萬端的果報。可是有好多人在毀謗《楞嚴經》時，他們都沒有想到這一點；他們只覺得《楞嚴經》太深了，連讀都讀不懂，從意識層面來思惟時又覺得好像不通，就乾脆說是僞經。可是說句老實話，《楞嚴經》的深妙，並不是證得阿羅漢果就能知道的；因爲連明心又眼見佛性的菩薩都不一定能讀懂，何況是未明心更未眼見佛性的阿羅漢們？

對於這樣勝妙的經典，只因爲自己讀不懂，就直接把它否定，誣衊說那是僞經；那我們懂得其中深妙的眞義，就把它講解出來，讓人家看看是不是有道理。於是顯示出來，原來是他們讀不懂，原來《楞嚴經》不是後人所僞造的。就像以前好多人毀謗《起信論》是僞論，說是外道假借 馬鳴菩薩名義亂寫的。但是從我們的立場來看，其中講的正是勝妙法，所以我們宣講完了，把講記流通出去了，有誰敢來抗議？一個也沒有。因爲讀後終於懂得《起信論》在講什麼了。

同樣的道理，如來「於三界中爲大法王，以法教化一切眾生」，來到人間化度眾生時，當化度眾生的緣還沒有圓滿之前，都是不可能捨壽的，就不可能再轉生到別的世界去繼續度眾生；一定一世就把化緣圓滿，才會捨壽去其他星球度化眾生。如果把《楞嚴經》摒除在外，那麼眾生的「異熟因、異熟果、等流果」等道理就是還沒有講出來；所有經典之中就只有這一部講出了十習因等異熟果報的原因，所以把《楞嚴經》排除在外時，那麼 佛陀所講的經典就不圓滿，就是有了缺漏，就表示化緣未圓滿，就不該捨我們而去其他的世界度眾。

所以絕對不能說它是僞經，因爲《楞嚴經》裡面把三界六道的成因都解說了出來：地獄是怎麼形成的？是因爲有人造了那些惡業，所以地獄世間就一一形成了。那餓鬼道是怎麼形成的？是因爲有人造了某一些惡業，應該生爲餓鬼；或者某一些人在地獄裡面受報完了，應該生爲餓鬼，還沒有資格可以當畜牲，更沒有資格當人，那他們就應該生在餓鬼道的世間，於是餓鬼道世間形成了。三界六道的形成原因，和欲界六天是怎麼形成的？色界十八天以及無色界的四天，究竟又是怎麼形成的？都得一一爲大家詳細解說，這樣才能顯示出三界六道一切有情「異熟生、異熟死、異熟果」，然後才能顯示世世的「等流果」。所有佛法都得要具足演述出來，才可以說化緣圓滿，才可以示現入涅槃，再去別的世界度化眾生。

所以《楞嚴經》是不應該摒除在佛法之外的，既然是三界中的大法王，怎麼可以不瞭解「異熟生、異熟死、異熟果」呢？所以那一些密宗的法王們，根本就是虛有其表，全都是騙人的。因爲他們連聲聞初果、斷我見的智慧都沒有，也沒有證得第八識而開悟明心，更不懂佛性是怎麼回事；至於無生忍、無生法忍以及十種現觀的實證，全都別提了，怎麼可能是已成之佛而自封或互封爲法王呢？所以呂澂寫了〈楞嚴百僞〉的邪說，想來他的果報不堪想像啊！因此，密宗那些人既然敢自稱爲法王，就應當「**以法教化一切眾生**」；如果有人自稱法王，而不能「**以法教化一切眾生**」，所說的也都是邪魔外道法，連斷我見的智慧都沒有，那他們憑什麼自稱或互封爲法王？所以世間只有一位法王，在佛教正法還沒有滅絕之前，就只有一位法王，叫作 釋迦牟尼佛，再也不會有別的法王。

今天有人寄信給我，說達賴指定某一個人，要上去當什麼西藏流亡政府的領袖。我說他滿腦子都是政治，對佛法則是十竅通了九竅，（大眾笑…）歇後語叫作「一竅不通」，他確實什麼佛法都不懂。他現在是爲密宗和政治生命在掙扎圖存，他不希望死了以後，依照慣例和規矩，由中國政府指定一個新的達賴喇嘛靈童，所以他今天來耍這一招說：「**達賴轉世制度到我爲止。**」爲什麼會這樣？因爲歷代的達賴喇嘛都是由中國政府指定的，金瓶掣籤都是預先設計好的，預定要給誰當，抽出來就是誰。中國當然在等待他死亡這一天來到：你達賴死了就由我指定下一世的靈童，我指定的人，未來當然就是我的人。所以達賴現在急著要先否定自己的未來世。

諸位想一想，有沒有人願意否定自己的未來世？沒有吧？對不對？這表示說，他根本沒有辦法確定下一世在大陸被指定的達賴喇嘛，就是他自己轉生的！這也表示他對異熟生、異熟死、異熟果，全都沒有把握，那能叫作什麼法王？只能叫作騙人的假法王。所以說，在佛法中自稱爲三界大法王，一定要有實質；可是達賴等密宗的所有法王們，全都沒有法王的實質；因爲他們連聲聞初果的證量都沒有，更不可能「**以法教化一切眾生**」。「**以法教化一切眾生**」，必須要依止唯一佛乘，來施設方便爲三乘菩提，才能夠利樂眾生，才能稱爲「**以法教化一切眾生**」。

然而能夠像這樣利樂有情的人，在這個世代乃至一直到九千多年後，就只有一位法王——釋迦牟尼如來。至於爲什麼能夠成爲三界中的大法王？是因爲具足五乘之法：人乘之法，天乘之法，聲聞乘、緣覺乘、菩薩乘之法，全都具足圓滿了，所以能夠「**以法教化一切眾生**」。那麼當　如來「**以法教化**

一切眾生」以後，看見所教化的賢聖大軍，跟「五陰魔、煩惱魔、死魔」共戰而「有大功勳」；也就是已經滅了三毒、出了三界，破壞了魔網，這時 如來大大地歡喜，才會把《法華經》傳授給大眾，否則大眾就不堪領受《法華經》的眞實義。

「見賢聖軍，與五陰魔、煩惱魔、死魔共戰，有大功勳，滅三毒，出三界，破魔網，爾時如來亦大歡喜；」那麼 如來「賢聖軍」有在賢位中的，有在聖位中的，總是要戰勝「五陰魔、煩惱魔、死魔」；五陰稱之爲魔，是因爲色、受、想、行、識這五個法，會遮蓋眾生的解脫光明、實相光明，使眾生的智慧光明無法照耀出來，於是就會繼續輪轉生死、所以五陰就稱爲魔。那麼這樣說來，每一個人都有魔，因爲都有五陰嘛！那麼自己身上這個五陰魔，你已經殺掉了多少？就自己檢查看看。例如我把我的五陰加以否定，把它切割出去、把五陰無明修除了多少，因此我可以證得初果、斷三縛結？那你就知道說，我把自己的五陰魔殺掉四分之一了！這便是解脫道中的第一功。接著繼續再與五陰魔共戰，因爲斷三縛結之後只有見地，可是看見好吃的還是貪吃，看見漂亮的風景還是要去欣賞，有什麼享樂的還是要享樂啊！所以五陰魔剩下的四分之三始終動不了。後來終於想通了：「**不行！我得要繼續把『他』殺掉。**」於是很努力去殺五陰執著，殺到後來貪欲淡薄，瞋恚淡薄，無明也比以前淡薄了，此時證得二果，等於把五陰魔殺掉一半了，這功勳又比以前大一些。繼續再努力，把五下分結給斷了，五陰魔殺掉了四分之三，剩下最後那一絲絲最難斷，因爲無法下定決心哪！所以，最後有一天想一想：「**啊！算了！反正早也要死、晚也要死，不如早死早超生啦！**」所以最後終於把五上分結給砍斷了。這時五陰魔就死光了。

死光之後無妨繼續留著這個色受想行識，這時不叫五陰了，改叫五蘊，只是五種法聚集在一起，繼續保有這個人類的身心，可以行菩薩道，但是不會進入無餘涅槃；所以這時不再叫作五陰，因爲這五陰魔被你殺光了！現在是有能力入涅槃，但是永遠都不會想要入涅槃，故意再生起一分思惑，滋潤未來世繼續受生的種子，繼續再來人間自利利他，這就是戰勝五陰魔。可是戰勝五陰魔以後還有煩惱啊！也就是說，你對無始無明還無法打破，你想要明心，但是作不到，只好去發菩薩大願，願意眞正精進來行菩薩道，所以努力去利樂眾生，努力弘揚正法，終於福德足夠了，證悟的因緣成熟了，於是開悟明心，這時想要打破無始無明的煩惱，也就消滅了。

可是接下來呢？更苦！因爲眞的開悟了以後，才知道原來距離諸佛的境界那麼遙遠，接著想：「我該怎麼進修？」卻是茫無頭緒，只好繼續尋找善知識，看能不能給一張證明書：「印證我開悟了。」如果有幸遇見了善知識印證，倒也還好；如果沒有，怎麼辦呢？只好自己去摸索，於是一部經又一部論努力去讀。當年我就是找不到人印證，沒有人可以給我印證，因爲原以爲可以爲我印證的師父，卻是悟錯了的凡夫；最後沒辦法了，只好自己摸索，於是在佛堂裡面，盤起腿來，經典請出來放好，也買了一個經架來安置經典；因爲經典放平，讀到後來眼睛好累；後來就買了一個經架安置經典，然後每天坐在蒲團上面，在佛堂中的四方矮桌前，就這樣一直讀。讀到後來漸漸終於通了：「啊！原來成佛之道的內涵是這樣。」那麼這個部分通了以後，煩惱又除掉一些了，因爲知道說：「啊！原來應該要通達佛法是這樣的過程。」於是通達了。

可是通達之後就成佛了嗎？這才發覺距離更遠，原來佛地是那麼遠呢！接著是要面對什麼？要面對的煩惱就是習氣種子，但習氣種子的隨眠很難對治。一般人都以為說：「習氣？那個容易，我說變就變了啦！」遇到這種人，他的話剛講完，你一巴掌就給他，看他有沒有變？（大眾笑…）不會變啦！這些習氣種子要滅盡，得要歷經一大阿僧祇劫；因為菩薩不能只考慮自己，每一位菩薩的成佛之道，後面都是拖著一大票人，你不把那一些人拖著前進，只顧你自己一直快速地往前走；好啦！未來你可以成佛之時，還不是一樣要回來拉？（大眾笑…）結果還是一樣嘛！所以二地滿心以後可以改變自己的習氣種子，也就是可以改變自己的內相分了，可是那時他反而要停下來，要等待他所拉的一票人。他必須要努力把這一票人繼續向上拉，拉到一個程度了，覺得現在大家都很有成就了，他才可以再開始往前走。

所以他想要滅盡習氣種子，非得要一大阿僧祇劫不行。如果他只顧自己趕快把習氣種子給斷盡了，從此之後，原來跟隨他的人就難以親近他；真的很難親近，因為他的威嚴太重，大家都不好親近，於是大家都有點怕。可是，他其實很慈悲，但大家就是沒來由地怕，不太敢親近他，於是距離越來越遠，那麼大家怎麼辦？然後他說法的層次與以前不一樣，淨說一些大家聽不懂的極深妙法，大家聽得迷迷糊糊地，不能得到法利，怎麼能跟上來？當他看見大家都跟不上來，最後看看沒辦法了，他也只好再回來拉大家往上走，結果還是一樣。這三大阿僧祇劫的修行過程是不可改變的，能改變的就是怎麼樣去利益你所有的弟子們快速地提升，然後你就可以快速地往前走。如果拉不動他們，那你就慢慢走。

第二大阿僧祇劫好不容易把這個習氣種子斷盡了，大家道業也都跟上來了，你就可以進入第三大阿僧祇劫，帶著大家繼續親近奉侍諸佛，那時你的三界愛習氣種子滅盡了，也就是煩惱魔滅盡了，就不再有煩惱魔。可是煩惱魔滅盡以後也還有異熟生死，因爲你的變易生死還沒有斷盡；這時只是五陰的死魔斷盡，可以繼續示現一世又一世的生死，但已不被煩惱魔所掌控，所以五陰魔、死魔（分段生死、習氣種子生死的死魔）、煩惱魔，你已經排除掉了，但是變易生死這個死魔你還沒有對治，那你在第三大阿僧祇劫就是專門要針對這個異熟生死去深入修治，所以這時你的大功勳還沒有完成。

把天魔降伏，那是最容易的啦！因爲你只要初禪堅固不退轉，天魔就無可奈何你，這是最容易的。對魔王的對治是最容易的，然而對一般人來講：「哎呀！這個好難，天魔在哪裡？我根本遇都遇不到。」可是對菩薩來講，天魔是最好對治的；但是五陰魔相應的分段生死這個魔，可就難一點；因爲這得要能夠取證四果、能出三界時，再起惑潤生而回頭來人間受生。能夠出三界的時候，要你再回頭來人間受生後，你心裡面會有一點猶豫：「我能夠出離生死了，爲什麼還要來人間？如果我這一下子入了無餘涅槃，那不就一了百了嗎？萬一我再來人間出生時，忘了這一世的解脫果實證智慧，那時該怎麼辦？」那時一定會猶豫，但是因爲菩薩大願所持，已經發了十無盡願了，所以沒關係，也就繼續來人間受生；再怎麼苦，過去世都受過了，於是發了願就去投胎了。

因此，五陰魔對治了，煩惱魔對治了，到了七地滿心時接著要對治異熟生死的死魔，不是分段生死的死魔，也不是習氣種子變異的死魔。所以天魔波旬等魔王的層次是最低的，因爲魔王自己都對付不了五陰魔，他怎麼能夠超越五陰魔？所以魔王這個魔其實是四魔之中層次最低的。因此我說，諸位都不要害怕魔王，魔王不會用猙獰的面目來嚇你，如果你哪一天打坐的時候，果眞看見有猙獰面目的魔王，你可別怕，你就對他放話：「你有種就來人間跟我對幹一場，不要弄這個猙獰的面目在定中來嚇我，我不怕你！」你就跟他放話。你這話一講，當然不必從口裡說出來，在心裡面講就好了；（大眾笑…）如果你從嘴裡講出來，也許你兒子女兒剛好聽見了，一定恐怖說：「糟糕了！爸爸媽媽著魔了。」害他們白擔心、白忙一場。你在心裡面講，天魔就會聽見了，就知道被你看破手腳。

天魔能夠綁住你的不過是五欲，如果你能夠把五欲的貪愛給斷了，他就無可奈何你；也就是說，你只要不退轉於初禪，身在人間的五欲中，心卻不受五欲的影響，天魔就無可奈何你；定境中出現的恐怖境界，那都是虛假的影像，不必理會它。當你得初禪時，他一定會來擾亂你，因爲你脫離他的掌控了，而他想要把你再拉回欲界裡。可是你一旦脫離了，初禪堅固而不退轉，他就影響不了你；所以你這一放話，他立刻知道：「這個人拉不回來了。」他就放棄了，因爲他若是不放棄，對你也沒辦法。他一天到晚來鬧你，也只是白費時間而已，所以天魔是最好對治的。

但是五陰魔就難，因爲連天魔都對治不了五陰魔；但你已經對治了，並且你還繼續往前進，把習氣種子隨眠的煩惱也除了，最後只剩下死魔中的一部分，就是異熟生死。因爲五陰的分段生死，以及習氣種子隨眠的煩惱你早對治過了，接著還要再與死魔共戰；異熟生死的內涵都把它弄清楚了，就表示你不會再落入異熟生死之中，你就有能力把變易生死全部斷盡，就會成爲妙覺菩薩，這時你就是有最大功勳的人。有最大功勳的時候，佛陀就一定要爲你講《法華經》，因爲你將來成佛時也要爲人講《法華經》。所以當你成爲等覺或一生補處菩薩的時候，授記你是一生補處菩薩的那一尊佛，就一定會爲了你而宣演《法華經》。而宣演《法華經》時，就要有一些菩薩們出來作證明，也要有 多寶如來前來作證明；這就比如 藥王菩薩，比如 文殊師利、觀世音菩薩等，都會出來證明；那麼這時表示你對於三毒已經究竟滅盡——貪瞋癡的種子隨眠及變易生死已經究竟滅盡，這叫作「滅三毒」。

這個滅三毒並不是一般所說阿羅漢所滅的三毒，因爲這是包括煩惱魔、死魔，包括異熟生死的無明愚癡。阿羅漢恐懼死魔，所以他要入無餘涅槃；你不怕死魔，不論是分段生死或者變易生死的死魔，你都無所畏懼，因爲你都是由自己來決定生死；所以這時所滅的三毒跟阿羅漢滅的三毒層次不一樣，這時比如說貪欲，當你到了妙覺位，不但對欲界無貪，色界愛、無色界愛也不存在，連習氣種子全都斷盡了。乃至於諸法無貪，因爲你接著就是觀察什麼時候來下生人間而已，已經無法可求了，最後就是觀察適當的因緣來人間成佛，八相成道，所以這時法貪也不存在了，更不要說三界貪。習氣種子全部斷盡，連異熟生死種子變異也都全部斷盡了。所以此時瞋的習氣種子斷盡，癡的習氣種子，不但是二乘的無明習氣，連大乘一切無明的習氣也斷盡了，這才是究竟的「滅三毒，出三界」，這時可以說是眞正的出三界了。

阿羅漢的出三界是方便說，因爲只是給他方便、可以出離分段生死而已，可是三界的諸法：包括習氣種子隨眠，以及異熟生死等無明隨眠，也是在三界中的法，阿羅漢們完全沒有修除這些種子的變異，所以阿羅漢的出三界不是究竟出。得要像諸佛一樣在三界中來來去去都無所障礙，連變易生死的種子也全部滅除，再也沒有異熟生死了，才能叫作眞正的出三界。這時可以破盡「四魔羅網」；天魔、五陰魔、煩惱魔、死魔四種魔所布下的天羅地網，這時全部破壞淨盡，任何一種魔所布下的天羅地網都奈何不了你，這時你才是有大功勳的人。「破魔網」是菩薩之所能爲，從初地開始都有能力廣破魔網，只是不究竟而已。這四魔的魔網，入地以後都可以隨分加以破壞，並幫助眾生可以突破；如果到了妙覺位的菩薩究竟地，可以把四魔布下的天羅地網一一破斥粉碎，那就是「有大功勳」的菩薩。

但是諸弟子們不可能像 如來這樣究竟「滅三毒，出三界，破魔網」，只要大家已經有能力把三界分段生死的貪瞋癡滅了，有能力死後入涅槃、出三界，已經能夠戰勝「五陰魔、煩惱魔、死魔」而「有大功勳」，也就是能從阿羅漢位迴心大乘法中，實證般若及發起道種智，就可以大大加以獎賞了，因為這時大家都有能力荷擔如來的家業了；這時 如來「亦大歡喜」，就像轉輪聖王要大大獎賞諸將一樣；因為看見菩薩們面對諸魔「與之共戰」「有大功勳」，到了應該大大獎賞的時候了，於是為大家講解《妙法蓮華經》。

「此《法華經》，能令眾生至一切智，一切世間多怨難信，先所未說而今說之。」如來以前對這些菩薩們，看大家很努力精進修行，心中很歡喜而為菩薩們講解諸經，藉著講解諸經而賜給菩薩們「禪定、解脫、無漏根力、諸法之財」，最後觀察菩薩們的禪定、智慧、法財都已經足夠了，終於戰勝「五陰魔、煩惱魔、死魔」，足以承受最大的獎賞了，這時 如來觀察只有這一部《法華經》能夠令眾生到達一切智的地步，然而一切世間對 如來多怨而難信，但這時因為菩薩們已經「有大功勳」，所以應該為菩薩演說這一部經，雖然以前都沒有講過。也就是說很多人不瞭解什麼是佛地的境界，所以這時要用《法華經》來呈現諸佛的境界：原來諸佛有這麼多的化身，原來諸佛都有這麼多的弟子，原來諸佛所說的法是這麼深廣，原來諸佛所說的法是如實的，所以 多寶如來一定會來證實，共同來聽《法華經》。

當妙覺菩薩聽了《法華經》以後，乃至以下諸位菩薩聽了《法華經》以後，就知道說原來自己距離佛地還有那麼遠，可以如實了知自己距離佛地有多遠了，這時可以如實了知，就可以腳踏實地繼續邁進。妙覺菩薩不會自以為成佛了，等覺菩薩更不會，所以依次而下乃至於初地，都會知道說：「啊！原來《法華經》講出來諸佛的境界是這樣，我們根本辦不到。」於是這時知道自己眞的還沒有成佛，這一部經王所說的內涵，這時已經灌輸到每一個菩薩心中，於是未來世悟了以後都不會自認為成佛了，絕對不會開口就說：「哼！我證得佛地眞如了，我最厲害！」絕對不會，一定會有 個疑問存在：我明心了，也眼見佛性了，為什麼我還不是佛？諸佛不是明心見性而成佛嗎？於是心中會有一個確定，然後去探究它；因為確認自己還不是佛，所以就能夠按部就班一步一步往前邁進，最後終於有能力去為人親自演述這一部

《法華經》的時候，就知道自己眞的成佛了！

這部《法華經》演述完了，能夠信受奉行的人，修行到最後可以到達「**一切智**」的境界，成爲一切智者。可惜的是這一部經王，雖然「**能令眾生至一切智**」，但是猶如王珠，眾生不識，所以一般人讀《法華經》時往往會這麼說：「**啊！我知道了，就只是這樣。**」可是他們眞的知道嗎？其實都是不知《法華經》到底在講什麼，於是就說：「**啊！我知道了，就是講唯一佛乘嘛。**」亂講！那四個字，從字面上講出來，讓大家讀一讀也就懂了，又何必要說這是經王呢？《法華經》其實在告訴大家：諸佛如來示現於人間的唯一大事因緣，就是要把諸佛如來所見的眞如與佛性，以及諸佛如來所見的十方三世一切佛土，全都「開、示、悟、入」給大家。所以「**此經**」講的是什麼呢？講的是眞如、佛性以及十方三世諸佛世界啊！但是眞如、佛性具體而且究竟的實證是什麼境界？得要把諸佛如來的境界顯示給大家知道，這才是「**此經**」的眞實義，所以「佛陀的本懷」不是聲聞解脫道，而是眞如、佛性及十方三世諸佛淨土的眞實情況啊！

可是 如來把此經演述出來的時候，「**一切世間多怨難信**」，所以《法華經》的內涵，有很多人是打從心眼裡就不相信的，特別是釋印順那一派六識論的聲聞人——全都奉行常見外道的六識論，並且把錯誤的解脫道認爲是佛門的解脫道，又把錯誤的解脫道認定是成佛之道的大乘法，所以他們的本質都是僞稱大乘的聲聞凡夫。他們都認爲《法華經》是後世弟子編造出來的神話故事，那麼爲什麼他們會這樣愚癡？因爲他們在三乘菩提中全都沒有實證。所以說，沒有實證的人講經，如果他對十信位修行滿足了，倒也不錯，至少他知道應該依文解義；雖然心中還有疑惑，可是不會懷疑經中所講內容的眞實性，只會私下疑惑說：「爲什麼這個地方我不懂？」這就是十信位滿心的人依文解義。

如果像釋印順那一派人一樣，直接就否定說「大乘非佛說」，公然主張：「這些都是後人編造的經典、非佛說，只是後人爲了表示對佛陀的永恆懷念而編造出來，高推佛陀的勝境。」這就表示他連十信位都還沒有圓滿，根本不信諸佛如來的勝境。所以大家看待那一些大法師們的時候，千萬不要看表相，要看他們的實質，凡是只看表相就會走眼。如果是只看表相的人，表示他沒有眼睛——他的眼睛走掉了，是個瞎子，所以叫作「看走眼」。但是眾生都只會看表相，何曾知道《法華經》中的眞實義呢？何曾知道大乘法中大乘經典中的眞實義呢？眞的枉費 如來在《法華經》爲他們辛苦「開、示、悟、入」。

所以必須要在大眾中有解脫道的實證，成爲阿羅漢而迴心進入初地了；然後加上新學菩薩在佛菩提道中的修行，至少已有明心的實證，而且明心的人也有很多了，才可以講解《法華經》。如果我一開始就講《法華經》，老實說也一定講得不好，因爲那時候往世的智慧還沒有全部發起，實相般若還沒有通達；也就是往世的證量還沒有全部回來，而諸位的智慧也還不像今天這麼好，那麼諸位也會跟著聽到迷迷糊糊說：「**到底老師在講什麼？**」那時候講《法華》就沒有意義了。但是後來通達了，往世的證量回來了，可以如實宣演時也還不能講，得要有很多人斷了三縛結或者薄貪瞋癡，還得要有很多人明心，甚至也有一些人眼見佛性了，而我也把一切種智跟大家教導一段很長的時間了，大家對大乘法的深妙理，都有具足的信心，對我也有具足信心了，然後我才可以來宣演《法華經》啊！那我弘法二十年後的今天，正好是演講《法華經》的時候；諸位如果是在十五年前聽，我縱使能夠完全如實宣演，諸位也會覺得說：「啊？講這些幹什麼？全都跟我無關。」然後又想：「這部經中說的都好像是神話呢。」自然是無法具足得到利益。所以演講《法華經》之前，一定要先觀察因緣，否則便沒有辦法令人信受。且不說末法時代的現在，佛陀在世時已經預記了：「一切世間多怨難信。」

所以將來《法華經講義》印出去流通以後，我就先準備挨罵。因為有很多人會懷疑說：「這蕭平實也眞會扯，扯上這麼多。」但是我講的是《法華經》中要宣示給大家的眞實義，而他們沒有辦法信受；一方面是信根信力不具足、五根五力不具足，另一方面又因為還沒有實證，在三乘菩提的實證上面一一皆無，那他們看見說：「唉呀！《法華經》這麼勝妙，可是為何我們都沒有辦法親證？唉呀！這個蕭平實不出世倒好，我們過得快快樂樂的；他一出世講這些法，可就害死我們了。」於是心中多怨。這也是正常的事，你叫他們如何能不怨？對不對？所以 佛說「一切世間多怨難信」，眞的沒錯啊！因此我們所有實證的菩薩們，對 世尊所說都應該如實信受。

言歸正傳，「此《法華經》」講的就是如來藏，但是「此《法華經》」跟前面有的地方講「此經」的意思又有些不同，而是函蓋了成佛的整個次第與諸佛佛地的內涵，所以這樣的《法華經》才有辦法令眾生到達諸佛一切智的境界。聲聞阿羅漢也可以稱爲「一切智」，那是在《阿含經》中所說。然而阿羅漢們結集的四大部阿含諸經，都只是二乘解脫道的境界，不涉及成佛之道的究竟義。其實阿含中最後結集了《央掘魔羅經》，也談到了如來藏，但只是一個總相，目的是爲了護持二乘人的聲聞、緣覺道不會落入斷滅空中；所以四大部阿含諸經的法義，其實談不上「阿含」，也就是談不上「成佛之道」，但他們把它定義作成佛之道，那是不正確的。

這是因爲「阿含」之意就是成佛之道，但問題是，在四大部阿含的二千餘部經典之中，並沒有看到佛道的次第，也欠缺了百分之九十九點九的佛道內容，所以《阿含經》中只談到有三部之眾，說有「菩薩部」、有「如來部」、有「聲聞部」，也曾談到十方諸佛，也談到天界有佛法的流傳，甚至於也談到世界悉檀、爲人悉檀等。但始終沒有把成佛的內涵具足演述，也沒有把成佛之道的次第具足演述，那怎麼能叫作「阿含」？然而不迴心的阿羅漢與三果以下乃至凡夫位的聲聞人，卻認定他們結集出來的那一些解脫道經典就是阿含——成佛之道。

這是佛教史中的第一次結集，他們結集《阿含經》的背景，是他們也有當場聽到 佛說的大乘經典，自以為就是那樣的內容。但他們沒有反觀自己對大乘經典到底能不能夠記得住——有沒有念心所？他們對大乘經典的內容其實沒有念心所，是因為他們對大乘法沒有勝解。他們聽 世尊宣講大乘經典時，由於尚未實證，種姓也不是菩薩種，於是心中沒有勝解又有一些抗拒，就不可能眞的勝解，當然不會對大乘經有念心所成就。當他們沒有念心所時，如何記得住大乘經典中的眞正內涵？所以《阿含經》二千餘部經典中，空有一些大乘法的名相而缺乏內涵，成佛之道的絕大多數內涵與次第全都不曾記住，結集時當然就付諸闕如了。所以那其實不是眞正的「阿含」，因此我們把它定義作二乘解脫道的「小法」，不該再稱呼為「阿含經」。

所以他們所謂的一切智，只是把阿羅漢的解脫道十智定義作「一切智」；然而實際上「**一切智者**」講的是 世尊、是 佛陀，佛陀才能稱為一切智者。這大乘法中「**一切智**」的智慧，是要函蓋解脫道以及佛菩提道，具足圓滿了才能稱為「**一切智**」。所以這裡講的「**此《法華經》，能令眾生至一切智**」，才是如實語；因為《法華經》講的是把前面《無量義經》往前推的三乘菩提諸經全部函蓋來說，而顯示出諸佛的境界；也顯示出諸佛座下有很多菩薩，從一生補處一直到凡夫菩薩，莫不具足，這樣才是諸佛的境界。那麼諸佛的境界也顯示了十方佛教無量無邊的殊勝景況，而諸佛無所不知，這樣才能夠說是《法華經》的眞實義。然而，世尊依這樣的諸佛境界而演說出來的《法華經》，雖然眞的可以使眾生到達諸佛「一切智」的境界，卻是「一切世間多怨難信」，所以那一些六識論者一天到晚主張「大乘非佛說」，講了幾十年了；他們連佛法入門所說的般若經典和《如來藏經》都不相信，那麼《法華經》從他們的理解上看來，好像沒有什麼深妙的義理，他們都無法如實理解世尊演說此經的本懷，那你要叫他們相信是經王，可就更加困難了。所以說「一切世間多怨難信」。

而這部經典是用如來藏來貫串前後，貫串三乘菩提，也聯結十方三世所有佛教。演說三乘菩提之目的，其實就是想要顯示一佛乘，無二亦無三。就是從一佛乘的佛菩提道，為眾生方便解析、拆為三乘來解說，其實就是「一佛乘」，可是眾生「多怨」而且「難信」。「多怨」的人跟「難信」的人是兩回事；難信的人是指一般初機學佛人，當他們的十信位還沒有修習滿足時，爲他們講《法華經》，他們聽了會覺得無法想像，因此心中大大地存疑，絕不信受，所以眞的難信。諸位進了正覺，如果不是因爲我們在前面幫許多人親證了「此經」如來藏，也演述了很多的經典來提升大家的眼界與智慧，那麼今天諸位對「此經」也是很難信受的。

正因爲前面打下那麼多基礎，所以諸位今天聽了覺得此經很不可思議，但還是可以打從心裡面信受不疑。如果是對那些六識論者來講，或是對定性的聲聞凡夫而言，可就不只是「難信」了，他們對這一部經眞的要叫作「多怨」；因爲打從心裡就不相信，抱怨 世尊爲何專要演說這一部令他們全然不懂、無法信受的經典；猶如這部經中一開始所記載，聽到 世尊要演說《法華經》了，聲聞之眾五千人就全部退席，那時他們心中就已經生怨啦！更別說要他們相信。

因爲本經所說，已經授記了許多阿羅漢和三果以下的菩薩們成佛，爲何竟沒有那幾十位定性聲聞的阿羅漢們呢，他們的弟子們會怎麼想？一定會怨啊：「佛竟然沒有爲我師父授記成佛。」但是 世尊爲什麼需要爲他們授記？他們捨報就要入無餘涅槃，爲他們授記成佛是要作什麼？因爲他們絕對不可能成佛的，又是誤以爲解脫道即是成佛之道的人，那麼爲他們授記成佛以後又能有什麼意義？如果他們捨報一定會入涅槃，然後 佛又爲他們授記，顯然那個授記就變虛妄了，所以本來就不應該爲他們授記的。換作是你們，如果你成佛時，座下有幾十個定性聲聞阿羅漢，你明知道他們捨報一定入無餘涅槃，那你要怎麼跟他們授記？因爲你看不見他們成佛時：他們將來會成爲某某佛號的佛、是什麼樣的佛世界，以及他們將來成佛時的弟子眾，正法、像法、末法的景況，你全都看不見；因爲他們此世就入涅槃了，沒有未來無數劫的成佛之道實修，根本就不會有成佛的那些證量，那你憑什麼爲他們授記成佛？難道你可以編一套故事來爲他們授記嗎？既是編出來的，就不是如實語了，這不可能授記啊！

可是聲聞凡夫僧們都不懂這個道理，他們只想：「我師父是阿羅漢啊！平時，世尊常常私底下說某某阿羅漢將來成佛時名爲什麼佛號，但佛陀竟然從來都不爲我師父授記。」他們就心中生怨。至於那一些六識論者，到了末法時代，他們心裡想：「阿羅漢就是佛，佛就是阿羅漢，二者等無差別。」所以他們對於《法華經》所說，竟然需要有這麼多的菩薩，不同階位的菩薩都要有，這種廣大境界自己根本得不到，然後想：「因爲《法華經》的緣故，害我不能自稱成佛，所以我乾脆把它推翻。推翻了以後，我就可以自稱成佛，或者可以暗示我已經成佛了；我可以怎麼暗示呢，我就宣稱：『我是宇宙大覺者。』」這樣是不是暗示成佛了？（大眾笑…）可以嘛！

又例如說，我的傳記若是取名爲《看見佛陀在人間》，這是不是說「我已成佛了」？對啊！可是像他們那一類人，對《法華經》都會生怨欸！因爲《法華經》中授記諸阿羅漢們成佛，都各有條件，但他們該要怎麼被授記？他們有哪些條件可以被世尊授記成佛？我們也要請問印順法師等人，當他死亡「滅度」的時候，有沒有授記誰成佛？他的座下有沒有一生補處菩薩被他指定出來？他有沒有妙覺、等覺、十地、九地乃至十信位的凡夫菩薩們？事實上他座下只有凡夫位的假名菩薩，還不是眞菩薩，因爲都是六識論者，是破法者，也都是聲聞種姓。所以實際上他的座下也沒有凡夫菩薩，全都是假名菩薩。

也可以不談那麼難的事，只談最簡單的好了；在捨報前，就是在化緣圓滿之前，最後得要宣講《無量義經》和這一部經，也就是必須要演講《法華》，他們有人講了嗎？根本沒講嘛！就更不要提到多寶如來前來聽經印證，那他們到底成的是什麼佛？當他們想要自己宣示成佛的時候，看到《法華經》裡面這麼說，那你想：他們對《法華經》怨不怨呢？當然怨！所以說「一切世間多怨」，因爲末法時代冒充成佛的人太多了，他們全都會生怨啊！

在佛世已經是如此了，到末法時代的現在更是如此，連佛門的後世弟子都會生怨，那你說，叫那一些凡夫們如何能夠容易信受這一部經典呢？正因爲這個緣故，所以「先所未說而今說之」，一定要等到最後演述此經的因緣成熟了，才可以爲大眾宣說。所以這一部經被末法時代的大師們所怨，其實本來就是正常的；因爲這部經中說的內容，在實質上拆穿了他們自稱成佛的境界，顯示他們根本就不懂佛法，所以他們心中對此經有怨。

且不說對這部《法華經》的具足內涵生怨，單單說《如來藏經》就好，單單說《佛說不增不減經》、《佛藏經》就好，他們已經無法信受了。單是講如來藏的妙義而已，他們就不能信受了；所以他們公開毀謗說：「如來藏說是一種施設，是爲了那些恐怕落入斷滅的眾生，只是爲了接引他們而施設了這個方便說，實際上沒有如來藏這個心可證。」印順法師甚至爲了轉移大眾的認知，而說如來藏其實就是緣起性空的別名。他在佛門中出家、受具足戒、披著僧衣、弘揚大乘法、自稱爲菩薩，卻是這樣從佛教正法裡面，從根本來否定佛教的正法，眞要叫作「住如來家，吃如來食，穿如來衣，說如來法，破如來法」的人；那我們又不能對他惡口，就只能高聲唸一句：「阿彌陀佛！」所以這部經眞的是「一切世間多怨難信」！

可是這個「多怨難信」的背後眞正意思是什麼？是因爲轉輪聖王頭上髮髻中所珍藏的這一顆寶珠——能變化出一切法的寶珠，其實是一切眾生本自有之，可是一切眾生都未之信，也就是都未能相信。因爲怎麼想也想不到自己本來就有這顆寶珠；所以當眾生都不認識寶珠本來就在的時候，你勉強要他們相信是很困難的。例如今天正覺同修會有這樣的號召力，佛教界不管誰，只要談到想要開悟，想要實證佛法，那就是正覺，沒有第二家。爲什麼正覺有這個號召力？是因爲我們每一年都不斷地在證明：這是可證的。每年禪三後都有人出來證明：如來藏這個第八識心，不是施設。

而且正覺也經過三次的挑戰，連會裡面實證的人都挑戰不了，那麼不懂如來藏、尚未實證如來藏的人，自然更無從挑戰起。而這種過程歷經多久了？

到現在已經二十年了！在台灣小小一島，卻已經過二十年的種種考驗，正覺才開始被認同。但也只是被認同，都還沒有被各大山頭支持。請問：現在有哪個大山頭支持我們？有哪個大山頭站出來講一句話說：「正覺的開悟是正確的。」有沒有？一個也沒有啊！所以《法華經》函蓋三乘菩提的內涵以及諸佛的境界，具足演述出來時，是很難令凡夫眾生及淺信的聲聞種姓相信的，所以 佛陀要把它留在最後再來說。

「文殊師利！此《法華經》，是諸如來第一之說，於諸說中最為甚深，末後賜與；如彼強力之王久護明珠，今乃與之。」接著 佛陀又吩咐說：「文殊師利！這一部《法華經》是諸如來所說所有經典中的第一無上之說，於種種說法的諸經中是最為甚深的一部，所以留在最末後，等大家都具足功勳以後，才能賜與大眾。」也就是說，《法華經》所敘述的諸佛境界，所敘述久遠劫以前的本初佛，說到現在的十方諸佛，乃至授記未來久遠劫後佛弟子們的成佛，這個函蓋範圍太廣大了，眞的很難令人信受。但是，這也表示唯有究竟成佛才能了知縱行三世以及橫跨十方世界的諸佛智慧境界，所以說這部經典「是諸如來第一之說」。

這是因爲這部經是總攝三乘菩提諸經，也綜攝十方三世諸佛世界妙理，所以這一部經「於諸說中最爲甚深」，但是知道其中眞實理的人很少。大家都只看到文字上的表相，其中的眞實義究竟有多少人理解呢？眞的很難令人理解。因此必須要化緣圓滿，眾弟子們的條件已經具足可以印證這部經典的時候，世尊才會在「末後賜與」。換句話說，如果整個因緣條件還沒有具足圓滿之前，講了這一部經是沒有作用的。就好像那最強力量的轉輪聖王，他有生以來守護著髮髻中的那一顆最珍貴的明珠，到了最後這個階段因緣成熟了，才解下來賞賜給「與四魔大戰有功」的這一些菩薩兵將。

「文殊師利！此《法華經》，諸佛如來祕密之藏，於諸經中最在其上，長夜守護不妄宣說，始於今日乃與汝等而敷演之。」接著 佛又告訴 文殊師利說：「這部《妙法蓮華經》，是諸佛如來的祕密之藏。」因爲這一部經橫亙十方諸佛法要，也縱貫三世諸佛的法要，當然是「諸佛如來祕密之藏」。因此這部經的位階是「諸經中最在其上」。因此，諸佛如來在其餘諸經還沒有宣說完畢之前，是不會先講這一部經典的；所以諸佛都是三乘菩提諸經說完了，然後把三乘菩提諸經收攝爲一個法叫作如來藏，以這個如來藏來顯示無量義，都是爲了最後宣講《法華經》而作的準備。一切諸法無量妙義莫非從如來藏中來，這樣在《無量義經》中宣示完畢時，就是預先把三乘菩提諸法作一個總結，然後才能夠把《法華經》加以宣演，所以說「於諸經中最在其上」。

也因爲這個緣故，諸佛如來都是「長夜守護不妄宣說」；第一次宣演《法華經》，一定是在今日，也就是宣布三個月後即將要示現入無餘涅槃了，留在最後的時間才逐日演說《妙法蓮華經》。這個演說就不是簡單的一些法義就解決了，而是要「敷演」。敷就是把它展開來，從《法華經》一開始到現在，已經開展了什麼樣的佛地境界，諸位聽了這麼多，我也就不必重新敘述。大家從來沒有想過說，原來諸佛境界是這樣子；但這也只是從表相上來講而已，可是眞要講到諸佛自身所住的境界時，可就不能想像了。諸佛自身所住的境界也有十種，當一生補處的妙覺菩薩提出來請問時，釋迦如來就開始演說，說完了諸佛的第一種境界，妙覺菩薩已經聽不太懂了；連妙覺菩薩都聽不太懂，講到第二種境界時，妙覺菩薩已經完全是聽不懂，那還能繼續再講下去嗎？於是只好罷講。因爲連妙覺菩薩都聽不懂了，如來還能講給誰聽？

所以就只好以《法華經》的模式來演述，這樣開展出來讓大家瞭解，這樣演述給大家，所以才說《法華經》是經王。

即使像日本有個創價協會，他們只唸著「歸命《妙法蓮華經》」，就好像是只唱唸著經名，這樣子歸依《妙法蓮華經》，也是有功德的。雖然他們解釋時錯得一塌糊塗，但是努力去唱唸著「歸命《妙法蓮華經》」，也是有功德的。他們這樣繼續唸下去，如果有同時在修學般若波羅蜜多，也許唸上一萬大劫以後也可以開悟啊！當然沒有你們這麼快，但很久以後也是會有因緣的；這是因為他們對《法華經》有恭敬信，有一天或者某一劫或者一萬劫後，也許聽到善知識在宣演眞正的《法華經》時，他們就有因緣可以開悟。

如果有人聽到《法華經》，就頭痛或者厭煩，那他在未來幾萬大劫以後依然沒有機會可以開悟。所以說，創價協會那些人，他們那樣努力唸著「歸命《妙法蓮華經》」，有什麼不好？總比釋印順那些六識論者好！迷信佛經總比不信的好！大家認爲呢？對呀！這時迷信總比不信好。那些不信《法華經》的人，隨意加以否定，他們一萬大劫後還是沒有因緣聽受，更別說是證悟此經。因爲聽到《法華經》時他們就生起煩惱，根本不想聽；那種人每次聽到悟般若。

人家演說如來藏，心中就生起大煩惱；是每一次聽到八識論的正法就會生起大煩惱，聽到如來藏妙法，宣示《金剛經》說的就是講如來藏金剛性，不是講蘊處界的緣起性空，他們也會生起大煩惱，那他們就永遠沒有機會可以證悟般若。

所以我說，即使是日本創價協會那一些人迷信《法華經》的文字表義，每天唱唸著「**南無《妙法蓮華經》**」經名，也是比不信的釋印順等人好太多倍了。因爲他們對《法華經》有深厚的信心，即使未來有一劫遇到了惡緣，告訴他們說：「**《法華經》是後人編造的，大乘非佛說。**」他們也不會信啊！因爲他們心中唸著「**歸命《妙法蓮華經》**」，種子已經種在心中好幾劫了，再怎麼樣想方設法來說服他們懷疑，也都無法使他們退轉對《法華經》的信心。因爲他們對《法華經》具足信心，他們與《法華經》的深厚因緣已經建立了。

所以說，信受《法華經》並不容易，但是如果有緣可以親證「此經」，又加上有緣可以親聞善知識演述「此經」的眞實義，那麼未來世在佛道的進程中，你將會比一般學佛人要快速很多倍。所以說這部經是「**諸佛如來祕密之藏，於諸經中最在其上**」，因爲這部經典直接指向證悟如來藏妙眞如心，以各種施設譬喻等方法，苦心孤詣幫大眾起信及指示實證的方向，不只是演說其他深妙法而已。若是時間還沒有到，不論誰來請求，佛都不會提前演講的，一定要等到具足因緣的時候才會宣講。世尊說完這一些道理以後，想要重新加以宣示，所以就以偈頌再來重新解說一遍：

「常行忍辱，哀愍一切；乃能演說，佛所讚經。」這是再把菩薩四種安樂行處之中的第四種，再複述一遍：「後末世的菩薩們，在弘法的過程中，想要爲人演述《妙法蓮華經》，必須要永遠修行忍辱行。」「常」就是永不間斷，永遠要修持忍辱行，而且要永遠哀愍一切人；假使不能哀愍一切人，那麼他將會捨棄某一些人；若是不能夠用哀愍之心來對待有情，那他就無法演說《法華經》了。所以說，於後末世要爲人講述《法華經》，永遠要實行的就是：要有大慈心、要有大悲心，要哀愍一切人，這樣的菩薩才能夠爲人家演說諸佛所讚歎的《妙法蓮華經》。

「後末世時，持此經者；於家出家，及非菩薩，應生慈悲：斯等不聞，不信是經，則爲大失。」這是說在後世的末法之世，能夠受持此《法華經》的人，當他要爲眾生如實演述《法華經》時，對於在家、出家的菩薩們，應該生起大慈之心，來爲他們如實演說這部《法華經》。可是當他演述《法華經》的時候，對於非菩薩們，也就是對於聲聞人，以及對那些凡夫們，應該要有大悲心，要憐愍他們：這些人根性都不是菩薩，屬於聲聞種姓，只想求得一己解脫，對眾生都無所顧戀；這一些人聽到《法華經》說成佛之道得要三大阿僧祇劫，修習各種難行的苦行，他們不肯相信這樣的經典。

有人聽到人家說：「《法華經》中沒什麼深妙法，不必去聽。」他就不來聽了。有人聽人家說：「那只是後代佛弟子編造出來的神話故事，不必聽啦！聽了對道業沒什麼用處。」所以也不來聽。雖然他們不來聽聞此經，而你身爲後末世如實宣演《法華經》的菩薩，對這一些人要生起大悲心：感嘆他們失掉了大大的利益！這就是第四個「安樂行」法。應該有這樣的大慈心和大悲心，願意攝受一切有情，才有資格在後末世爲人如實演講《法華經》。

這句經文的反面解釋是什麼意思？諸位有沒有想過反面的解釋？懂法律的人，跟人家寫合約、簽訂合同時，都很會運用反面解釋來投機取巧。你從文字正面來看都沒有問題，可是當這個條文被他從反面來作解釋時，你就吃大虧了！十六、七年前台北有一家很有名的建設公司，我就不提它是什麼名字，他們在合約中就慣用那種反面解釋的手法；你從條文正面來看都沒有問題，可是當你作反面解釋的時候，你就輸定了，就被他們吃定了。但是這三行偈頌，反面解釋的時候你不會輸定，反而會幫助你快速成佛。也就是說，假使有人不能行忍辱行，也不能哀愍一切有情，那麼他對於菩薩們能不能聽懂《法華經》，都覺得無所謂，他並不想如實而深入宣演。對於沒有因緣聽到《法華經》的人，他也不會有大悲心，不覺得聽不到《法華經》的人有什麼大損失；因爲他心裡面想的是：「**眾生都應該恭敬供養我，眾生都應該崇拜我，眾生都應該對我唯命是從。**」他心中只想這個，既沒有大慈心想要利益菩薩們；也沒有大悲心，所以不覺得那些沒聽到如實演說《法華經》的人有什麼大損失，顯示他攝受眾生的心還不夠。

接著說，假使他是一個作威作福的人，喜歡大家崇拜他，愛搞個人崇拜，這個人就會貪求恭敬，一定會有很深厚的眷屬欲，那他就不能爲人如實演講《法華經》了；因爲當他想要講《法華經》的時候，心中的想法不是以「慈」跟「悲」作出發點，而是以炫耀自己的證量作爲出發點；這樣爲人演講《法華經》時，他的忍辱心就大大不足了；當忍辱心不夠的時候，爲人演講這麼深的《法華經》，一定會遭遇到質疑，那麼他宣演《法華經》就無法圓滿。這就是這三行偈的反面解釋。

你們有很多人發願未來世要為人家如實演講《法華經》，那麼講《法華經》的條件是什麼？前面已經講過三種「安樂行」法了，這第四個「安樂行」法是要「常行忍辱，哀愍一切」，是要用大慈心利樂諸菩薩，也要用大悲心來看待那一些不信不聞《法華經》的有情，所以說，想要為人如實演講《法華經》眞的難喔！可是大家都不要怕難，雖然難，還是得要發願；因為你今生如果不發願，未來世就沒有演講《法華經》的因緣。先發了願，未來世若不能如實演講，那就努力去奮鬥，至少先有了這個大願，未來世總是還會有機會。但如發願「要考上某某大學，至少要拿到博士學位」等等，已經發了願，至少你會去奮鬥嘛！如果連這個願心都沒有，聽到說要考最好的大學，就說：「我不想去。」聽到要考博士學位，就說：「我也不想。」那將來就永遠沒機會了。所以發了願很好，但是發願之後要記得依照這四個「安樂行」法去實行：常行忍辱而對眾生有大慈大悲之心，這是第四個「安樂行」法。

接著就是讚歎這部《法華經》：

「我得佛道，以諸方便，為說此法，令住其中；譬如強力，轉輪之王，兵戰有功，賞賜諸物：象馬車乘，嚴身之具，及諸田宅，聚落城邑；或與衣服，種種珍寶，奴婢財物，歡喜賜與；如有勇健，能為難事，王解髻中，明珠賜之。」先說這部經宣演之前要有最基本的條件，就是「以諸方便，為說此法」；要宣演《法華經》之前，必須以種種方便，先演說《妙法蓮華經》中的眞實法，這個眞實法就叫作「如來藏」，又名「妙法蓮華」。這個如來藏心的體性如何？應該先為大家說明，所以要先講般若諸經。一面講般若諸經，一面藉機會以各種教外別傳的方法，幫助弟子們實證如來藏心，這就是「以諸方便，為說此法」。在度眾生、攝受佛土上面來說，單有這些方便還不夠，還得要用《如來藏經》《佛說不增不減經》……等，例如宣說《佛說解節經》等，來施設各種不同的方便，為大眾解說如來藏妙義。這些方便施設講過了還不算數，還得要再用唯識諸經來解說如來藏的各種功德：如來藏生諸法，以及如來藏所含藏的一切種子。

這一些都說完了，才能夠總攝起來，歸回到如來藏一法，來講《無量義經》，就是一法而具有無量義，然後才能夠演述《法華經》。所以要演述《法華經》以前，必須要能「以諸方便」；如果不能「以諸方便」，就無法「為說此法」，眾弟子們都還沒有獲得你所賜與的「禪定、解脫、無漏根力、諸法之財」，那麼你直接就如實演講《法華經》，其誰能信？沒有人能信受。你至少先要讓大家實證般若，現觀本來自性清淨涅槃；例如我們正覺同修會傳授佛法，假使二十年來（別說二十年，只說十年就好），假使十年來都沒有人可以實證，永遠都只有我一個人可以實證，而我又沒有出家、沒有穿著僧服，那你們想，後來會變成怎麼樣？一定是十年後就關門了！

為什麼會這樣呢？大家都會這樣想：「你一個小居士說你已經開悟了，可是曾經有誰跟你修學而一樣開悟了？一個也沒有。啊！你是騙人的。」但是我們正覺出世弘法，早期是趕快弄出一些人可以開悟，證明開悟的事與內容都是眞實的。可是有這樣的證明也還不夠，因為人家會想：「這些人都是你的徒弟，他們當然會說你的開悟是眞的，誰能相信？」於是就需要有人來扮演反派的角色，你們得要懂這個道理。有人出來扮演反派的角色也很重要，因此正覺會裡前後三次的法難，你們好多人親自經歷的時候，當時總是氣得要死，但我都不氣，我說：「如果關門了最好，我這一世可就輕鬆了！」

不過你們後來的人可就倒楣，因為再也學不到勝妙法了。

但是經過三次的法難以後，正覺反而被佛教界接受了；因為我們一一接招，每一招全都接了，都不迴避，也全部都化解掉，既不傷到佛教界，也不傷到正覺和我，也不傷到出招的人；所以大家都得利，有什麼不好？所以說，法的建立，一定要施設種種方便，包括那些反派角色的扮演者。也許他們往世就是發願要來當反派的角色，只是這一世自己忘記了，所以就不曉得要回來懺悔再歸隊。如果還記得的話，或者能夠把性障除得淨盡，再來發願當反派的角色，那就太棒了，那功德就很大了！因為當整個佛教界都不信正覺如來藏妙義的時候，他出來發難，然後由法主出來化解證明如來藏心是眞實的，八識論的正法是究竟的，整個佛教界反而相信正覺了，然後他再來懺悔、歸隊，哇！這功德可眞是不得了！可是如果沒有把握自己的性障除得很乾淨，千萬不要發這個願；因為功德一定會被性障引生的惡行抵消掉，最後只因為不能懺悔歸隊，功德就全部抵消了，而且還不夠抵消惡業。

所以說，若想要能夠建立正法於不敗之地，必須要有各種方便：大水來了，你有比大水更多的土把它擋住，同時設法把那些水收集起來，可以用上好幾千年也用不完，就不必怕大水；因為你有這個方便善巧，挖了一個極大的大海坑，能夠容納百川之水，將來用之不竭，大水來時有什麼不好？可是如果沒有方便善巧呢，當人家輕輕一推，你可就倒下了。諸佛度眾生時也是一樣的道理，想要讓眾生可以安住於《法華經》這種深廣妙法之中，必須事先以種種方便來說此法，把這個妙法先演繹成五乘之法，接引各種不同層次的有情，這就是成佛之後一開始就要作的。

釋迦世尊剛成佛時，為什麼要思惟說：「已經成佛了，未來應該要如何為眾生說法？」這是諸位將來成佛的時候，在五濁惡世中必須要考量的。因為你想一想：「佛地四智圓明的境界，這要如何為眾生說？眾生什麼都不懂，我該如何說明，眾生才能聽得懂而開始實修？」就好比說，咱們辦禪三，以現在我們辦的禪三來說，如果沒有經過會裡兩年半共修的過程，以及知見的建立、功夫的鍛鍊，讓一個都不懂佛法的人去參加禪三共修，他去到那邊根本不曉得我在幹什麼；我講了一個晚上他也聽不懂，如果過堂時，我說「吃水果」，他連動都不敢動；我如果罵他說：「叫你吃就吃，為什麼不吃？」「喔！」終於拿起來吃，那我問他：「是什麼？」他一定會說：「這又沒什麼，你爲何問我是什麼？」如果他挨了罵，第二個人可能就會答說：「西瓜！」我說：「不是西瓜！」他又聽不懂，心想：「明明是西瓜，你爲什麼說不是西瓜？」然後，不管誰回答什麼，我都說不對，最後大家會認爲怎麼樣：「唉呀！這個蕭老師都在籠罩人，故弄玄虛。」那你叫他們如何懂得我在幫什麼？連破參之前應該有的基本知見都沒有，去到禪三時，根本就是渾渾沌沌莫明其妙，心中苦得要死說：「早知道這樣，我就不要來了，神經病！」（大眾笑…）一定是這樣，因爲搞不懂精進禪三的過程是在作什麼。

那你想，光是這個大乘見道就這麼困難了，如果要如實演講《法華經》，教他們要怎麼信受？所以你一定要先施設一些方法讓他們可以見道，當然要先有二乘菩提的見道，然後才是大乘佛法的見道；見道之後還得要爲他們宣講佛道的次第與內涵。可是大乘的見道是很難安忍的，大乘無生忍眞的很難忍，所以你如果明講了，他們一定會退轉，他們忍不住；所以 世尊一定要先施設解脫之道，讓他們可以實證：「原來以前我們自稱阿羅漢，都是錯誤的，都只是因中說果。所以佛陀來傳給我們這個法，我們今天實證了才是眞的阿羅漢。唉！佛不欺我。」就對 佛陀有具足的信心了，因爲他們確定自己可以出三界生死了，然後才能夠信受接下來宣講的大乘法。

然後 世尊宣演般若諸經時，另一方面要以教外別傳方式，在弟子們平常追隨的時候幫助他們證悟此經如來藏。證悟之後就開始有智慧，可以與 佛陀對談了。須菩提為什麼能夠與 如來對談《金剛經》？是因為他很早就證得如來藏了；如果沒有空生須菩提，就要換另外一位證得如來藏的人來與 佛陀對談。但也要大家能聽懂，如果大家都聽不懂，《般若經》一定講不下去；當很多人悟了如來藏，《般若經》的眞實義聽懂了，大家聽了 佛的說法以後，互相會討論 佛陀所說的是什麼眞實義，結果得到一致的結論：「**對啊！佛說的就是這樣！**」不會有二種、三種不同的般若，不會有二種、三種不同的開悟，法同一味。然後那一些還沒有實證的人，聽到實證者都這樣講，也就信受了，因為知道不會是一群人閒著無聊一起來騙他。所以施設了這些方便以後，再施設第三轉法輪的一切種智妙法，敘述成佛之道的全部內涵，都知道萬法源於一法如來藏心。於是這時可以演說《無量義經》，最後宣說《妙法蓮華經》時，大家就可以安住於《妙法蓮華經》中；否則，想要安住於《妙法蓮華經》中，是很困難的事情哪！

因此　佛陀這時作了一個譬喻：「譬如有很強大威力的轉輪之王，他征服諸國的時候，象、馬、步、車等四種兵戰鬥有功，然後就賞賜種種財物，例如『象馬車乘，嚴身之具，及諸田宅，聚落城邑；或與衣服，種種珍寶，奴婢財物，歡喜賜與；』如果其中有最勇健的人，在戰爭中能夠作到最爲困難的事情，轉輪聖王就從頭上的髮髻中解下他唯一的一顆明珠來賞賜給他。同樣的道理，如來也是這樣子，如來是諸法之王，王於三界，」不是只有在人間當一個國家的國王而已。因爲是諸法之王，所以「具足了忍辱之力，而且也有大威德力，不但福德具足圓滿，還有各種智慧寶藏，才能夠以大慈大悲之心，如法來化度世間。當如來看見一切人的時候，眾生是受到各種苦惱的，想要求得眾苦的解脫，所以與四種魔共戰卻始終沒有戰勝的一天；如來是以最大的方便施設出來，爲了這些眾生們而演說了種種勝妙法，最後才爲大眾演說這一部《妙法蓮華經》。」

諸位想一想，若是要爲大眾如實演說《妙法蓮華經》，得要先怎麼辦？要先從頂髻放出無量寶光到諸佛世界去；如果有人自稱成佛了，我們請問他說：「好吧！您都來到正覺講堂了，請您放個寶光看看吧。不必放光照耀諸佛世界，只要在講堂裡面稍微亮一下就好，請放出來看看！」沒有一個人作得到。到了現在末法時期，眞的很奇怪，那些自稱有神通的人，爲什麼都不來我眼前現一下，可是卻敢自稱成佛了，眞不懂他們成的是什麼佛？所以說，這一些人心性不實，種種的枉曲，怎麼能跟《法華經》相應？所以諸佛要演述《法華經》之前，必須要先教導大家把我見、我所執斷了，隨後我執也斷了，並且還明心了，然後還要進一步修學種智；當大眾有了般若智慧，也有了種智的智慧，最後才以方便法示現各種震動，放光遍至諸佛世界，把十方一切化身佛全部召回來。然後才可以開始宣演《法華經》，才可以感應多寶如來前來聽經，令大眾都得以看見，這就是大方便。

有這樣的大方便，使大家能夠實證此經了，然後使這些聽經者看見、聽見諸佛世界及此經了，其誰不信？大家全都信了！因爲是親眼所見、親耳所聞。所以一定先要有各種方便施設，讓大家次第而證；當大家修行到最後，如來已經知道眾生「得其力已，末後乃爲，說是《法華》；」換句話說，一切諸佛演述《法華經》時，他座下一定要有一生補處菩薩，他必須授記當來下生成佛的菩薩是誰？會在多久以後成佛？不會是很久的幾億萬阿僧祇劫之後，也不會是幾個無數劫之後，就只是幾億年或者幾千幾百萬年以後就來人間成佛了。諸天天人一聽，歡喜說：「喔！原來只是我們天界的時間經過幾天，或者經過幾個月。」他們一聽就知道了。

如來平常已經對這樣子的一生補處弟子授記過了，其他已迴心的阿羅漢菩薩們，也都在演講《法華經》時授記過了；除了定性聲聞不作授記以外，全部都授記完了——凡是證果的菩薩都給予授記。這時表示眾生在三乘菩提的修學過程中，都已經或多或少獲得禪定力、威德力、解脫力、智慧力，這時才可以正式宣演《法華經》。如果是化身佛，所有化身佛的座下都沒有一生補處菩薩，也無法召回十方世界諸化身佛，更不可能感得多寶如來前來聽經，就不能演講《法華經》，也不能爲弟子們作成佛的授記。因爲化身佛若是想要作授記的時候，祂座下沒有一生補處菩薩，要如何授記當來下生成佛是某某人呢？沒有辦法授記。如果被授記的當來下生成佛某某人並不在現場，那祂授記作什麼？有誰會相信？人家會想：「是不是編造的？」如果是在現場作了這一授記之後，當那位一生補處菩薩捨壽後往生到兜率陀天去，在兜率內院當院主時，一切天人、一切有神通的人，都可以上去作證，然後回來人間也可以爲大家作證。這就是說，諸佛一定要在弟子們於法上確實得利之後，才能演說《法華經》，這就是諸佛的大方便善巧。

假使有人自稱成佛了，他也爲人家授記：某某人是什麼菩薩。那問題立刻就來了：「請問你授記誰當一生補處菩薩？你授記的那一些菩薩，他們將來會是什麼時候成佛？他們的佛世界又是什麼？佛號是什麼？有沒有十號具足？他們的正法、像法、末法各住世多久？聲聞弟子多少、菩薩弟子多少？你也得要授記。」如果這個都作不到，竟敢說他成佛了，我說他所成的那個「佛」要取消人字旁。取消人字旁是什麼意思？就是說他根本不是佛。諸位不要以爲我說的是笑話，我們正覺剛搬到這裡九樓時，好像才剛過三、四年吧？有一個居士編造了一部經典，在經中冊封他座下的弟子們：這個人是某某菩薩、那個人是某某菩薩。還印成摺頁式的經典，有一天晚上還拿到我們九樓講堂門口發。當時有很多同修心裡面覺得很好笑——班門弄斧。

這眞的叫作魯班門前弄大斧！魯班的大斧要得多麼巧妙，你們知道嗎？魯班那個斧頭既重又利，人家鼻尖上有一個髒的汙點，或許是一小點泥巴，他那斧頭這麼一甩，就把人家鼻尖上的泥巴給砍掉了，不傷絲毫！魯班的大斧是這麼厲害的，結果有一個人帶著連木頭都劈不好的斧頭，拿來魯班門前耍，魯班會不會覺得好笑？當然好笑！可是魯班不會跟他計較，因爲一看就覺得好笑，跟他計較作什麼？

這是說，自稱爲應身佛而演述《法華經》的人，必須要具足很多的「大方便」，把那一些「大方便」都作完了，弟子們對禪定、智慧、無漏根力都已實證，這些條件都已成熟了；而他的座下，從一生補處菩薩到聲聞初果全都有了，然後才可以演述《法華經》，所以 世尊才說：「本後乃爲，說是《法華》；」因此沒有一佛是先說《法華》的，最先說的一定是《華嚴》，從人間講到他化自在天去，把所有的成佛之道，在短短的幾天中頓說完畢。這是在二十一天中就全部講完了，整個成佛之道的概要必須先說完，免得眾生無知而毀謗說：「唉呀！你現在講般若，在以前講《阿含經》的時候，你是還不懂般若的，是現在才懂的。」也有人說：「你現在講這個唯識種智，以前你講般若的時候其實還不懂這個。」無知眾生往往會這樣講。所以成佛以後得要頓說《華嚴》，諸天聽過了，以後可以爲愚癡無明的眾生證明說：「佛陀早在我們天上講過成佛之道的般若、唯識種智了。」那麼人間的人們

也可以證明　佛陀早就說過這些法要。都是先頓說《華嚴》以後，才會開始解說聲聞解脫道，再講實相般若，最後宣講唯識方廣諸經。這些都是要預先施設方便的，但是還得等這些方便都具足圓滿完成之後，才會開講《法華經》，所以說：「如王解髻，明珠與之。」

這部《法華經》是經王，猶如轉輪聖王髮髻中珍藏的那顆明珠，一定是最後才拿出來給大家。所以如果有誰自稱成佛了，諸位都可以請問他：「你座下的一生補處菩薩是哪一位？請你介紹給我。」我想那些假佛們都沒有想到你們會問這一點。那一些自稱成佛的人也從來沒有想到這一點，他們都沒有想一想說：「我座下有誰是一生補處菩薩？」然後就敢宣稱自己已經成佛了，所以他們所謂的佛，眞的要去掉人字旁。

這就是說，《法華經》一定是要最後宣講，宣講時一定是一切弟子各有其利，至少也要有初果的見地和解脫力——至少他能夠解脫於三縛之繫縛，這就是最基本的解脫力。如果他的弟子們連這個都沒有，甚至連他自己都沒有斷我見，還講什麼成佛？那根本就比《天方夜譚》還要天方夜譚。天方夜譚是什麼意思？就是「杜撰」。《天方夜譚》的內容全都是杜撰的，一千零一夜的每夜一個故事，都是編造的，只有愚人才會信作是眞正發生過的事情。所以大家要有智慧，凡是編造的，都不要相信；一定是可以實證的，有次第性的，每一個次第有其內涵分明界定出來，你才可以信。如果有人空口說白話：「來我們這裡學法，一定可以成佛。」不管他講的是即生成佛、即身成佛，他那個「佛」其實都沒有人字旁。好，接著 世尊怎麼開示：

經文：【「此經爲尊，衆經中上，我常守護，不妄開示，
今正是時，爲汝等說。我滅度後，求佛道者，
欲得安隱，演說斯經，應當親近，如是四法。
讀是經者，常無憂惱，又無病痛，顏色鮮白；
不生貧窮、卑賤醜陋，衆生樂見，如慕賢聖；
天諸童子，以爲給使。刀杖不加，毒不能害；
若人惡罵，口則閉塞。
遊行無畏，如師子王，智慧光明，如日之照。
若於夢中，但見妙事；見諸如來，坐師子座；

諸比丘眾，圍繞說法。又見龍神、阿修羅等，數如恆沙，恭敬合掌；自見其身，而爲說法。又見諸佛，身相金色；放無量光，照於一切，以梵音聲，演說諸法。」】

語譯：世尊接著以偈頌說：【「這部《妙法蓮華經》是最尊貴的，是眾經之中層次最高的一部，我釋迦牟尼佛永遠守護這一部《法華經》，不在虛妄、不恰當的場合作出開示，而今正是時候，所以爲你們大眾來演說。我滅度以後，一切佛弟子若是求佛道的人，想要獲得安隱，來演說這部《法華經》時，每一個人都應當要親近，我說的這四個安樂行處。閱讀這一部《法華經》的人，永遠都不會有憂愁煩惱，也不會有什麼病痛，並且他的身體顏色是鮮白的；未來世也不會出生於貧窮之家，他不會是卑賤而醜陋的，眾生都樂於看見他，猶如看見所仰慕的賢聖一樣；而諸天的童子們，都願意來爲他作供給奔走之人。

凡是演述《法華經》的人，刀杖不能加諸於他的身上，各種毒物也不能侵害他；如果有人出口要惡罵他，罵不了幾句，口就不得不閉塞起來。

這位講解《法華經》的菩薩，遊行於人間是無所畏懼，猶如獅子王一般，他的智慧光明，如同日光照耀於天下一樣。

如果是在夢中，他只會看見勝妙的事情；他會夢見如來坐於獅子座上；有眾比丘圍繞著如來，而如來正在爲大眾說法。

有時又會夢見龍神，以及阿修羅等，其數猶如恆河沙一般，全都恭敬合掌；而會夢見自己坐在那個地方爲大眾說法。

有時又會夢見諸佛，身相是紫金色的；放出了無量光明，照耀於一切有情，以殊勝的梵音聲，來演說諸法。」】

講義：這是說《法華經》是最尊貴的，因爲它總攝了橫及十方、豎及三世的諸佛境界；是從橫剖面來演說十方諸佛境界，也從無量劫前說到無量劫後的如來境界，所開示悟入的內容也函蓋了諸佛如來所證的如來藏，所以這一部經是最珍貴的，因此成爲眾經中最上。釋迦如來宣示說：「我常守護，不妄開示，」這部《妙法蓮華經》是永遠被如來守護的，時機若不恰當，演說此經的因緣還不成熟時，一定不會虛妄地提前開示。然後宣示說：「如今正是時候，所以為汝等大眾宣說。」但是也吩咐大眾說：「我釋迦如來入滅度以後，凡是追求成佛之道的人，」也就是指菩薩，「想要安隱無憂地演說這部《法華經》時，應當親近這四個菩薩安樂行處。」也就是遵循這四個安樂行法，才有可能安隱地為大眾演說這部《法華經》。

今天我們要把這四個安樂行法再複習一下，讓大家可以更具足菩薩性，可以把菩薩性更具足發起：

第一個「安樂行」法就是「菩薩行處」，有兩個親近處：第一是「眾生親近處」，另一個是「法親近處」。「菩薩行處」不能遠離法，不能遠離眾生；所以演述《法華經》時不論眾生怎麼毀謗，菩薩都要安忍。不論什麼樣的眾生，你都要有善念來攝受他們，不要斥責、不要拒人於千里之外；但凡眾生有一念之善，即使他是窮凶極惡之輩，你也要設法攝受他，要教導他如何去惡修善，要教導他把惡法捨了，同時教導他修習善法，如此攝受他，不要拒他於千里之外，這就是「眾生親近處」。第二就是「法親近處」：你要為人宣演《法華經》，必須在三乘菩提上有所實證，不能空口白話，不能籠罩人，這就是「法親近處」。這兩個親近處，就是菩薩的行處，凡是要為人在末後世宣演《法華經》，必須要有這兩個菩薩行處，這是第一個「安樂行」法。

第二個「安樂行」法是「**不自讚毀他，要讚歎大乘法**」，意思是說，不能讚歎二乘法，而要讚歎大乘法；在弘揚大乘法時，可以同時弘揚二乘法，但要讓眾生瞭解大乘法是函蓋二乘法的。在弘法的過程中不自讚毀他，不可以宣揚說：「**我的證量多麼高、多麼高，你們大家全都不行。**」對於凡夫，你可以說他是凡夫，但人家若是實證了，你不可以比較說：「**他的證量遠不如我。**」但是對於那些誤導眾生的凡夫，你可以明指說：「**他是凡夫，他是在誤導眾生。**」因為這是救護眾生，不是自讚毀他。但是當人家有所實證的時候，你不可以貶低說：「**唉呀！他的層次距離我還那麼遙遠啊！你別信受他啦！他沒什麼可恭敬的。**」至少人家證得聲聞初果了，至少人家明心了，就不應該說：「**欸！我是到第十住了，他還只是七住位而已。**」不可以這樣講，否則就是自讚毀他，因此不可以說：「**我已經到十迴向位，我已經到十行位了，他才不過是七住位。**」不能這樣講，否則就是自讚毀他。但是可以作法義辨正，因為法義辨正無關自讚毀他，不牽涉到果位的問題，而是在救護眾生，所以千萬不要自讚毀他。

但也不要讚歎二乘法，一定要讚歎大乘法，這是第二個「安樂行處」。你如果不讚歎大乘法，一天到晚讚歎二乘法，那你怎麼爲人如實演講《法華經》？因爲《法華經》全都是如實宣演大乘法。這是第二個安樂行處。如果不能遵守第二個安樂行處，一定會被人質疑：「你講《法華經》讚歎諸佛的境界，結果你都不讚歎大乘法，一天到晚讚歎二乘法，那你不如去讚歎阿羅漢，又何必來演講什麼《法華經》？」一定會被質疑吧？這一被質疑，《法華經》可就講不下去了，那就不是「安樂行」囉！所以必須要有第二個「安樂行」，就是「不自讚毀他」，使一切實證的人都認同你；接著只讚歎大乘法，不讚歎二乘法，這就是第二個「安樂行處」。

第三個「安樂行」法是要恭敬十方一切大乘三寶，並且還要有「大慈悲心，攝受一切眾生」，這就是第三個安樂行法。換句話說，你不能夠只讚歎釋迦如來一尊佛，也不能夠主張說：「在宇宙無窮無盡時空之中，只有釋迦如來成佛。」必須讚歎十方三世一切大乘三寶，爲什麼呢？想想看：你演講《法華經》時所講的內容是什麼？講的是從本初佛一直到未來無量無數之佛，縱貫過往未來的無數劫而曾經有無數佛出現過；結果你竟然說「只有釋迦如來，沒有其他諸佛」，那你《法華經》又怎麼講下去？一定會被人質疑，當然沒辦法繼續再講了，因爲一定會自相矛盾。自相矛盾的時候，如何能夠自圓其說呢？無法轉圜（讀作圓）啊！既沒辦法轉圜，就無法再講下去；講不下去而中途作罷了，還會有安樂嗎？並且還要慈愍一切眾生，要願意攝受一切眾生，不能說：「我只攝受某一些有情，其他的人，我都不攝受。」有新的佛弟子來了，不想度他，就說：「你的緣不在這裡，不要來聽我講《法華》。」就趕人，那是不對的。不管什麼人來聽你講《法華經》，你都要接受；即使他抱著持疑的態度來聽，你也得要接受他啊！

一定要設法說到讓他產生信心，否則你未來成佛之道要怎麼走？這個人你也討厭，那個人你也討厭，那麼請問：你講的《法華經》是應該要攝受一切眾生，現前看見的卻是這個人你不攝受，那個人你也不攝受，那麼請問《法華經》你要怎麼講下去？人家會提出來質疑：「師父！我來聽《法華》，只不過是有一點懷疑，提出來請問，你就不攝受我，就排斥我，那你將來要怎麼成佛？你自己講《法華經》時，經中也說要攝受一切眾生，爲什麼你就不攝受我？不攝受我也就罷了，你還不攝受某乙，對某丙你也不攝受，那你講《法華經》只是嘴上這樣講，你自己表現卻是另一個樣子，那你講經叫我如何信受？」人家當眾提出來質疑，那麼你還能講《法華經》嗎？沒辦法講了。這時若是還勉強講下去，你自己就不安樂了！所以這第三個「安樂行」法，是一定要讚歎十方三世一切大乘的三寶，不是讚歎三藏教的三寶，而是要讚歎別教、圓教的三寶；否則你《法華經》就不能開講，因為一定會自相矛盾。同時也要攝受一切眾生，《法華經》所講的道理，跟自己的身口意行才能相契合，這樣來講《法華經》才是「安樂行」啊！

最後第四個「安樂行」法就是要有「大慈心」，也要有「大悲心」。大慈心用來面對一切菩薩種姓的在家二眾、出家二眾，要為他們施設方便，讓他們實證而得到法上的力量，然後為大家講《法華經》。不可以一出世弘法就講《法華》，先要幫大家有所實證，再觀察因緣成熟，可以演講《法華》了，你才能開始演講。以前有人建議我：「老師啊！我們可以講《法華經》，那是經王。」我說：「時候未到。」總得要有人實證了，並且實證的人已有一定的程度了，才能講《法華》嘛！所以說，一定要有大慈心為大眾演說《法華》，但是你演講《法華經》的對象一定是菩薩，不是爲聲聞人說《法華》，這就是「大慈心」。

可是第四個安樂行法中說，還要有一個「大悲心」，因爲你講的《法華經》是縱貫三世的；不但包含過去的無量劫，還含攝到未來的無量劫，那你得要有「大悲心」，即使有人來聽了以後心中生起煩惱說：「喔？你講這部《法華》好像天方夜譚，我不能接受。」他當場站起來走人了，這時你不可以厭惡，要有「大悲心」，覺得說：「這個人好可憐，我願意在未來世爲他說《法華》。」不歧視他，不生起瞋心。因爲你生起瞋心的時候，他未來世見了你，如來藏中印象不好的種子流注出來，跟你就不相應了。

所以當人家聽到中途，心中不能信受而站起來走人時，你知道他不是要去上廁所，一看就知道他是要走人，你也不可以生起瞋心，要當作不知道，讓他可以自在而不尷尬地走人；可不要一直盯著他，要讓他自在地走人，這樣子，他未來世跟你相見的時候，不會有負面感受的種子流注出來，那麼未來世他的菩薩性若是已經發起了，他對大乘三寶的信力也發起了，那你講《法華經》的時候他就會接受了；那時你在講《法華》時，跟他就不會有不好的覺受出現了；否則，那時他會產生不好的覺受，負面感受的種子就會流注出來。因此你必須要對那一些人——非菩薩人，要生起「大悲心」，要有一個作意存在：「這些人目前不聞、不知、不問、不信《法華經》，何況能生解？這一些人好可憐，我未來世一定要設法讓他們信受《法華經》。」你要有這樣的作意存在。所以當他們站起身來走人，你明明知道他們是聽了起煩惱，對你很不滿而走人，也不要盯著他們看。

假使他們站起身來走了兩三步，你看了已經知道他們爲什麼要走人，但是要當作沒看到，別繼續盯著他們，更不要心中起作意說：「這些人眞笨！」以免未來世有負面感受的種子相應。種子是很厲害的，種子的流注，你們有許多人沒有體驗過，那是很厲害的！所以對非菩薩種性的人要有「大悲心」，要如此對待那些不信《法華經》的人。因爲你演述的《法華經》不是依文解義，而經中法義及諸佛境界都很難令初機學人信受；那你如果具有「大慈心」，來對菩薩種姓者演說菩薩法，乃至演說《法華經》，這第四個安樂行法你就具足一半了。對於那些「不聞、不知、不信、不解」而不能接受的人，你卻要有「大悲心」，願意在未來世攝受他、利樂他，那你就具足第四個「安樂行」法最後一半的功德。這時，第四個「安樂行」法具足了，前面三個「安樂行」法也具足了，那你就可以爲人如實演講《法華經》了，這樣來爲人講《法華經》時，才能夠得到安隱。所以你如果發了願，未來世要爲人講《法華經》，應該要具足修習這四個「安樂行」法。

「**讀是經者，常無憂惱，又無病痛，顏色鮮白；**」像這樣子親近這四個「安樂行」法以後，當你閱讀《法華經》的時候，永遠不會有憂愁煩惱；這是因爲這四個安樂行法你已經具足在修了，所以你讀《法華經》時不會有問題；因爲若是具足了這四個安樂行法時，即使出來爲人演講《法華經》時，都不會有問題，何況你只是閱讀？所以你閱讀《法華經》時永遠都沒有憂惱，也不會有病痛，而且「**顏色鮮白**」，不會面容暗淡；所以說，演講《法華經》的時候要具足這四個安樂行法。

「**不生貧窮、卑賤醜陋，眾生樂見，如慕賢聖；天諸童子，以爲給使。**」只要具足這四個法，就不會有橫難發生，不但如此，未來世不生於貧窮之家、卑賤之家，也不會長得醜陋，讓人家一見了就怕；長得很醜陋，讓人家才一看見就嚇到說：「唉喲！鬼喔！」（大眾笑…）就趕快逃了，對不對？有的人確實是會這樣，因爲一般人不管怎麼醜，人家不會見了就怕，不會見了就以爲是見鬼；可是如果醜到讓人家一見了就會覺得是看見鬼，就會害怕而逃走，顯然他往世對這四種安樂行法，一定是一法也無。並且過去世還造過惡業，所以人家不會想要親近他，一見了就以爲是見鬼，趕快就跑。這就是說，往世有好好修這四個安樂行法的人，不會生爲一個貧窮者，不會成爲很卑賤者，也不爲成爲極醜陋者。如果你具足這四個法，有好好去修，未來世若不是很富貴，至少也會生活無虞，不必每天都打伸手牌；也不會是生在卑賤之家，也就是不會生爲乞丐；也不會成爲極度醜陋之人，都因爲有修了這四個安樂行法。

所以這四個安樂行法很重要，諸位想想，我剛剛複述了這四個安樂行法，這四個安樂行法的果報是什麼？你修了這四個安樂行法，未來世一定會有可愛的異熟果報啊！果報是什麼？一定是資財自在！也會是於世間自在，沒有敵人！一定是這樣。也許有人回過頭來一想：「那你蕭平實今生不也是樹立了一堆敵人？」但問題是，我其實無敵啊！（大眾笑…）諸位想想看，如果我哪一天下了帖子；帖子的閩南語叫作「門刺」，有沒有聽過？也就是在一張帖子寫上說：「我某某人在某時要前來拜見。」這個帖子投到人家（以前沒有信箱），都從人家的門縫裡面投進去，這叫作「門刺」；那是要用刺的方式刺進門縫裡去，所以閩南語管它叫作門刺。近代流行印名片當面給對方，就改個話，叫作「名刺」（導師以閩南語說這個名詞），有沒有？但古時是要從門縫刺進去對方家裡，所以台灣古時便把它叫作門刺，其實就是拜帖。

如果我哪一天寫了帖子，託人到某某山頭的山門，從他們山門的門縫刺了進去，他們敢跟我爲敵嗎？不敢嘛！（大眾笑…）所以我是無敵的啊！爲什麼呢？因爲我是能夠公開爲人如實演講《法華經》的菩薩，我不是卑賤之人。我既不是卑賤之人，所以他們收到我的名刺之後，就要開會討論：「這蕭平實要來拜訪我們幹什麼？」對不對？對呀！所以我不會成爲貧窮者，也不會成爲卑賤者，而我也不會是醜陋者。有沒有誰看見我醜就嚇得落荒而逃？沒有！我沒有生得很醜陋。雖然看來很平庸，但也不會很醜陋嘛！但是如今當我去到哪裡想要弘法時，大眾想要見我的時候，一定會怎麼樣？「如慕賢聖」，所以我如今是「眾生樂見」，證明 世尊所說完全正確。除非是那些密宗外道們，他們當然就痛恨我，可是那些外道們敢當面來跟我論法嗎？也都不敢！所以你只要眞的如實修學了這四個「安樂行」法，將來演講《法華經》時就不會有問題。因此大家回去以後，要把這四個「安樂行」法複習一下。今天就講到這裡。

《法華經》上週講到一百三十四頁第四行，大意是說，能夠具足信心來閱讀這部《法華經》的人，他永遠都沒有憂惱，也沒有病痛，不會年紀輕輕就患什麼病，並且不會皮膚黝黑或者老是生病的樣子；也不會出生在貧窮之家，或者卑賤醜陋的模樣，而眾生都樂於遇見他，猶如仰慕賢聖一般。除了如此，世尊又說「**天諸童子，以爲給使**」；這是說，生於欲界天的童子們（這當然不是指小孩子，是說他們都是修童子行的），這一些天人們都願意來護持他，在暗地裡爲他作一些事情。世尊說，像這樣的人：「**刀杖不加，毒不能害；若人惡罵，口則閉塞。**」由於《法華經》的加持力，人世間的刀與杖都不能加諸於他的身上，也就是說，他不會遇到這一類惡緣。要是有惡緣，這一些護持他的天人們——也就是護持此經的人，就會在冥冥之中爲他排除，使他「**刀杖不加，毒不能害**」。如果有人無理要以惡口來辱罵他，這一些護法的諸天童子們，也會使那一些惡人嘴巴無法張開，不能夠辱罵他。

像這樣能夠受持「安樂行」法而且具足四種的人，能夠爲人安樂地宣講《法華經》，所以他有功德也有福德，還有諸天的護持，所以他遊行於各地都無所畏懼。他心中是很自在的，一方面他跟世間人無所爭執，既無所爭執就沒有眾生會與他爲敵；又因爲他有大智慧，因此就有許多大功德，當他不論去到哪裡，都不懼怕別人跟他論法，所以心中毫無畏懼，不論遊行於各處，都無恐懼而如同獅子王一般。也許有人想：「這兩句話會不會誇大了？」那諸位想一想，且不說我，單說你們好了；譬如你們去精進禪三破參，被鍛鍊和印證回來了，然後你把名刺投遞到那些大法師那裡去，表明你的立場、你的身分，立場是甚麼：「我要來跟大師論法。」身分：「正覺同修會增上班的同修。」然後你把名刺投過去以後，會不會有下文？當然是不會有下文的，所以你們才會搖頭，對不對？爲什麼不會有下文呢？因爲他們一定置之不理，就是不敢見你啦。也許諸位想說：「這不會是眞的，也許你言過其實。」其實不然，我們有一位老師前些年也是破參不久，由於某個寺院的堂頭和尚不肯接見，他就一家人帶著盒餐，跑到那家寺院門口野餐；沒想到寺院裡面派小法師出來說：「欸！請你們不要在這裡用餐好不好？我們和尚說有壓力欸！」「欸！又不跟你論法，我只是在這裡用餐，又不在你們寺院裡面，為什麼會有壓力？」這就是法的威德力嘛。

所以你想，假使你有勝妙的智慧，當人家知道你是正覺同修會的某某幹部或者某某老師；那你去到某一些道場時，也許他們發現了說：「欸！正覺同修會某某老師竟然到我們這裡來了。」他們就要警戒了！特別是我們現在有十位老師在電視上說法，人家都會認得。可是他們心裡面有恐懼，但我們老師們不會有任何恐懼。因為：「我來你某某山參訪上個香、禮個佛，別無用意，當然我一點都不緊張；你們要緊張，那是你們的事。如果你要跟我見面，有這個機會遇見了，要跟我談一談佛法，也歡迎！」為什麼呢？表示你堂頭和尚還有些智慧在嘛！那個智慧會顯現出你的光明，叫作「智慧光明」，所以堂頭和尚才會沒有慢心，有心求法。那麼徒眾才一上報說：「正覺講堂某某老師如今正在我們山中……」「喔！那就趕快請來相見。」這時候請上座、泡好茶，不是為了你的錢，而是因為恭敬你。這時開始論法啦！那你心中沒有任何恐怖與畏懼，就像俗話講的知己知彼，下一句是什麼：百戰百勝。可是如果既不知己也不知彼，那就怎麼樣，屢戰屢敗，只好求仁囉。

這就是說，當你證悟之後，說話是跟以前不同了；因爲你的智慧顯發出來的那一些功德，人家瞧得見，那一些功德被顯發出來時就叫作「光明」。有智慧光明的時候，不是只有一人二人能看見，而是在座的所有人都會看見。那，如果不信邪，在那邊挑戰的時候，最後他的徒眾們都會瞧見：「啊！原來我師父的智慧光明，猶如五燭光的一個小燈泡，那人家正覺同修會某某老師的智慧光明猶如太陽，根本不能相提並論。」在座的人都會看見這樣的現象。所以說當你有所實證，你講出來的法，顯示出你的智慧；這個智慧顯示出來被人感受到了，那你這個智慧光明就被大家所瞧見。而且這是很明顯的，因爲佛法中的智慧不能用矇的；如果用矇的，人家才一問，結果這個人正是「三不知」：問這個不知道，問那個也不知道，問其他的更不知道，大家就覺得：這個人什麼也不懂，竟然也當起大師來。所以有「智慧光明」顯現出來的時候，眞的「如日之照」，在座眾人都會瞧見。

「若於夢中，但見妙事；見諸如來，坐師子座；諸比丘眾，圍繞說法。」除此以外，如果是晚上睡覺作夢時，只會看見妙事，不會看見恐怖境界或者惡劣的境界；這是因爲你有這樣的智慧，有這樣的四個「安樂行」法具足實行時，表示你的心地跟那些染污的境界是無法相應的；因此你的相分是清淨的，所以你夢境之中無諸橫難，所見都是順心的境界：「但見妙事」。不但如此，有時看見諸如來坐在師子座上，而比丘眾們圍繞著如來，都在聽如來說法，這也是個好相。夢見好相並不是常常都能有的，夢見好相就表示自己的道業又有一分的增長，所以好相也是蠻重要的。

有一些好相，如果定境好的話，在定境的等持位當中往往也會出現。這些好相都是表示自己的修行有一些成績，所以祖師們常常說：「想知道修行好不好，要以夢為鑑。」是說想要檢查自己修行到底好不好呢？可以用夢境來當作鏡子，來檢驗自己、反觀自己到底修行好不好。如果有人宣稱他是阿羅漢、是三果人，可是在夢中又常常夢見了不清淨的事，他那個三果可就是假的；不管是貪財或貪色，全都一樣，只要是夢見了貪財或貪色，那就是假的；或者對別人大發脾氣，那個四果、三果也都是假的。

這種事情其實是很正常的，我們舉個例來說好了，例如四地、五地菩薩，你們看他白天因為福德大所以開好車，甚至還有司機；然後住豪宅，還有一堆僕人；那麼他吃的飲食，不是他去要求的，而是家人會為他準備很好吃的；

他與世人同樣有美妻，也有好子女，看來他都住在五欲之中，可是他作夢時絕對不會夢見五欲，在夢中既不會貪財、貪色，也不會在夢裡生氣罵人。這意味著什麼？（有人說話。）大聲一點！（有人再次回應說：種子清淨。）「欸！種子清淨！」那他在人間的那些五欲表相其實只是一個示現，示現說四地、五地菩薩有人間的可愛異熟果報；可是他的心其實是清淨的，所以他夢中都不會有這一些事情。

但在人間，他卻示現跟世俗人類一樣住在五欲中，所以天魔奈何不了他。天魔能綁人的繩子叫作五欲繩，天魔所能綁住人類的就是勝妙五欲；可是菩薩每天都在勝妙五欲之中，每天來來去去，卻是五欲不沾身。這就是說，要能夠有好的修行，並且要把它作一個確認時，是應該用夢境來作檢驗的。如果他自稱是三果人——不要說四地、五地，光說三果就好；當他自稱是三果人，在夢境之中還會有欲事，還會有瞋恚，那他就不是眞正的三果人，因爲他其實還沒有離開五蓋。當他的內心清淨了，能夠如法爲人演說《妙法蓮華經》，並且具足這四個「安樂行」法，表示他心中的種子清淨了，否則他無法具足這四個「安樂行」法。所以他在夢中只會看見妙事，除了妙事就是無記事，就是有時候看見自己在爲人講經說法，有時看見自己爲眾生作事，有時則是自己獨自生活而成爲無記法的事情，但他不會夢見五欲的境界。

像這樣具足四個「安樂行」法的人，也常常會夢見，或者在定中看見諸如來坐在師子座上，有比丘眾們圍繞在如來身邊，而如來正在爲大眾說法。有時又夢見龍神、阿修羅等，數量猶如恆河沙那麼多，對他恭敬合掌；而他看見自己爲大眾說法，也爲這一些龍神、阿修羅說法。如果他是四地或五地的菩薩，那他就不是只有夢見或者定中看見，他根本就是入了定，以意生身出去爲龍神、阿修羅等說法，那時他所度的眾生可就很多了。因爲在天界不像人間，在人間說法時，得要拉出好長的電線，裝了麥克風，這邊用擴大機送出去，從好幾個音箱播放出來。我們週二講經時的台北四個講堂就是這樣啊！所以我們義工菩薩們，在講堂裝修時要拉出好多的電線，裝了好多的喇叭。可是在天界不需要這些，聽起來聲音就像是平常的聲音一樣大，然而大家都聽得見。這不稀奇啊！因爲在天界，大家都有天耳通怎麼會聽不見？所以那時這位四地、五地菩薩根本就是自己親自在爲龍神、阿修羅眾說法，那時他度的弟子可就非常多了！所以可以多到如恆河沙那麼多，根本用不著擴大機和錄音，麥克風和喇叭音箱根本用不著，他就如此親自體驗自己爲眾生說法的境界。

那麼三地滿心菩薩，因爲有這個功德，才能進入四地。所以才說三地滿心菩薩的現觀叫作「猶如谷響」，如果沒有這個功德而宣稱他是三地滿心、四地菩薩，那都是大妄語呀！換句話說，到三地滿心的時候，晚上在寺院中爲人類說法；而他白天上了座，入定去了，然後進入等持位中，他的意生身就在別的世界中，爲無量無邊眾生說法；可是他又在這裡聽著自己意生身在那邊說法，好像空谷迴響一樣。這不是自己在說法，而是意生身在他方世界爲人說法，可是自己在這裡聽得清清楚楚；要有這個現觀，才能夠說他滿足三地心了。

以前有人冒稱是四地菩薩，我說那些人單是斷三縛結，全都通不過勘驗，還講什麼四地菩薩的證量？那些人全都是大妄語，不懂佛法，一知半解才敢這樣說。所以當你修到了四地心時，在等持位之中，聽見了意生身在他方世界爲很多眾生說法，而你在這邊以天眼照見自己意生身在那邊爲眾生說法時，有無數眾生圍繞，當然那不是指人類。所以在天界度眾生是比人間容易的，爲什麼呢？因爲天界眾生一看就知道你證量超過他們；可是在人間就不行，在人間度一個人開悟，在天界就可以度千百萬人開悟；因爲你在人間，看來又不是三頭六臂；你又不會搞怪說：「我在法座上飛升起來給你們看一看。然後變個什麼東西出來。」你又作不到，當然無法度得很多人。

可是凡夫眾生只看表相，而你說出來的法太勝妙，他們又不容易聽懂啊！因爲你講的是如來藏妙義，連大師們都否定的，他們又如何相信你呢？他得要有很好的智慧力，才能夠瞭解：「啊！原來你說的才是眞正的妙法！」這一類眾生才會信受你。但這要花很長的時間，經年累月一點一滴不斷去演述；甚至於把書不斷地寫出來，例如我們花了二十年的辛苦才有今天。如果是在天界就不用啦，你只要一到現場，大家一看：「這是大菩薩！」爲什麼呢？因爲：「咱們的天主只有白光，雖然白光很強，可是這位大菩薩的白光不輸給我們天主啊！而且他的白光裡面還雜有金光，金光中還夾雜著各種繽紛的微細光，唉呀！這遠超過我們的天主啦！」這一看就知道了。

可是你在人間時，雖然你有定光、慧光放射出來，人家也看不見，因爲人間難得有幾個有天眼的人。以前曾經遇到傳說有誰是有天眼的，來到我這裡都變成沒有天眼，真的好奇怪；由此可見他們的天眼都是假的，都是矇人。就是說，菩薩如果到了四地、五地而出來爲人如實演講《法華經》，或者受持《法華經》，其實他根本就是自己在爲眾生說法的人，是用意生身出去十方世界說法；今天去東方世界，明天去西方世界，就東西南北四維上下，各世界只要一念之間覺得哪裡有緣就去啦！根本就是自己在爲眾生說法。

除此以外，具足四種安樂行法的菩薩還會有別的好相：「**又見諸佛，身相金色；放無量光，照於一切，以梵音聲，演說諸法。**」到這個境界，當然他只要想看就可以看得到。他看見十方世界諸佛身相都是紫磨金色，各自都放出無量種的光明，普照於一切有情，只要是有緣的有情，都會感應到；諸佛就這樣子，以清淨的音聲，演說三乘菩提種種法義。講到這裡，諸位一定想：「**這距離我太遙遠了，好像跟我無關。**」說真的，我也認爲跟我無關，不是只有你們。但是能不能達成？可以！只是時間比較早或者比較晚的差別。但是我所看見的是，我們在這一世跟未來一、兩世，就是加上未來兩世，包括這一世總共三世，繼續護持正法所作的事，對我未來的道業影響很大，我已經看見了。

那麼我是如此，諸位當然也是如此；因爲這一些事不是我一個人就能作得出來，是你們幫著我作出來，所以這些功德是大家與共；不會說你們在我的策劃下，大家去作了以後功德全歸我一人所有，不可能這樣。就算我想要單獨據爲己有，也是作不到的；因爲各人之所作，功德都在各人自己的如來藏中，我也沒有辦法伸手去你的如來藏掏過來據爲己有。那麼我看見未來世正法壞滅之前，有很大的進步；我是如此，諸位當然也是如此的；因爲這個復興佛教的偉大功德成就，不是我一個人能夠全部作到的，而是諸位共同配合去作，才能達到這個目標。

本來我以爲這一世把它弄好，下一輩子大概可以住在山林裡面，什麼都不用管，有你們去作就行了；結果竟然說不行，我還要繼續作下去。那，爲什麼我得要繼續作事？第二個念頭我就知道了：因爲密宗的雙身法會死灰復燃，我們必須要用智慧水，把它灌到水氣充滿、全部澆熄了才行！我昨天吃晚餐時，因爲時間比較晚，電視選台器轉來轉去，看到一個節目，才剛轉到那個節目中就看見有一行字，我看了心情就很沉重了！不曉得那是什麼片名，但我看到那一首歌的一行字，我就一直聽到唱完。就在那個片子裡面，有個歌星在演唱，她演唱時我只注意到其中一句話，然後我就趕快停在那一台繼續聽下去。

歌詞中的全部意思是什麼，我沒有當場記下來，但大意是說：「**佛陀的快樂讓我爽翻天。**」大致上是這樣，因為我記得「**爽翻天**」這幾個字，然後只記得「**佛陀的快樂**」幾個字；諸位想，這是什麼意思？（大眾答：雙身法。）對啦！就是密宗的雙身法。你們看，這表示說：那個編劇所認知的佛教就是達賴的密宗，認爲報身佛的快樂就是那個雙身法的快樂啊！因爲密宗到世界各地都這樣教。那我們這一世如果能夠在中國地區，或者甚至南洋地區，都把密宗趕出佛教以外去，可是在歐美地區，達賴那些人還是會繼續存在啊！那我們必須要趕快把正法推廣出去。在實證上面不必去推廣，可是在教義上面，也就是三乘菩提內涵上面，我們必須要廣泛地加以翻譯成外文，未來世要作的就是這個事情。

把我們正覺的結緣書、正智出版社的局版書，都要翻譯成各國語言，然後廣泛地向全球去流通，要教育全球所有的人士知道：達賴率領的密宗根本不是佛教，說的都不是佛法。只有這樣子才能夠預防它死灰復燃。可是諸位想一想，這個目標、這個工程大不大？太大了！這麼大的目標、這麼大的工程，我們得要作，但不可能在這一世就完成的。這一世如果能在台灣跟大陸把密宗定義爲邪教——我說的是在法律上定義爲邪教，那我們這個大功德便成就了一半。剩下的是未來兩世要去作的，就是在全球散布正確訊息出去：「密宗不是佛法」、「喇嘛教不是佛教」。可是你光這樣講沒有用，洋人不信，他們要看證據；那我們就得把這一世所完成的這些書籍，全部翻譯成英文、法文、俄文、西班牙文、日文、泰文、緬文、越文。還有什麼文？每一個國家，都要翻譯出來，讓全世界大家都知道。這是要花掉多久的時間呢？至少二世。因爲要普遍到讓大家都知道密宗不是佛教，那個時間得要很久；翻譯本身還會比較快一點，一世就可以完成了；向世界各國去流通，一世可以完成；可是想要讓全球民眾全部都知道，那個函蓋面很廣，得要很長的時間，讓大家去口耳相傳，然後把外譯的書籍互相傳遞，要這樣才能達到。所以這不是小工程，當然總共要三世。

如果我們能夠連著三世，把這些事情全都作好，那麼諸位呀！九千多年後末法結束時，往生到兜率陀天去學法；接近 彌勒菩薩下來人間成佛之時，你們就先來人間受生等候他；當他來人間成佛以後說法時，就是你們證阿羅漢果的時候；然後在祂第二轉法輪完畢時，就是你們入初地的時候。但是這些實證要憑藉什麼來達成？不是單憑口說，是要憑著你們實際上去作，把那時該有的福德先累積起來。你如果在世間法去累積福德，例如每年捐一億元台幣護持正法，當你捐到賢劫千佛已經過完了，都還入不了地。為什麼呢？因為那都是世間有為法。可是你們如果親身去作、親身去參與，把存在佛教裡面的毒瘤割除掉，眾生知道了這個事情，都要慶幸說：「唉呀！好在有你們在幾千年前，先幫我們把那個毒瘤割掉，我們才有今天。」這就好像有人，譬如說肺部長了惡性腫瘤，或者肝臟，或者什麼地方長了惡性腫瘤，有一個名醫很細心地完全幫他清除掉，沒有留下絲毫殘餘分子，然後他就健健康康活蹦亂跳的，可以繼續為事業奮鬥三十年、五十年，那他當然會感激這個名醫，他將會成為你這位名醫永遠的朋友。

同樣的道理，到那個時候，眾生聽到 彌勒菩薩為你們授記的時候說：「在前佛釋迦牟尼如來末法時代，還剩九千餘年的時候，這一群菩薩作了很重要的事情，就是護持正法、救護眾生，所以他們今天獲得這個功德，一一被我授記。」你那個時候是不是龍心大悅？眞的好歡喜：「好在我那時有去作了那些事情，雖然當時是那麼辛苦，但畢竟奮鬥過了，如今成就功德了！」所以這件事情很不容易作。可是你一旦把這個事情作成了，彌勒尊佛時你可以心中很安隱、很篤定地發願說：「彌勒佛啊！我將來可以在這個娑婆世界繼續爲人家宣演《法華經》！」你就敢當眾這麼發願。這表示你要先通達此經才行，可是通達此經是很困難的事，因此這四個「安樂行」法，也是諸位要謹記於心田中的事。要把這個種子種進心田裡去，未來世，不管幾世以後，讀到《法華經》中說的這四個「安樂行」法時，你都會立即接受。當你有這樣的種子存在心田中，就表示你的道業一定會很精進快速，於是彌勒尊佛來人間的時候，這一段經文所說的這個境界，你是可以自己看見的。

我講這一些法義，到底是爲諸位好？還是爲我好？（眾答：都好！）都好！你們有智慧。因爲你們道業都能成就，我就早點成佛，這是互相的。如果我老是怕你們進步，如果心裡面老是想說：「我把法送給你們，有一天你們超過我，那時該怎麼辦？」那我根本就不應該坐在這裡說法。因爲正覺講堂這個法座，不是一般人能坐的；要坐上這個法座，講經時得要全無私心；

如果心裡面有一點點私心在那邊想，就沒有資格坐在這裡講經。爲什麼說他沒有資格呢？單是因爲他有私心嗎？不是！私心只是一個現象，那個私心的背後代表什麼呢？代表那個人沒有智慧。如果徒弟們道業進步非常快，不斷地往上提升，那他是不是就被托高了？就是這樣呀！水漲船高是一定的道理嘛！

所以要有智慧從很長遠的過去來看現在，然後要有智慧從現在來看長遠的未來。有很多的事情，我讓人們覺得奇怪，所以我從小就被人家說是怪人；因爲我的觀念跟人家不一樣。去當兵時也被說是怪人，到社會上還是一樣，都因爲我的觀念跟人家很不一樣。這就是說，你既然修的是佛菩提道，就應該從過去的無量劫來看現在這一世，再從現在去看未來的無量劫中將會如何，這就是你應該有的宇宙觀。如果能夠這樣看，就不會老在世間法上用心，那麼你道業進步就會很快。你不會有私心，也表示你的智慧夠。智慧夠了就不會有那個私心出現，因爲私心出現的結果是什麼？是在壓制自己的道業往上升，使自己的道業無法突破而一直被私心壓制著。

所以說，三地、四地這個境界，諸位不要覺得說：「這跟我好像都無關。」

其實不然，因為等到五億七千六百萬年後 彌勒菩薩來人間成佛時，這個境界可就跟你們有關了。等 彌勒菩薩八相成道示現完了，要到別的世界去度眾生時，你們要留下來住持正法，就要依照這樣的原則去作事，所以這不會跟你們無關，只是要等到五億七千六百萬年後。從三大阿僧祇劫來講，五億七千六百萬年不算長久，如果是從一世來看五億七千六百萬年，根本想都不用想：那太遙遠了。可是你若從佛道三大阿僧祇劫來看，這也只是短短一剎那而已；所以這是跟諸位息息相關的，不要以為跟諸位無關喔！

你如果有這樣的概念，把這個種子種進心裡面，信受不疑，那你道業進展就會快速，就知道為正法付出時，其實是在為自己的道業努力。所以很多人努力去作事，從來不跟他們的親教師報告；就只是努力去作，但是去到禪三的時候他就有好處了，他什麼遮障都沒有，因為 韋陀菩薩看得很清楚，全都幫他排除掉了啊！這一些事情是一個觀念，但這個觀念卻跟自己的道業息息相關。道業能不能快速的進展，其實都在一念之間；有的人進正覺同修會是一念之間：**「啊！那才是正法啦！我確認了。」**突然之間一念轉變就進來了，然後接著實證了，一步一步走下來，結果也當上了親教師。可是有的人，正想要到正覺同修會來，突然間生起一念：「唉呀！也許也是假的。我以前被大師騙過太多次了，這次可能還是一樣。」就是這麼一念，於是本來想要來學法時，想一想又退轉了，又打消那個念頭，於是就沒來正覺；就這樣一年拖過一年，有的人就像這樣拖到二十年後才進來的。

可是以後還會有人拖延到四十年才進來，蕭平實早就重新投胎去了！（大眾笑…）是不是這樣？所以一念之間很重要。但是這個一念如何出現、如何成為好的念？就是要先把好的種子種進去，這個觀念存在心田中了，未來世你自然就會相應。所以不要以為這跟你們不相干喔！現在距離 彌勒菩薩降生人間成佛的時間並不是很長，但諸位在這九千多年間得要努力去作，九千多年以後往生到 彌勒菩薩的兜率內院去，親隨修法，那個進步是非常快的。但這段期間的護法工作得要好好作，因為往生去天界時就沒什麼修集福德的機會，那麼聽聞妙法時沒有大福德支持，也難以相應。所以諸位要把這件事情放在心中，不要以為說：「這些經文講的跟我都無關。」其實有關，如果你能夠把這個觀念接受了，種進心田裡，我就沒有白說。好！接下來又說這樣的菩薩還會看見什麼呢？

經文：【「佛為四眾，說無上法，見身處中，合掌讚佛；聞法歡喜，而為供養，得陀羅尼，證不退智。佛知其心，深入佛道，即為授記，成最正覺：『汝善男子！當於來世，得無量智，佛之大道。國土嚴淨，廣大無比；亦有四眾，合掌聽法。』又見自身，在山林中，修習善法，證諸實相，深入禪定，見十方佛：」】

語譯：【「有時又會看見某一尊佛，為四眾演說無上法，看見自己身處其中，合掌禮讚佛陀；聽聞佛法以後，心中生起歡喜心，而為佛陀作了供養，供養佛陀之後，又得到陀羅尼，證得不退轉的智慧。佛陀知道他的心中，已經深入於佛道了，於是就為他授記，說他在未來世成為最正覺：『你這位善男子！將會在未來無量世以後，得到了無量的智慧，成就了諸佛所行的大道。

你的國土非常的莊嚴清淨，而且廣大無比；在你座下也有比丘、比丘尼、優婆塞、優婆夷等四眾，合掌聽你說法。

不但會這樣看見，而且你有時會看見自己色身是處在山林之中，正在修習種種善法，也實證了種種實相中的勝妙義理，並且還深入於禪定之中，能夠看見十方諸佛：』」

講義：「佛為四眾，說無上法，見身處中，合掌讚佛；聞法歡喜，而為供養，得陀羅尼，證不退智。」能如實閱讀、受持《法華經》的菩薩，有時會夢見自己色身是住在山林之中，正在修習種種善法，也實證了種種實相法中的勝妙義理，並且還能深入於禪定之中，能夠看見十方諸佛。這段經文說，這位讀《妙法蓮華經》、持《妙法蓮華經》，乃至為人演說《妙法蓮華經》的菩薩，有時還會看見有 佛陀為四眾演說無上法，這時他會看見自己處在四眾之中「合掌讚佛」。

諸佛說法有四眾圍繞，為什麼沒有外道圍繞？因為外道聽不進去，越聽越難過。外道們如果聽得進去，越聽越歡喜，聽完以後一定會成為佛弟子，不會繼續是外道，這是一定的道理。所以 佛陀說法時在座的就只有四眾而沒有外道，而佛陀所說的當然是無上法；即使是在初轉法輪時期所聽聞的解脫道法義，你可別說：「現在佛陀初轉法輪，這不是無上法。」可別這麼講，因爲那也是無上法之一。佛說的無上法是具足函蓋三乘菩提的，但是眾生的根器不夠，不能一開始就直接宣講《法華經》，所以得要次第鋪陳，得要先從眾生能夠聽懂的法，有前後次第性的加以演述。所以說，二乘菩提其實本來也是佛菩提中的一部分，不能說它不是佛法。只有一個情況可以說二乘菩提不是佛法，就是學二乘法的人無知而排斥大乘法。當他排斥大乘法，專說二乘菩提的時候，那他所說的二乘菩提就不是佛法；這是什麼原因呢？是因爲當他專弘二乘法，卻同時排斥大乘法的時候，已經顯示他的二乘法一定是錯誤的；如果他的二乘菩提是正確的，就不會排斥大乘法，這是必然的，因爲二乘菩提是以大乘菩提作爲支柱，才能免於斷常二邊的過失，也才可以實證。

如果有人自稱成佛了，竟然說：「欸！釋迦牟尼佛、阿彌陀佛都不如我。」那你就知道他不但沒成佛，而且只是一個具足愚癡的凡夫。因爲他如果眞的成佛了，就會知道 釋迦牟尼佛的境界絕對不下於他。同樣的道理，諸佛所說一定都是無上法，佛佛道同。但是眾生不能理解，所以要次第鋪陳：從一個法開始講，讓大家懂了然後再講第二個、第三個、第四個、第五個，這樣講完一切法；當大家都懂了，二乘菩提實證了，再回來告訴他實相般若，這個般若非阿羅漢之所知，所以甚深極甚深、微妙極微妙；然後再教大家如何去實證般若，實證了以後，終於懂般若了：「啊！原來如此，以前我都不懂，現在終於懂了。」再告訴他：「這還沒有成佛，想要成佛的人，還得要進修十地之道，要再經過兩大阿僧祇劫一一去履踐。」就這麼演說出來，所以每一個層次的法都是無上法，因為全都不許漏失。可是如果要作比較的時候，就從大乘法來說：二乘法不了義、不究竟，因為沒有證實相。這樣教導以後，弟子們就不會得少為足，不會因為證得阿羅漢果了，就不想再修學了。

所以有時講第一義悉檀，有時講為人悉檀；若是針對根性很差的人，就不得不講對治悉檀。可是對於某些人而言，那就要各種不同的對治方法，就有不同的說法和不同的層次法義，那就是為人悉檀。但是這些全部的所說，都屬於第一義悉檀；即使是對治法，也是第一義悉檀；因為目的不是在對治，對治只是一個手段，還是想要讓他進入第一義。所以不應該說諸佛說的某某法不了義。因爲從整體而言，諸佛的一切法全是了義法，但是怕眾生得少爲足，所以必須要加以區分：這個部分是二乘菩提，不究竟、不了義；這個部分是實相般若，是了義、但不究竟；這個部分是唯識一切種智，既了義，又究竟。這只是在顯示整個佛菩提道的內涵，全部鋪陳出來給大家看，大家對整個佛菩提道就有了概念，不會再以篇概全；不會只看見一片樹葉，結果忽略了整棵樹。所以從全部的佛法而言，佛陀所說的任何一法都是究竟法，都是無上法，因爲全部都跟成佛之道有關。即使有時講了很多的次法，那些次法同樣也是無上法，因爲可以幫助大家成就究竟佛道。所以 佛陀爲四眾說法時，不論何時所說，全部都是無上法。

但是看見某一尊佛陀爲四眾說法的時候，這位菩薩卻看見自己身處其中，「合掌讚佛」。「讚佛」的事，一般人聽了頌詞以後，有時會覺得好肉麻，因爲他想：「全部好話你都拿來讚佛，那我們要讚歎世間人時，還能用什麼來讚歎？」世間俗人有時會這樣想。可是等他知道諸佛的實際境界是什麼的時候，他又會覺得：「所有的讚佛偈都拿來讚佛以後也還不夠，我還要再想想有什麼更好的偈可以用來讚佛。」因爲翻轉過來成爲佛弟子而如實瞭解諸佛時，確實是如此。只有不瞭解的人才會說：「天下名山僧佔多，世上好話佛說盡。」抱怨說：「你們那些讚佛偈好肉麻，什麼好話都拿來讚佛，都不留給眾生用。」眾生要用當然也可以，問題是如實不如實而已。假使三界的諸天天主或者什麼偉大的人物，值得大眾用讚佛偈來讚歎他，那也行，問題是不如實。

所以佛弟子們合掌讚佛時，絕對是理所當然！對一切菩薩而言莫非如是，永遠都是理所當然的。如果夢中能夠看見自己「合掌讚佛」，應該歡喜唷！可別一面讚佛，一面心裡面覺得說：「這樣讚歎會不會太超過？」（大眾笑⋯）如果有這樣想，表示他的十信位至今還沒有滿足！我相信諸位都不會，因爲十信位沒有滿足的人，全都進不了正覺同修會。所以讚佛就是眞誠的讚佛，因爲諸佛都值得你用全部美好的言詞來讚歎，因爲那一些讚歎都還不足以形容諸佛的境界。

所以說，夢中能夠看見自己身處於大眾之中，聽聞諸佛說無上法，而自己在其中合掌讚歎，這是應該高興的事，這也屬於好相之一，也算是瑞相。當場聽到 佛陀說法時，可不要聽完就算了，要記得「供養」。其實，你供

養　佛陀，佛也不會受用啊！例如　佛陀應身在人間，有很多人供養；你所供養的可口妙味，佛陀不一定會領受；因爲　佛陀應身也是和人類同樣的一個身體，不會像《水滸傳》裡的李逵，一吃就是一斗；但是　如來雖然沒有受用你的供養，其實你供佛的功德還是一樣在，這就是　佛陀的威德。

你們在家裡每到中午，午齋準備好了就先供佛；若是剛好有水果，再加上水果一起供都行，佛陀不嫌多，也不嫌少。每天的供佛應該養成習慣，因爲這是不斷在增長自己的福德。不管你是在家裡或是在講堂都一樣，供成習慣了就是你的福德，可不要想說：「唉呀！我供上去，可是佛陀您又沒有吃。」不要這樣想。因爲不管你是供養佛的形像或是佛的應身，你上供了，福德便成就了。這跟那些外道的教主以香爲食不一樣，這是因爲　佛陀三身具足，不需要以香爲食，而　佛陀已經福慧圓滿所以有這樣的功能，可以成就大眾上供的大福德。可是那些外教教主的心境都是在欲界天中，就得要以香爲食，所以上供的時候要供得很香，不要淡而無味的食物。但是供佛沒有這一些計較，因爲連習氣種子都全部修除了；所以你就算是供上玉米、番薯一類的食物，而且是用水煮的，也沒有醬油去滷，好像什麼香味都沒有，就只是很平淡的小小香味，你奉上去供佛，福德也還是一樣，功德也具足圓滿。因爲 佛陀不受那食物，可是因爲福德與威德，就可以讓你上供的福德成就，這是因爲「**福田勝**」。

諸天天主只不過是凡夫，還不如供養一個初果人。若是有人想要供養諸天天主，你不如在正覺同修會增上班裡面，或是只在進階班隨便找一個初果人來供養一下，都遠勝過供養諸天天主；因爲他是福田，諸天天主那個福田也是福田，卻是不同的福田：初果人是**功德田**，諸天天主只是**世間福田**，沒有解脫功德在身。那你供佛的時候，既是**功德田**，而且還是**報恩田**；今天你有佛法可以修學，可以實證，難道不該報恩嗎？對世間法中的父母都該報恩哪！何況 佛陀是法身慧命父母，更應該報恩。所以 佛陀具足兩種田：功德田與報恩田。

從另一個表相方面來說 佛陀也是**貧窮田**，因爲 佛陀不事生產，但這只是表相，不能如此說。因爲祂的生產事業很大，能出生很多的佛子，但是自己不謀財利，就只是讓徒眾們供養飲食等。而 佛陀早就是福慧雙全的聖者，根本用不著誰來供養，卻是想要讓大眾都能種得最上福田，所以才讓弟子們供養飲食諸物。但因爲諸佛就是眾生的功德田，也是眾生的報恩田，而且這樣的功德田、報恩田，又是世出世間、無以上之，是最殊勝福田，所以能有這樣的功德。

因此，每天在家裡佛堂，多多少少都要上供，總是要預備著。若沒有水果，那天午齋做好了就先上供，這都行！這也是累積福德的一個方式。既然如此，那你當場與聞　佛陀說法，要不要供養？這要想一想了！例如在我家裡的佛堂，佛像供在那裡，祂沒有爲我說法，我都每天上供了，那，現在遇見了　佛陀爲我說法，我當然更要供養了。所以不管你是在夢中或者定中，看見　佛陀爲你說法，你畢竟也聽到佛法了，那對你的道業都有影響，你當然要起歡喜心供養！

聞法理解而作供養以後會有好處：「得陀羅尼，證不退智。」陀羅尼，我們增上班剛好講過。陀羅尼有四種，各種不同的層次，就有不同的陀羅尼。陀羅尼的意思是「總持」，「總持」簡單地說就叫作「咒」，咒就是陀羅尼。咒本來是作什麼用的？本來是用來總持三乘諸法，所以從四阿含諸經就可以看得到一些總持。四阿含諸經中，有的經典會有一些區分：這一類的經典放在一起，那一類的經典放在一起；當這一類的經典放在一起時，會有好幾部經，在這幾部經的前面就會有四句總持。那四句，你把它拆開來就是每一句—有時每兩字或者每三字—就是一部經典的名稱，那便叫作總持，那就叫作陀羅尼——嗟啦吝（導師用梵音講）。

陀羅尼就是總持。總持有四種，第一種叫作「法陀羅尼」，也就是有很多的法，你用某一些咒編集起來就容易記憶而不會忘記；就好像唱歌，編成一首歌來唱習慣了，你就不必記憶歌詞，自然就會記得住。就好像〈大悲咒〉那麼長，你不必特地去記它，唸熟了就會記住了；同樣的意思，爲了容易記住某一些法，讓那些法不會遺失，所以把它編成一首咒語，那首咒語就是總持。佛法的總持後來就漸漸變成咒語，爲什麼會變成咒語呢？因爲每一首總持咒，都會有護法善神在擁護；所以只要一唸總持咒，不管哪一類的總持咒（總持咒可以有很多種），只要唱唸了，護法善神就來了，於是惡鬼神都跑光了，那麼這個持咒的人也就沒事。後來演變成大家都在持咒，用來遠離惡鬼神，反而把總持所含攝的義理給荒廢了，眞的好可惜啊！所以「法陀羅尼」就是法的總持，把很多的法分門別類，同一類的諸經就編成一首咒來憶持，便叫作陀羅尼，也就是總持。

當你記住那一首總持的時候，你就會記住有這麼多的法；例如〈正覺總持咒〉，以第一、二句來說，「五陰十八界，涅槃如來藏」，這樣就有四個大法了，對不對？持住這二句，你就記住這四個法。然後就能記住「五陰」裡面有什麼法，記住五陰這個法內涵是什麼？同樣的，「十八界」的內涵是什麼？「涅槃」，涅槃的內涵是什麼？「如來藏」內涵又是什麼？這四個法互相有關聯，但是有這二句總持咒，你就把這些法全都記住了。所以你如果要爲人家解釋〈正覺總持咒〉，不必去拿著一張紙條記著來講，因爲全都在你心裡面了；這時你就爲人家先講五陰，把五陰很詳細講上老半天，你全部講完了，你就說：「今天早上把五陰講完了，下午要講十八界。」人家想說：「這位正覺出來的老師這麼厲害！一個早上講五陰都不打草稿，那他下午還要講十八界；不知他下午要不要打草稿？」等到下午來了，什麼草稿都沒有，就把十八界一直講下去，那人家就想：「正覺的老師眞的不簡單。」於是就心悅誠服了：「欸！這一定是正法！我得趕快去報名修學。」

爲什麼你能夠作得到？就是因爲你有「法陀羅尼」——你有法的這個總

持。可是這麼多法，你爲什麼能一一爲人演說？是因爲你知道其中的理是什麼。「五陰」，五陰的理是什麼；「十八界」，十八界的理是什麼。當你知道詳細內容的時候，就是有了「義陀羅尼」。知法還得要知義，如果知法而不知義，那麼誦咒就只能用來求平安了，就沒有智慧功德。就只是誦咒的時候，獲得護法神的保護；若是有什麼事情煩心，或是被鬼神干擾，就誦起咒來，惡鬼神全都走光了，就獲得平安了，然後四處去宣揚：「哇！〈正覺總持咒〉有多麼好，大家要好好持，好有感應喔！」可是那一些咒裡面的義理竟然完全不知道，那麼這時〈正覺總持咒〉暫時變成什麼呢？變成民間信仰層次了。

但這樣也沒什麼不好，暫時就讓它留著；未來世你又乘願再來，當你聽到人家誦這首咒時，你就說：「唉！你們都不知道咒文裡面是什麼意思，我來告訴你們吧。」於是你出來講解，正法也就隨著你的講解而延續起來，正法命脈又開始流傳下去。懂得「法陀羅尼」的意思，能爲人講解，這叫作「義陀羅尼」，因爲你對其中的義理已經知道了。當你能爲人演述，讓人可以一面聽聞，一面去作觀行，可以實證你所說的那些咒語中的內涵，就表示你已經有了「義陀羅尼」。

有了義陀羅尼的時候，你對於這些咒就能夠具足攝持；你能具足攝持它——具足攝持咒中所說的義，是因爲你先對法有所了知；有所了知以後，對一一法的眞實義有加以如實證解；也就是你對咒中所說諸法產生的勝解，由於產生了勝解而能夠記住這一些咒，就是記住這一些法的總持，你不會遺忘；乃至未來世你一聽到人家誦出來，種子流注出來時就會知道那是什麼，這表示你已經有了「咒陀羅尼」，所以你能夠如實受持它；如實受持以後就可以增益你的道業，不會退轉，繼續往前邁進。當你到達這個地步了，就會依照這一些總持—這一些陀羅尼—裡面的眞實義去如實履踐；經過實際上加以實行以後，你就不會退轉，能夠繼續往前進，讓自己身心得以清淨，往前邁進，這就表示你得到了「忍陀羅尼」。也就是說，對於那些咒裡面的眞實義已經如實接受而去實行，不會退轉，心得決定。這樣就是四種陀羅尼。

但是這個「法陀羅尼、義陀羅尼、咒陀羅尼、忍陀羅尼」，並不是只有到達九地滿心才有，而是地地皆有；也就是說每一個階位都有，你一旦明心了，開始對三乘菩提，凡有所學都能知其義；能知其義的結果，就能夠受持那個總持；能受持那個總持，就可以依照那個總持如實履行，心中得以決定而不會退轉，這就是忍陀羅尼。所以明心有明心的四種陀羅尼，悟後進修每一個階位都各有四種陀羅尼。

當你有了法的實證，而且依照四種「安樂行」為人宣演《法華經》，你有一天會夢見 佛陀為四眾說無上法等，而你自己也在其中「合掌讚佛」；聽聞到 佛陀所說的法，心中很歡喜，盡你自己的能力去作供養；供養之後得到了陀羅尼，這時你不會再退轉了！因為佛力所加持，使你得到這四種陀羅尼時就不會退轉了。諸佛說，沒有這四種陀羅尼的人往往會退轉，所以聽來的般若密意都會退轉，因為他沒有這四種陀羅尼；這四種陀羅尼要自己實際上去修，經由聞法之後實際上去修。但是你如果遇見了佛，佛力所加，當場實證就有這四個陀羅尼，卻是要以歡喜心來供養佛陀，然後才能獲得。

那諸位想一想，假使有因緣，如果夢中夢見了 佛在說法，你自己在四眾之中，在說法圓滿時要記得讚佛、供養，並且整個過程要仔細地聽，不能遺漏。要記得注意聽，不要一心想著說：「唉呀！趕快找紙筆。」「唉呀！我怕忘記了，趕快記。」找來找去，找不到紙筆，一急醒來都忘光了。（大眾笑…）你要專心去聽，如實的勝解才是最重要的，因爲只要你有勝解，那就是你的；也許你會忘了你聽到什麼法，可是當別人一說起同一個法，你立刻知道那是什麼，你也會爲人解說，那個法就是你的啦！就好像你有一個大寶庫，有好多的寶物放在裡面，一時忘了哪一個寶物放在哪裡，那其實沒關係啊！寶物依舊是你的。可是當有人從你的庫房裡面拿出那個寶物時，你立刻告訴他：「這寶物是怎麼回事，當初是怎麼得到的，它可以作什麼。」可是他拿了沒有用，只對你有用，因爲它是你的。

所以聞法時要記得如實勝解，要專心地聽受。但是也要記得供養，可別聽完了，拍拍屁股就走了，得要作供養。應身佛在世的供養，跟你夢中夢見了佛的供養不一樣；應身佛在世時，假使有緣遇見了，你聽完了法就應該請佛陀明日受供。佛陀明天來了，你得要先供養，可不能夠說：「等佛陀爲我說法，我證初果了再供養。」不可以這樣，因爲 佛陀幫你證初果以後，已經過了午時，太陽已經偏西了，那時你再要供養，佛陀也不吃了。那時你怎麼請求都沒用，因爲 佛陀不爲說法而受供。你既然昨天請求 佛陀前來受供養，就得完全以恭敬心來供養；供養之後，你可以拉個小椅子坐在 佛陀面前的側邊，請　佛陀說法。

千萬別說：「佛陀都還沒有為我說法，我供什麼？」不可以這樣，因為如果眞是這樣，佛陀是不會受供的；說法以後太陽已經過了正中央，佛陀絕對不會受供的；你再怎麼求都沒用，佛陀那一天就不再進齋了。但是那一缽飯也沒有人能承受得了，沒有誰具有功德能承受理應由　佛陀受用的午齋；那時　世尊會交代你把那一缽飯菜拿到野外去：「你要注意水裡面沒有蟲？必須在沒有蟲的水裡整個倒下去。」倒下去以後會怎麼樣呢，就會像一個燒紅極熱的鐵丸丟到水裡一樣，整個水都會滾開，所以教你要丟入無蟲的水中；因為如果水中有蟲，全都會被燙死了。

但是夢中所見的佛，這跟應身佛不一樣；你在夢中見了　佛，也要記得供養，夢中供養諸佛也有功德啊！由心生故，是福田故。那你如果是在等持位裡面看見了某一尊佛說法，也得要好好記住，可別一高興跳起來，結果出了定，（大眾笑…）後面的妙法你就聽不見了。要好好地專心去聽，聽完要記得供養；因為那種狀況與應身佛在世不同，當你供養之後很可能就能獲得陀羅尼，就獲得「不退智」。這是因為你有七住位陀羅尼的時候，這四種陀羅尼可以保證你不會退轉。

這個「不退智」是很重要的事，我們弘法以來已有三批人退轉；為什麼會退轉？因為他們沒有這四種陀羅尼嘛！他們只有法陀羅尼，可是義陀羅尼呢？付諸闕如。所以我們所說的法，他們後來顯示出來時全都曲解了；會把法曲解的原因，就是對那些法沒有如實知，所以他們缺乏義陀羅尼，當他們用自己的意思解釋時，就跟那些法的本意脫節了，也就是沒有義陀羅尼。沒有義陀羅尼，那他們心中對這個法連記都不想記，也就沒有咒陀羅尼。猶如你受持某一種咒，那個咒一點都沒有靈驗，你不相信它，就一定不會受持；同樣的道理，因為他們對第八識如來藏不相信，所以就不肯受持，想要外於眞實心而另行求法，對這個平實的阿賴耶識如來藏不肯受持，那他們就沒有咒陀羅尼。沒有咒陀羅尼，他們就更不可能有忍陀羅尼啊！所以就外於阿賴耶識，想要再找另一個如來藏——於眞實的陀羅尼不能忍，要再找另外一個如來藏。

心外求法，怎麼可能找得到？因為阿賴耶識就是如來藏，證阿賴耶識以後，能夠現觀阿賴耶識的眞如法性時就是證眞如，但他們對阿賴耶識的眞如法性不能生忍，所以他們沒有忍陀羅尼；既然沒有忍陀羅尼，當然就退轉了，因此不能「證不退智」。所以你如果在夢中看見 佛陀說法，你正在那時聞法，要記得專心聽法；聽完了記得要作供養，供養完了才可以醒過來。千萬要記得喔！這樣子「證不退智」的時候，這不退轉的智慧當然有很多種層次，佛陀同樣的說法，有人可以明心，有人可以入地，也有人可以入八地，有人可以成爲第十地不等，卻是同樣的說法，這個原因在哪裡呢？就是因爲所得到的陀羅尼層次不同，隨著個人目前的層次而去獲得所能獲得的部分，但是總而言之，就是不退轉智。

從最低的層次來說，是這裡所講不退轉智之外的，例如十信不退，叫作信不退；能夠聽聞佛法而得到信力的發起，不只是信根，具足了十信位，這種能使自己不退的智慧，也可以稱爲信不退，雖然只是凡夫位的智慧。那麼修到第六住位滿心以後，接著明心了，就屬於這一部分了，因爲眞正的智慧生起而不退轉了，這叫作位不退。接著就是行不退、念不退，佛地則是究竟不退，分屬初地以後、八地以後以及佛地。所以不退轉智有各種不同的層次，當然所得的陀羅尼也就有各種不同的層次。

「佛知其心，深入佛道，即爲授記，成最正覺：『汝善男子！當於來世，得無量智，佛之大道。國土嚴淨，廣大無比；亦有四眾，合掌聽法。』又見自身，在山林中，修習善法，證諸實相，深入禪定，見十方佛：」當你能夠獲得不退轉智的時候，假使你的境界不是在定中看見、夢中看見，而是在應身佛於人間說法時，你生起這樣的智慧，眞的「證不退智」，等到佛陀演說《法華經》的時候就會爲你授記。如果你是在等持位中，是在他方世界聞法；例如你有意生身，去色究竟天宮聞佛說法，或是去他方世界聞佛說法，得到較高層次的不退轉智，佛知道你的心中所想，也知道你心中的證量到甚麼地步，確定你不會退轉，當然知道你已經深入佛道，未來將會如何走完成佛之道，這時就會爲你授記，說你將來可以成爲「最正覺」，也就是成爲至高無上的佛陀。

那麼這時　佛陀會如此授記：「你這位善男子！於未來之世，會得到無量的智慧，具足瞭解諸佛的成佛大道。那時你的國土是莊嚴清淨的，而且是廣大無比的；你的座下也有比丘、比丘尼、優婆塞、優婆夷等四眾，大眾一起恭敬合掌聽聞你說法。」授記時一定是有具體內容的，這個具體的授記，通常要把佛號、佛國世界、聲聞弟子若干、菩薩弟子若干、正法住世多久、像法末法各住世多久、入涅槃後如何，全都要作授記的。假使成佛之後，並且直到入滅了，都沒有作任何授記，那叫作與眾生開玩笑的假佛。因為那是拿自己的法身慧命開玩笑，所以我說那是開玩笑的佛，不是眞佛。

如果將來你遇見了什麼人自稱成佛，或者遇見有自稱成佛者的徒弟，來告訴你說：「我們師父早就成佛了！」那你們就託他帶一句話回去問他的師父：「請問師父！您何時要講《法華經》，為我們授記？」就請他帶這一句話回去。那他們一定會好奇問你；因為他連《法華經》的內涵都沒聽聞過，一定會問你：「欸！某某師兄，為什麼你叫我這麼問？」你就告訴他：「諸佛入涅槃前一定要講《法華經》，在《法華經》中為大眾授記。你師父不是成佛了嗎？」你就不必再講下去，他一聽到這裡就懂了。他聽到這裡就知道：「啊！原來你是在說我師父還沒有成佛！」他一定懂啊！所以接著他會牢牢記住。

等到週日去寺裡共修時，他就會問師父：「請問師父！您何時要講《法華經》？」他的師父當然也不知道這些道理啊！一定會問：「你這個徒弟！

爲什麼問我這個？」這徒弟當然要講：「師父！我昨天遇見正覺同修會的一位同修告訴我說，凡是成佛的人，最後一定要講《法華經》，在講經時要爲徒眾們授記成佛。」請問諸位：那位師父聽了以後，臉會怎麼樣？慘白！也有人說會黑掉，都行。那他就知道自己還沒有成佛，因爲他一定會這麼想：「我要怎麼樣爲弟子們授記？《法華經》的內涵我應該要怎麼宣講？」那時他不得不開講《法華經》，可不是像我現在拿著經本直接宣講，而是把經文依文解義照本宣科，幾天就全部講完了，卻是言不及義。

可是諸佛演講《法華經》時，卻是連經本都沒有的。諸佛都是全部講完以後，祂已經入涅槃了，人家再結集下來給後人宣講的，才稱爲《法華經》，諸佛自己全都沒有經本、稿本可以一面讀一面講的。這時也許因爲你對那位佛弟子這樣講的因緣，使他的師父不禁這麼想：「欸！這正覺同修會到底在講什麼法？竟然會使我的徒弟懂這個道理？」於是叫徒弟來吩咐說：「去正覺同修會要書回來給我。」而現在有很多大道場，在他們那些大山頭中，都有研究小組，專門在研究正覺的書，這已經不是祕密了。

也就是說，當你有因緣實證這個法，而你在定中或者在夢中看見諸佛說法時，要記得好好去聽，因爲這跟諸位的道業息息相關。如果在會外，這個道理跟他們就不相干；但是你們在同修會裡面斷了三縛結，隨後又明心了，就足夠被授記了。前面《法華經》的經文中，被授記的人是有學跟無學的人都有，對不對？對啊！有學位的人也可以被授記啊！那你斷了三縛結，又明心了，請問你是有學還是無學？是有學嘛！雖然還不到無學的境界，至少在三乘菩提中都能說是有學位的人；對這樣的菩薩，佛在三轉法輪圓滿以後講解《法華》時是要作授記的。因此在那個時候要好好聽受 佛所說的妙法，要生起勝解，把 佛陀所說的詳細理解。萬一記不住，沒有關係，那法已經在你腦海裡了，將來需要的時候你就可以拿出來用。

那麼勝解完了，要記得好好供養；即使是定中夢中的供養，也得要作；因爲 佛會領受你的心意，不是領受你夢中的食物、夢中的衣服。供養完了，得到不退轉智；因爲你有四種陀羅尼，這時你要醒過來之前，佛就會爲你授記。這是可遇不可求的機會，因爲這種機會不多；這時如果被授記了，你得要記住，但是不要輕易講出來；一旦講出來就會有大麻煩，也會障礙道業。定中被授記了自己知道就好，因爲這屬於密授記。被授記以後，你知道未來再經過多少劫、供養奉侍多少佛以後，你就會成佛，佛號叫什麼，有多少弟子等等，你自己知道就好了；如果需要給別人知道，佛自然就會替你講出去。

除此以外，有時你會看見自己住在山林之中；在山林之中，當然是努力修行，不是隱居過著閒雲野鶴的生活；因爲菩薩生來人間，竟然不是出世利樂眾生而住在山中，當然不是爲了生活，而是爲了道業。所以如果進了正覺以前，一天到晚還在講究如何生活，那他進了正覺講堂學法以後就會很辛苦；不是身體苦，而是心裡苦。因爲眼看著那一位也開悟了，這一位也開悟了，看來看去，左鄰右舍都開悟了；再看看前面那位也開悟了，後面那位也開悟了，心想：「**啊！只有我一個人沒悟。**」那會不會很苦？心裡很苦欸！所以進了正覺講堂以後就不講究生活了，就是要努力在道業上面。不但爲這一世，也爲未來的無量世，都得要努力。

因此如果夢見自己住在山林之中，當然不是去摘野果、摘野菜，而是在辦道，都是在修習善法，努力去熏習、修行「**法與次法**」。把法和次法努力學習，目的是要證得實相中更多的種種法。這裡說的「**證諸實相**」，不是要你證得各種實相，而實相只有一種，沒有很多種，不能像某些人依文解義說：

「要證得很多種實相。」沒有啦！實相只有一種。可是一個實相裡面有很多的法，無量無邊；把這一些法都一一加以親證，叫作「證諸實相」。

並且還要深入於禪定中，即使在夢中也能修定，不許說不能；因爲你如果修定慣了，假使你睡到一半，在半夜裡面轉入夢中的時候，你也會是在修定。如果在夢中也修定，定境也會進步。一樣會進步的啊！而且夢中的修定，可能你那個修定的夢才只有十分鐘，但是在夢中那個定境可能已經過完一個大劫，那你的定力增長就會非常的快速。如果夢中那個定只是半天，那你夢中所修得的定力，進步就慢。

所以不要小看那個夢，要看你夢中是在幹什麼；如果夢中也能夠深入禪定，你就會引發意生身，甚至醒來以後，可以進入等持位中，生起意生身去「見十方佛」，這也是一個意外的收穫。而這個意外的收穫是從哪裡來的？是從你受持《法華經》，讀誦《法華經》，爲人演述《法華經》而得來的；可是有個大前提，才能得到這個殊勝境界，就是具足這四種「安樂行」法。一定要遵守這四個「安樂行」法，如實去履踐《法華經》全部所說，才能夠得到這樣的境界。好，今天講到這裡。

我們上週《妙法蓮華經》講完了一百三十五頁第一段，今天要從第二段開始。

經文：【「諸佛身金色，百福相莊嚴，聞法為人說，常有是好夢。又夢作國王，捨宮殿眷屬，及上妙五欲，行詣於道場；在菩提樹下，而處師子座，求道過七日，得諸佛之智；成無上道已，起而轉法輪，為四眾說法，經千萬億劫，說無漏妙法，度無量眾生。後當入涅槃，如煙盡燈滅。若後惡世中，說是第一法，是人得大利，如上諸功德。」】

語譯：【「後末世為人如實講解《妙法蓮華經》，能具足遵守這四種安樂行法的菩薩，他在夢中看見諸佛的色身是紫磨金色，有百福之相作為色身的莊嚴；並且聽聞了佛的說法而能夠憶持不忘，夢醒之後可以為人轉說，這樣的菩薩常常會有這樣的好夢。

而且有時也會夢見自己作國王，捨棄宮殿和世間的眷屬，同時也捨棄當國王時所擁有的最上妙五欲，離開了王宮眷屬走向道場；

坐在菩提樹下的師子座上參究佛法，這樣求道經過七日以後，獲得了諸佛的智慧；

成就了無上的佛道以後，離開師子座而爲眾生轉法輪，因此爲四眾開始說法，經歷了千萬億劫，始終演說無漏的最勝妙法，度化了無量眾生。

然後將會夢見自己入涅槃，就像煙盡燈滅一般。

如果在後末世惡法之中，爲人如實演說這個第一無上之法，這個人將會獲得很大的利益，具有如上所說的各種功德。」】

講義：「諸佛身金色，百福相莊嚴，聞法爲人說，常有是好夢。」在〈安樂行品〉的最後，佛說，後末世爲大眾演說《妙法蓮華經》的人，遵守了〈安樂行品〉這四個「安樂行」法來弘法，最後會有什麼樣的好相或者妙境出現。佛的重頌在最後這一段是作總結，也就是說：菩薩爲人如實演講《法華經》時，應該依照〈安樂行品〉來受持，不可以自己隨意杜撰，也不該強不知以爲知，然後講一些大眾只能想像而無法理解的名言，最後連他自己都覺得不能理解，這樣講出來的就不合「安樂行」法了。不可以在演講《法華經》時用解脫道的法義來解釋，也不可以用二乘法來取代《法華經》所說的「此經」

——如來藏，更不可以讚歎二乘之道。能夠這樣子演講《法華經》，即使他破邪顯正的時候，也不會自吹自擂、自讚毀他；如果自吹自擂，用來自讚毀他，就不符合「安樂行」。

並且要具有「大慈心」，對於菩薩種姓者願意加以幫助，讓他們瞭解《妙法蓮華經》的眞實義；對於那一些沒有因緣可以實證大乘菩提的聲聞種姓或者凡夫，以及對於那些還沒辦法領受《法華經》的眞實義，或者連聽聞的因緣都還沒有的人，也願意對他們生起「大悲心」，設法憐憫他們、幫助他們，至少可以在二乘法中有所理解，不至於誤會解脫道。爲人如實演說《法華經》的菩薩，還得要有這樣的大悲心。像這樣子行於安樂法的人，有一個基礎，就是先要具備「法親近處」、「眾生親近處」；法親近處就是在實相之法有所實證，如果在實相法上有所實證，他在二乘菩提中自然也能有所實證，以這個作爲第一個親近處——第一個基礎。然後還要有第二個基礎，就是瞭解應該如何善待眾生；對於眾生不要有排斥或者是貪取之心，平等觀待而攝受、親近一切有情。以這兩個親近處作爲基礎，來實行其他三個安樂行法。那麼這樣的菩薩，後末世中即使是五濁具足時，一樣可以爲人安樂地演述《法華經》。

像這樣為人演述《法華經》的時候，他常常會夢見一個好夢，就是夢見了諸佛；所夢見的諸佛，不管是在哪個時候夢見了哪一尊佛，色身都是紫磨金色，而且所夢見的每一尊佛都具有百福之相。具有百福之相的佛，不是常常可以夢見的；因為這表示他所夢見的不是化身佛，所以有百福之相來作莊嚴。不但如此，也會聽聞他所夢見的諸佛，也許前幾年夢見某一尊佛，過幾年又夢見另一尊佛，同樣都是為他說法；或者為他一個人，或者為眾人而說，而他也在座，所以總是能夠聽聞佛法。聽聞到佛法之後，因為有了勝解，所以他醒來以後，知道那是什麼法；因此醒來之後，他可以為人解說，這就是「聞法為人說」。像這樣具足〈安樂行品〉所說四種「安樂行」法來為人演述《法華經》的菩薩，常常會有這樣的好夢。

「又夢作國王，捨宮殿眷屬，及上妙五欲，行詣於道場：在菩提樹下，而處師子座，求道過七日，得諸佛之智；成無上道已，起而轉法輪，為四眾說法，經千萬億劫，說無漏妙法，度無量眾生。後當入涅槃，如煙盡燈滅。」

有時又會夢見，自己當上了國王。夢見自己當國王時，一定會有宮殿，也有許多的眷屬；他在王宮中所領受的五欲，當然是人間最勝妙的，然而他能夠捨離，因爲他是菩薩。若是單單說四個字「**上妙五欲**」，諸位也許很難想像、很難如實理解；上妙的五欲，從實際上去體驗以及只是想像之間，或者沒有去思惟想像，單單是讀過所瞭解的，互相之間是差很多的。人間的五欲，色聲香味觸，誰沒有領受過？哪一天沒有領受？大家都有啊！每天都是不離五塵。如果要說財色名食睡等五欲，在人間大家也都有；那爲什麼要叫作「上妙」？

例如我們在人間，如果一襲衣服，是以絲綢織成，請工夫很好的師父來縫製，穿起來都沒有感覺到有縫，就好像天衣無縫——天衣是不用縫的，那我們就覺得說：「**哇！這樣的衣服很貴呢！這件衣服我也花了一、兩萬塊錢呢。**」這就算很貴了。可是你如果現在去精品店看的話，一套西裝要價四十萬、五十萬、六十萬元，還算是普通的，不算最貴的。我年輕時，三十來歲在台北奮鬥，都要穿得人模人樣才好作事；那時我所穿過最貴的西裝布料兩萬多元，師傅的工錢還不到兩萬元。那時是在延平北路做的，當時延平北路的西裝店很多；這樣算一算，兩萬多元的布料加上將近兩萬元的工錢，總共不到五萬元，在那時已經算是很貴了；那時好的布料是英國的毛料，可是你現在上精品店看看，那一些很有錢的人，四、五十萬元一套的西裝，他們還看不上眼。

這樣說，諸位也許還沒有想到說「**這有什麼上妙的**」，有時一件衣服價值百千兩金，那你換算一下到底應該是多少錢？且不說現在一千八百多塊美元一盎司的黃金，就說以前一半的價錢就好，到底那一件衣服是多少錢？又例如吃得很好，以前中國有一個富人叫作石崇，他吃飯很會作文章，他吃的飯叫作「金包銀」，爲什麼呢？因爲他的廚師把白飯煮好之後（以前沒有白米，古人都吃糙米；白米可得要精工細雕一般慢慢去舂，才會有白米。現在叫作精碾的白米，大家都已經吃習慣了。以前富人才吃得起白米，普通人都是吃糙米），他每餐都要吃白米，廚師拿了蛋來，把蛋白去掉，剩下蛋黃，白米飯煮好以後要用蛋黃拌一拌，然後再去炒。所以他吃飯時，每一粒米飯一咬開，外面是金黃色的，裡面是白色的，這叫作「金包銀」。

這些吃的講究，我還懂一些，只是沒興趣。例如一盤菜，只是小小的一盤，得要花上好幾兩銀子，因爲他是用雀舌去炒出來的。只用麻雀的舌頭做菜，每一隻麻雀只有一根舌頭，而且都很小；想要炒成一盤，那是要用多少隻麻雀？諸位想一想，這麼一小撮，就是幾十隻麻雀的生命；要炒成一盤菜，像那樣一盤得要花多少銀子？人家的生活就是這麼過啊！他們認爲這樣才叫作過生活。古時候官場有一句話說：「爲官三代方知穿衣吃飯。」作官要富有，就得三代貪污累積下來，到了第三代時才懂得什麼叫作過生活。那你想，人家那種生活是什麼生活？咱們都沒得比。

可是那樣的生活，都還不如帝王；你們看滿清皇朝，一大桌的膳食，皇帝一次只不過用個三、四盤菜；廚師根本不知道他會吃哪一盤，想要下毒也無從下起，就是這樣子啊！而且不論哪一盤，皇帝要吃之前，都先撥一口給太監嚐一嚐，當太監說：「沒事，皇上可以用了。」然後他才食用。那你想，他們的五欲是怎麼樣享受的？這就是國王。可是轉輪聖王就沒有這些享受了，他不會用心來享受這一些。國王的五欲是人間最上妙，因爲下屬縱使很有錢，所享受的五欲也不可以超越國王，否則就是犯上。中國古時候那個最有錢的石崇，富可敵國，他比國王還有錢；但也就因此成爲犯上，後來就被國王殺了。國王要殺人還不簡單？隨便找個藉口就把他殺了，財產全部籍沒。

「籍沒」聽懂嗎？「造典籍、列冊、沒收」這叫作籍沒。那籍沒的典籍都要呈給皇帝看，記載所沒收的黃金多少、白銀多少、其他財產多少、妻一名、妾幾名、妃幾名。所以有錢人太過享受超過皇帝，那可不行，傳聞開來以後，皇帝就找個理由把他抄家，全部籍沒。所以國王的五欲是人間最勝妙的，即使是宰相、丞相，都要注意，要小心而不能超過；若是超過了，皇帝沒有處置他，下一個繼承上來的皇帝也會處置他，和珅就是這樣被處置的。其實和珅應該知道自己會有那個下場，是因爲乾隆需要這個佞臣，所以他貪汙就由著他貪，等於是讓他替皇帝的兒子保管那一些錢財，沒有人敢動他；所以乾隆才剛死了，嘉慶一即位，馬上就抄了和珅的家；是因爲他太富有，超過國家，已不是富可敵國，而是富超全國。所以說，國王的五欲是人間最上妙的，咱們很難想像他們怎麼享受；如果等而下之，什麼酒池肉林，那已經是不堪入目了，不足道哉，所以說國王的五欲是最上妙的。

如果你是依據這個〈安樂行品〉，具足這四法去行，後末世爲人講《法華經》，如理作意而不杜撰，你將會夢見自己當國王，雖然有宮殿、有眷屬，也有上妙五欲，卻全部捨棄了。捨棄後當然不是去當乞丐，而是去當「乞法」

——乞求正法，所以「行詣於道場」，離開王宮走向一個應該要去的地方，在那邊有一棵覺悟之樹，就在那個樹下坐下來參究。關於菩提樹，我們這個年代說這一種樹叫作菩提樹，並不是因為坐在這一棵樹下可以證菩提，而是因為 佛坐在這一種樹下證悟菩提，所以大眾改稱它為菩提樹。所以將來 彌勒菩薩成佛時，他坐在某一棵樹下參禪證道以後，他身後的那一棵樹不一定是現在這棵樹的模樣，也許是另外一種樹，就稱為菩提樹。

將來你在一生補處時下生人間，出家後參禪時，也許你覺得這棵樹有大蔭，可以擋住太陽好參禪，那你就坐下來，在那棵樹下證道成佛，那棵樹就會被大眾叫作菩提樹。菩提名之為覺悟，「菩提樹」就表示那是有佛覺悟之樹。並不是那一棵樹可以使人覺悟，而是因為諸佛在那棵樹下坐，所以那個種類的樹以後就被稱為菩提樹。但是諸位未來世成佛的時候，坐在哪一種樹下參禪成佛，就得看因緣。總之不會是稀稀疏疏擋不住陽光的，但若是在寒冷的地方，你可能選擇一棵沒什麼樹葉的樹旁坐下來參究，成佛以後那棵樹也會被稱為菩提樹；但是通常不會在寒冷的地方成佛，而是會選在不很冷的地方來成佛，才方便捨棄一切成立僧團。

那麼坐在菩提樹下「而處師子座」，「處師子座」可不是要抓一隻獅子來，叫牠乖乖坐著，讓你坐在牠背上；而是說諸佛是萬法中的獅王，所以當你成爲妙覺菩薩來到人間要示現成佛的時候，不管你坐的那個地方，也許是一顆石頭或者一堆草，不管它是什麼，只要你坐在那裡參禪成佛，那就是「師子座」。成佛之後有莊嚴報身，也有化身佛，那麼應身佛就隨順眾生的因緣示現，跟眾生看來是一模一樣的，也一樣要吃喝拉撒。可是這「師子座」，從聲聞人來看，那「師子座」是以草木爲座；如果是諸地菩薩所見的報身佛，那就是金玉爲座，這是不一樣的。但在人間成佛時就是得隨順人間的因緣，不管祂坐的是什麼，都叫作「師子座」；所以當年 釋迦如來坐的是牧人供養的一大把細草，就坐在那一把柔軟的細草上面參究成佛，那就是應身 釋迦如來的「師子座」。

「求道過七日」，這不像 釋迦如來那麼辛苦啊！因爲 釋迦如來是悲願特深，所以在人壽百歲時來示現成佛；大部分佛陀在人間示現，很少是百歲時來示現的，因爲這是最難度的眾生：具足五濁。通常是一千歲、兩千歲、五千歲或者一萬歲乃至八萬四千歲時來人間成佛，那時只要出家參禪七天就行了。可是在這個五濁惡世中成佛，必須要作到讓人家信服說：「**像這樣的難行也作得到，我們眞的沒辦法，所以祂眞的是佛陀。**」都是因爲眾生的五根不具足，五力還沒有發起，只好這樣示現。釋迦如來六年苦行，每天只吃一麻一麥；甚至於有一天出定時，發覺頭上竟然有鳥巢；因爲他那一次入定時間太久，母鳥以爲那是個木頭雕成的人形，就在祂的頭上築了巢；後來出定時發覺頭上鳥巢中還有幼鳥，心想：「**壞了！如果我這一動，那母鳥會害怕而不敢再來，小鳥就得餓死。**」於是又重新入定很久，等到幼鳥長大會飛了，然後才出定。

所以六年苦行到最後的結果，就是前胸貼後背，都沒有肌肉了，只剩下皮膚貼著骨架，顯示出一條條的筋與血管。後來又再示現說：苦行不能使人成佛，因爲成佛不是靠苦行能夠成就的，而是要靠智慧來成佛；所以改修不苦不樂的中道行，就去河邊沐浴淨身，然後接受牧牛女的乳糜供養，也就是摻了牛乳煮的粥；再接受牧童供養的一大把細草，然後走到菩提樹下坐下來參究，終於夜半明心出現大圓鏡智，天亮之前又眼見佛性發起成所作智而成佛。有這樣難行能行的過程，眾生也就信受了：「**人家經過六年苦行呢！我們都作不到。可是祂後來放棄苦行參禪，發起智慧就成佛了。」於是大家就相信了，佛法才能弘揚起來，才能廣利眾生。

若是在人壽五百歲、一千歲、兩千歲時來人間成佛，就用不著這麼辛苦了；因為那時的人們若是能夠活到五百歲、一千歲，一生所學到的教訓已經夠多了，有世間智慧來判斷那尊佛是不是真正的佛陀，所以原本不信佛的人，最後也信佛了。因此，那時成佛的菩薩，在菩提樹下「坐道場」七天就夠了，就可以示現成佛「得諸佛之智」。但是得要記住前提：這是演講《法華經》的菩薩在夢中的事情喔！是在夢中求道過七天以後成佛。這是說，在夢中先當國王當了很多年，然後夢中出家過七天成佛，成就無上道之後，起身為眾生宣演無上之道，也就是運轉三乘菩提法輪；這時就是「為四眾說法」；這樣說法經過了千萬億劫，度了無量眾生，因為祂演說了無量無邊的無漏妙法。接著就會示現入涅槃，入涅槃時所示現的五蘊猶「如煙盡燈滅」一樣。

諸位也許會想：「這是在說夢話吧，一場夢才多久的時間，哪能夢見這麼久、這麼多的事？」不知諸位有沒有讀過一篇文章〈南柯一夢〉？或者讀過〈黃粱夢〉的事？對呀！有個人進京趕考時因爲遇到下大雨，住在旅店裡面；既不能上路行走，只好在旅店中借枕休息，看著人家正在煮黃粱，不知不覺間睡著了；然後夢見自己娶妻、進京趕考中了進士；這是讀書人最重要的事，考上進士了！又作官很久步步高升直到宰相，最後告老還鄉；突然間醒過來時，看見自己身在旅店中，黃粱都還沒有煮熟。在夢中已經過完一生了，黃粱竟然還沒有煮熟，這才知道：「唉呀！剛才只是一場夢。」可是夢中那一生的過程細節都沒有錯過啊！

他在夢中一生的每一個過程細節都不曾錯過：在夢中進京趕考，在夢中高中進士，歡天喜地，鞭炮震天價響，一大隊人馬報喜訊；前一年迎娶了崔姓女子……等，一生中的每一個細節都沒有錯過；該享受的也都享受了，從年輕到老也都演變完了，結果醒過來時自己一點都沒老，依舊住在旅店中等著進京趕考。所以，時間到底是怎麼說的？時間只是依你的精神狀態而施設出來的一個名詞而已；時間跟你不相應，時間其實只是「行」的過程而已，在「行」中顯示出來給你看，所以時間並沒有實質的存在。至於那個過程的時間到底是長或著是短？都依你當時所處的精神狀態而言。

所以在夢中夢見當國王、捨宮殿、眷屬等，然後成佛轉法輪、入涅槃，也不過就是一場夢，可是每一個細節你都沒有錯過。在你這一場成佛大夢中，就有許多有緣的眾生在夢中被你度了，有的人成爲阿羅漢，有的人入地等等。你不要以爲說：「**老師！您今天是不是在講夢話？**」不，不是夢話，因爲如來藏的功能差別，你並不瞭解啊！所以有時你在夢中度了人，但你自己都沒有警覺，因爲你可能醒過來時全都忘記了。弘法對你而言是日常的事情，是平常事，你不會去記憶它；有時有些眾生入夢來被你度了，而長劫與短劫是有差別的，但你並不知道。例如極樂世界一天，所經過的時間相當我們這裡一個大劫，也許你在夢中去到極樂世界某一個菩薩的夢裡面，聽聞他一場說法；然後你醒過來，如果這不是尿床夢，那你會瞭解那位菩薩所說的法是什麼義理，你當時有了勝解。醒來以後也許你沒有具足記憶，但是當你以後遇到某一個場合，需要把那個法演說出來的時候，你就能夠直接講出來。

所以度人的事不能只限定在你清醒位中，你的證量越高，這種狀況就會越多；在夢中度人，那是法界中的規矩，不是同修會的規矩啊！所以我們親教師如果在夢中爲人家引導印證，我都管不著；因爲這是法界的規矩，是如來藏種子界裡的規矩，不是同修會所能管制的。所以假使誰夢見哪位親教師幫他引導，說他開悟了，我一句話都不敢吭，因爲這不是我們管得著的事。不但我們管不著，諸佛菩薩也管不著；因爲這是如來藏法界的事情，誰都管不著。所以當你作這種夢以後，你第一個要作的事，就是醒來之後確定一下：這是不是尿床夢？怎麼樣確定？如果是尿床夢，會跟你膀胱急有關；而且是跳躍式的，沒有邏輯性的，那就是尿床夢。如果它是有邏輯性的，一環扣一環，完全順著世間邏輯在進行的，那就不是尿床夢。如果有機會作這樣的成佛轉法輪之夢，應該要很歡喜；盥洗好了以後，先上香禮佛，然後看是碧螺春或鐵觀音，以茶代酒，先浮三大白，慶賀一下再說，因爲你度了很多眾生。

長劫入於短劫，短劫入於長劫，是有事上與理上的差別；所以當你爲人如實演說《法華經》以後而作了這個夢，跟黃粱一夢完全不一樣，因爲黃粱一夢只是世俗法中的一場妄想；如果你具足了這四個「安樂行」法，也特別具足了那兩個「親近處」，使你能夠在末法時代，如實而圓滿的演述《法華經》時，那麼你作這個夢，它就是如理作意的，完全符合邏輯去完成這個過程，就表示你那個晚上，在那短短的一場夢中，已經度了不少眾生了。

那麼最後說到這個「後當入涅槃，如煙盡燈滅」，就會有很多人誤會了說：「在夢中，最後夢見自己將會入涅槃，入涅槃以後就是什麼都沒有了。」那豈不跟斷見外道一樣了嗎？這個「如煙盡燈滅」，講的其實只是夢中的五蘊如同「煙盡燈滅」，可是如來藏還是眞實存在。假使是眞實的成佛，就會具足三種意生身，應身佛示現入滅以後，莊嚴報身都仍然存在色究竟天宮中，繼續爲諸地菩薩們演說一切種智。所以「煙盡燈滅」前面說「如」，是好像「煙盡燈滅」而不是眞的「煙盡燈滅」；只是應化身在人間示現入涅槃，成爲碎身舍利，但實際上並不是斷滅空。

「**若後惡世中，說是第一法，是人得大利，如上諸功德。**」最後說，如果在末法時代，特別是到了最後即將法滅的惡世之中，也能夠這樣爲人演述《妙法蓮華經》——演說這部無上第一的「此經」如來藏，這個人所獲得的偉大利益，就如同這一品〈安樂行品〉中所說的具足各種功德。世尊這樣子告訴我們：想要提昇證量，想要快速攝取廣大佛土，就要發願未來世一定要爲人如實演講《法華經》：「**這一世作不到，沒關係！我又不是發願這一世要講，我發願未來世沒有人能如實演講時，我就出世爲大眾如實演講此經，**

那我就往這個目標努力前進。」

當這個大願發起了之後，一世又一世去努力修行，最後總是有機會讓你可以出世爲人演述《法華經》的。只要能夠依照經中說的這四種「安樂行」法來爲人演述，就會得到這一品中所說的各種大利益。所以，聽到這裡，就要記住〈安樂行品〉這四個「安樂行」法，同時也要發願「**將來要爲人如實演講《法華經》**」。不要以爲說：「**發了這個願，只是發著玩的。**」因爲諸位已經被授記將來 彌勒菩薩來人間成佛時，都是要當阿羅漢的人。當阿羅漢以後接著聽聞 彌勒佛講解般若，也在 彌勒佛的教外別傳之下證得「此經」如來藏了；當《般若經》講完時，彌勒佛又講了《解深密經》或者《楞伽經》，你們就可以入地了，所以不要小看自己喲！

對會外那些人來講，我今天說的這些都跟他們不相干；可是對諸位來講，這可是息息相關的，因爲已經可以預見哪！只要你實證了，是眞實義的菩薩了，那麼在未來世，這就是必然會實現的事。你所要作的就是努力去把自己應該具備的條件加以圓滿，只要條件圓滿了，那麼 彌勒菩薩來人間成佛而示現入涅槃以後，這就是你可以作、也應該作的事，就是如實爲人宣演

《法華經》。所以今天講經完了，諸位得找機會在　佛前發願。接下來要講第十五品〈從地踊出品〉：

《妙法蓮華經》

〈從地踊出品〉第十五

經文：【爾時他方國土諸來菩薩摩訶薩，過八恆河沙數，於大眾中起，合掌作禮而白佛言：「世尊！若聽我等於佛滅後，在此娑婆世界懃加精進，護持、讀誦、書寫、供養是經典者，當於此土而廣說之。」爾時佛告諸菩薩摩訶薩眾：「止！善男子！不須汝等護持此經。所以者何？我娑婆世界自有六萬恆河沙等菩薩摩訶薩，一一菩薩各有六萬恆河沙眷屬，是諸人等，能於我滅後，護持、讀誦、廣說此經。」】

語譯：【世尊讚歎〈安樂行品〉四法之後，有從不同方向的他方國土前來的許多菩薩摩訶薩們，超過八個恆河沙的數目，這時都在大眾中站起身來，大家合掌向佛陀禮拜問訊而稟白說：「世尊！如果您允許我們在佛陀入滅後，就在這個娑婆世界裡面，殷懃努力精進修行，護持、讀誦、書寫、供養這部《法華經》的話，我們將會在這個娑婆世界中，為人廣說這一部《妙法蓮華經》。」這時佛陀告訴這些超過八恆河沙數的菩薩摩訶薩們說：「不要再說了！善男子啊！不需要你們來護持這一部經典。這是什麼緣故呢？因為我娑婆世界中早已有了六萬恆河沙數的菩薩摩訶薩，這些菩薩的每一位都各有六萬恆河沙數的眷屬，這些菩薩們都能夠在我滅度以後，繼續護持、讀誦、廣說這部《法華經》。」】

講義：前面說那一些被授記的弟子們，一個又一個都說要在他方世界廣說此《法華經》，全都不敢承諾要留在娑婆世界中為人如實演說《法華經》，直到最後才有菩薩說：「**我發願，未來末法之世願意在這裡為人如實廣說《法華經》**。」可見留在此土如實演述《法華經》是不容易的，這是因為如果還沒有如實了知其中的義理，在佛法證量上的深度與廣度都不夠——當函蓋面都不夠的時候，這部《法華經》是很難如實演講的。所以大部分的大師們，他們講《法華》都是兩天、三天就全部講完了，而且不是整天講，只是每天講一個下午或者一個早上，或者每天只講一個晚上，就這樣在兩、三天裡全部講完了。人家 文殊菩薩是講多久呢？且不說 文殊菩薩，單說我們的證量這麼淺，每週二的晚上講二小時，也講了幾年？兩年。可是佛教界能有多少人像我們這樣如實演講？都沒辦法講。「沒辦法講」的意思，不是說他們「沒辦法」像我們這樣如實去演說；而是說他們在依文解義的時候，都會自己在心裡面掙扎矛盾、無法自圓其說，問題是在這裡。

那些菩薩們當然知道，在這個娑婆世界要如實演講這部《法華經》，很難得有人信受的，所以各人都發願將來要在他方世界演講這部經，只有一小部分人在 佛陀面前說「願意在這世界講《法華經》」。那麼他方國土來的這些菩薩摩訶薩，人數超過八恆河沙數，數目算是很多了；他們一起站起身來，向 世尊合掌禮拜，然後稟白說：「世尊！如果您允許我們在佛陀您滅度以後，留在這個娑婆世界努力精進，護持、讀誦、書寫、供養這部《法華經》，我們就發願不回原來的世界去，就留在這裡努力為人如實演講《法華經》。」這個願發得也夠雄猛了吧？竟然不回去原來的世界了，只因為聽聞 世尊講《法華經》，獲得太大的利益了，感恩戴德。

這才是眞的菩薩摩訶薩！眞正的菩薩摩訶薩都是感恩戴德的，沒有人是忘恩負義的；只要是忘恩負義的人，即使善知識幫忙證悟了，將來還是不免要退轉，因爲造下了欺師滅祖的惡業以後會下墮三惡道中，一切所證都會喪失。這些菩薩們全都感恩戴德，所以聽到 佛陀這麼咐囑，就發願不回去了：「我們要留在娑婆世界，努力爲人講這部經典。」沒想到 佛陀竟然說：「別說了！善男子！」竟然訓示說：「你們這些菩薩們不必再講了！停下來吧！」當超過八恆河沙數的菩薩們，大家異口同聲都這樣講的時候，那是很宏亮的；佛陀卻說：「停止啊！不必再講了，善男子！」

這些善男子們，也眞的是善男子，發了這樣的大願，不回去原來的世界去了，願意留下來爲人如實演講 世尊的《法華經》了，當然是眞正的善男子。佛陀就說：「善男子！我不需要你們留下來護持此經，爲什麼不需要你們護持呢？因爲我娑婆世界早就有六萬恆河沙數的菩薩摩訶薩，在未來可以爲人如實演講這部經典。」他們才超過八恆河沙數，只是超過「八」而已，現在 世尊說的是「六萬」恆河沙數的菩薩們，你們看，這相差幾倍？要怎麼想像 世尊去度化這麼多的、達到六萬恆河沙數證得無生法忍的菩薩摩訶薩們？他們不是像我們這種人類之身。而這六萬恆河沙數的大菩薩們，每一位菩薩座下又各有六萬恆河沙數的眷屬，那你想想看，到底有多少人？

所以，如果是眞正知道佛法的人，其實在他心中會覺得沒什麼值得自豪的。例如我們爲了向佛教界宣示：我們說的佛法是絕對正確的，所以我們在傳單裡面說明，我們這一群人在佛學、在喇嘛學（我們新創立了「喇嘛學」名稱）的研究上面舉世無雙，是全球第一品牌。這是因爲對世間人，我們得要這樣作，而我們說的並沒有絲毫超過；確實是整個地球上面，還有哪一個宗教、哪一個道場對佛學、對喇嘛學的研究，像我們這麼透徹的？連達賴喇嘛自己都沒有我們透徹。那我們就這樣宣示出去，眾生才會相信我們所說；相信了以後就不會被喇嘛所害，這也是度眾生的權巧方便。

我們如此大言不慚地宣示出去，可是我們心中有沒有一點點傲慢？完全沒有。因爲我們所有人都知道，跟諸佛的實證或是跟諸佛所度的非人間眾生來比，我們根本微不足道。我們度一個人，勝過那些大山頭度一百萬人；因爲那一百萬人都是凡夫，而我們度的人是眞實開悟者，因此只要度一個開悟的人就抵過他們度一百萬個凡夫；可是我們心中不曾有過慢心出現，因爲我們一想到 佛陀是怎麼度眾生的，想到 文殊菩薩等大菩薩們是如何度眾生的，我們心裡面就什麼都不敢想了，想都不敢想，因爲不能相提並論。想想看，我們現在會裡證悟的菩薩摩訶薩，才不過四百多人（編案：這是二〇一一年八月三十日所說），加上斷三縛結的菩薩當然是更多，但是又能怎麼跟　世尊所度的這六萬恆河沙數來相比？眞的沒辦法相比。

這樣回頭來檢視自己時，就沒有什麼慢心可說。打從出來弘法以來直到現在，我都不曾自豪說：「我多麼厲害！我度了多少人開悟。」從來沒有。我都還覺得不夠，還希望度更多一點。可是我卻又同時害怕佛法密意廣爲洩漏，於是一方面希望水量進多一點，一方面又要加上更細密的濾網；在人間度眾生時，難就難在這裡。可是你看　世尊輕輕鬆鬆說：「用不著你們啦！我另有六萬個恆河沙數的菩薩摩訶薩，他們每一個人又有六萬恆河沙數的眷屬，」那到底是多少萬個恆河沙數？「他們都會在我釋迦如來滅度之後，繼續在這個世界來護持此經、讀誦此經、廣說此經。」那諸位想想看，咱們同修會弘法二十年來現在這樣的成績，自有中國佛教史以來，還沒有這麼輝煌過；這不能跟西天比喔，因爲西天要從　世尊那個時候推算，那麼　世尊那時候證悟的菩薩可多了。所以我們說的是，打從投生到中國以來直到現在，中國佛教史中度化眾生人數最多的記錄，雪峰義存不過一百五十幾個人；其次是大慧宗杲，也不過一百來人，但不是他不努力度人，而是因為被秦檜壓制著，被宋高宗壓制著，但仍然不顧生命危險，還是要度人開悟。當時秦檜當然知道，但不敢殺，宋高宗也不敢殺他；到最後國勢衰微，才聽從另一個宰相的建議，把大慧宗杲放回江浙。

所以，以現在度人的成績來講，我們是中國佛教史上度人最多的，這真是佛教在實質上的復興。可是先不要自豪，你們看 佛說的是六萬恆河沙數，不只是六萬人開悟，而是六萬個恆河沙數。單單一條恆河的沙，你都數不完；且不要說恆河沙，白沙灣那些沙是那麼粗，數都數不完；佛說的卻是六萬恆河沙數欸！你們再想想，他們每一位菩薩座下又都各有六萬個恆河沙數的眷屬，那總數到底是多少菩薩？他們都會來護持《法華經》，也都會為人如實演述；並且都不是略說兩三天就講完了，而是要像我們這樣廣說。那你想，我們正覺同修會目前這樣的成績，有什麼值得自豪的？喔！所以你如果真的瞭解了，慢心化為烏有，一點點的慢都不會存在啊！當慢不存在了，是不是就要退縮回去？就說：「唉！我什麼都不行！」不！反而要更努力去作，該作的就去作，只是不起慢心而已，因為應該要見賢思齊啊！這就是我們要作的：我們要建立的正確心態。那麼 世尊這樣講完了，有沒有憑據呢？接著再看下一段：

經文：【佛說是時，娑婆世界三千大千國土地皆震裂，而於其中，有無量千萬億菩薩摩訶薩同時踊出；是諸菩薩，身皆金色，三十二相，無量光明，先盡在此娑婆世界之下此界虛空中住。是諸菩薩，聞釋迦牟尼佛所說音聲，從下發來；一一菩薩皆是大眾唱導之首，各將六萬恆河沙眷屬；況將五萬、四萬、三萬、二萬、一萬恆河沙等眷屬者；況復乃至一恆河沙、半恆河沙、四分之一，乃至千萬億那由他分之一；況復千萬億那由他眷屬，況復億萬眷屬，況復千萬、百萬乃至一萬，況復一千、一百乃至一十，況復將五、四、三、二、一弟子者，況復單己，樂遠離行。如是等比、無量無邊，算數譬喻所不能知。】

語譯：【世尊此話剛說完，娑婆世界三千大千國土大地就震裂了，在其中有無量千萬億的菩薩摩訶薩同時從地踊出；這些菩薩們色身都是金色的，也都有三十二種大人相，各個都放出無量光明，他們是以前全部都在這個娑婆世界之下的虛空中安住。這些菩薩們聽聞釋迦牟尼佛所說「有這些菩薩們會來護持、讀誦、廣說此經」的聲音之後，就從地下的虛空中出發而來；這些菩薩們每一位都是大眾之中「唱導之首」，各人都攜帶著六萬恆河沙眷屬而來；也有菩薩攜帶著五萬、四萬、三萬、二萬、一萬恆河沙眷屬的；其中也有人只有一恆河沙或者半恆河沙、四分之一恆河沙的眷屬，有的菩薩則是只有千萬億那由他分之一恆河沙的眷屬；或者只有千萬億那由他的眷屬，或者是只有億萬眷屬，甚至有的菩薩只有一千萬眷屬、一百萬眷屬乃至一萬眷屬；也有的菩薩只有一千個眷屬、一百或者十個人為眷屬；也有菩薩們只攜帶五個眷屬、四個眷屬、三個眷屬、二個眷屬、一個眷屬而來，甚至也有菩薩樂於修遠離行，所以不攝受眷屬，因此只有一個人單身而來。像這樣「等比」的菩薩們，其數無量無邊，算數譬喻都沒有辦法來計算，所以無法了知到底是多少菩薩。】

講義：好啦！也許有人聽到這裡就說：「**奇怪！連大地都震裂，可是當時歷史上也沒有記載什麼大地震裂啊！**」因為這個娑婆世界不是指地球嘛！一個娑婆世界就等於一個銀河系，就是一個星雲漩系。一個星雲漩系，若是從側面來看，就像是一條亮亮的帶子，所以我們看見自己的星雲漩系時，就說是銀河系。那麼一個星雲漩系，以娑婆世界來講，有四大部洲，就是有四個漩系好像四隻曲曲的手臂一樣。這就是一個娑婆世界，是一個具有三個千的大千世界。

所謂的震裂，只是有一些空隙出現，而這個娑婆世界從一定的方向來看的時候，就說這邊是上方，這邊是下方；而這些菩薩們是在下方的虛空中安住，不是指這個地球地面的下方虛空。這地面下方哪有虛空？只有岩漿，哪來的虛空？（大眾笑…）明明說是娑婆世界這個三千大千世界，不是講這個地球，有什麼好質疑的？而這個地球只是三千大千世界中一個小世界裡的一個星球，我們這個太陽系只是一個小世界；這樣的小世界一千個，就稱為小千世界；一千個小千世界，才稱為中千世界；再往上增加，一千個中千世界才能成為一個大千世界。也就是說一個大千世界，才是一個娑婆世界。這樣就有三個千：一千個小千世界是中千，再一千個中千就成為大千，而大千就是一個千，所以三個千的大千世界，總而言之就是一千個中千世界合起來的大千世界。

想不通喔？小世界有一千個，這不就是小「千」了嗎？一千個小千世界合稱為中千世界，中千就是第二個「千」，這樣不是兩個「千」了嗎？這中千世界有一千個，成為大千世界，大千不是又一個「千」了嗎？那不就有三個「千」了嗎？這樣就有小千、中千、大千世界等三個千了，所以三千大千世界，就是三種千的一個大千世界，總而言之就是合一千個中千世界所成的大千世界。

那我們這個太陽系只是一個小世界，我們人類發射的探索者號太空探測器，一秒鐘前進好幾公里，像這樣的速度想要離開太陽系，都已經跑好幾年了，已經七、八年了還沒離開太陽系。一個小世界就有這麼大的空間，那麼三個千的大千世界究竟有多大？它在哪個地方裂開了，以人類的肉眼還能看得見嗎？（大眾笑…）那是菩薩摩訶薩們在 佛陀神力加持下所看見的，所以不要當作世人的所見，就說：「唉呀！這大地也沒有裂開。」我們這地球不過是小千世界中的一個小太陽系中的一個小星球而已。

這時三千大千世界有許多地方裂開了，於是有好多菩薩摩訶薩們，從娑婆世界下方的虛空中，同時踊了出來，就是「從地踊出」，所以這一品就叫作〈從地踊出品〉。這些菩薩們從下方踊了出來，是因爲聽到 佛陀這麼說：「**我娑婆世界自有六萬恆河沙等菩薩摩訶薩，一一菩薩各有六萬恆河沙眷屬，是諸人等，能於我滅後，護持、讀誦、廣說此經。**」其實他們在三千大千世界這個星雲漩系的下方虛空中，早就在聽著 佛陀演說《法華經》，只是還不到他們出現的時候，他們都知道：「**現在我們還不該出現。**」什麼時候自己該出現？什麼時候自己該說什麼話、該作什麼事？菩薩們都應該先看時節因緣，不懂得時節因緣，就沒有資格在說法的大會中開口，因爲還沒有資格當聖位的菩薩摩訶薩。

所以聽 世尊說法的時候，不能隨便開口的；否則才一開口，每一位菩薩摩訶薩管保都會看他，因爲他太唐突了。當這些下方虛空中的菩薩們，聽到 世尊說完這段話，知道 世尊已經在說我們了，這時是我們該出現的時候了，於是一起「**從地踊出**」。這些菩薩們是住在這個娑婆世界的下方虛空，那麼請問，他們是依地面而住的菩薩嗎？當然不是啊！這些菩薩們的證量難可思議啊！如果信心不夠的人聽到這裡，就會說：「**這些全都是神話，都沒有辦法證實嘛！**」但是請問：世尊所說的三乘菩提，我們是不是一一實證了？

是不是？怎麼聲音這麼小？（大眾齊聲說：是！）有實證就說有嘛！

例如以前我們剛開始弘法的時候，我們說「**如來藏可以實證，佛性可以眼見**」，沒有人相信。沒有人相信，是因為幾百年來也沒有看過誰實證，幾百年來有聽誰說過佛性可以眼見的？都沒聽過！好啦！現在出來一個名不見經傳的蕭平實，竟然說如來藏可以實證，竟然還敢說自己的佛性可以在山河大地上看見，其誰能信？所以當年沒有人相信啊！可是經過會裡的同修們一一實證，也經過會內、會外的佛教界人士挑戰、質詢、問難，我們一一解釋清楚，而且我們每年都還有人繼續實證如來藏。

以前沒有人敢說什麼證果的，後來終於有人出來說證果的事了，但最後證明也是錯誤的證果，依舊是因中說果。但是我們《阿含正義》寫出來之後，現在已經有很多人可以自己檢驗：是否確實斷了三縛結。因為依照我在書中的說明，如實去作觀行以後，把五陰十八界的內涵全部弄清楚了，具足觀察全部內涵而沒有遺漏，又一一觀行五陰十八界為虛妄，一一否定以後，知道自己的三縛結確實不存在了。所以現在沒有人敢出來說：證初果是不可能的！現在還有哪個道場敢出來否定？不敢了！現在也沒有人敢說：如來藏是假名施設，不可能實證的。那麼請諸位回溯到我們二十年前那個時候，才一談到開悟明心，大法師就說：「不可能！見性？什麼見性？佛性無形無相，怎麼能看得見？」可是現在佛教界的大眾已經接受了。

這就是說，有很多事情——特別是佛地的境界，不是我們所知道的；且不說我們，連妙覺菩薩都不能完全知道，還覺得自己所知道的太少。例如諸佛都有十個境界，有一次妙覺菩薩提出來請問，佛陀說：「你們聽不懂的。」妙覺菩薩不相信啊！請求一定要爲他解說，於是 佛陀就開始解說；才只說了第一種境界，大家就聽得迷迷糊糊，所以 世尊把第二種境界才剛開始說時，菩薩們就說：「佛陀！您不用再講了，我們眞的都聽不懂。」就好像會外那一些學佛人，他們都不知道諸位證得如來藏時，到底是怎麼回事。同樣，今天我不知道這些「從地踊出」的菩薩們的證量到底是怎麼回事，我也只能夠依我的所知而爲大家說明。那你如果要問我說：「這些六萬恆河沙數菩薩跟他的眷屬們，在娑婆世界下方虛空中，到底是怎麼修道的？」那我只好答你說：「你問我，我問誰？」（大眾笑⋯）

我只好這樣答。因爲現在 佛陀又不在人間，不曉得到哪個星球去示現八相成道啦！我也沒地方可問，而經上也沒有講。所以不能夠因爲我們無法實證它，就直接推翻它；因爲我們無法實證的，不代表它不存在。所以我們還是要相信 世尊這樣的說法，並且將來可能有一天諸位也曾去住在那裡，因爲那裡也沒什麼不好：壽命無量，光明無量，具足三十二種大人相，不必發愁一天要吃三餐的事，有什麼不好？你想求還求不到呢，想去都還去不了呢，因爲這得要有那個大福德。

那麼這一些大菩薩們，這時聽到 佛陀說到他們了，知道「這時候該我們來爲釋迦如來證實：確實有這一件事情」。也許諸位想說，釋迦如來說話還得要他們來證明？要啊！否則要如何證信？你說的人家無法相信，就得要證明，讓人家相信。就好比我，如果我出來弘法，二十年來依舊只有我一個人開悟，誰會信我？有沒有人信？沒有人會相信我；所以你一定要有人出來爲我證實，那我就要幫你們實證，你們實證以後就出來爲我證明。就好像 世尊座下的弟子們出來證明：我們在 釋迦牟尼佛的幫助之下，確實親證菩提了。這就好像俗語說的：「紅花還得要綠葉陪襯。」如果一盆花，不論是插花或種植的盆花，只有花而沒有葉，那你只能說它叫作切花、剪花、不具足的花；同樣的道理，我們弘法過程中也得要有人和我同樣可以實證；明心，有很多人實證啦！我說的眼見佛性，也確實可以實證，已經有十餘人實證了啊！只是比起明心眞的很困難而已。那麼接下去悟後要修學種智，也確實可以修、可以證，就這樣一步一步來作。如果弘法二十年以來，始終是只有我一個人實證，不管誰來問我，我都說：「**你們都沒有辦法啦！你們是永遠燒不開的水！**」新竹鳳山寺的法師們就是這麼講的，說你們居士們都是永遠燒不開的水；好！現在我這一壺水不但燒開了，而且還燙到他們了；可是在這之前，一定要先有人來爲我證明，這樣才有取信於佛教界的公信力。

同樣道理，佛陀說：「**我自有六萬恆河沙數菩薩摩訶薩，每一位菩薩各有六萬恆河沙數的眷屬，他們會護持這部《法華經》。**」當然也要有人出來證明啊！這些菩薩聽到這裡，知道要出來證明了，於是「**從地踊出**」。這六萬恆河沙數菩薩的每一位，都是「**大眾唱導之首**」。「唱」與「導」是兩個意思，「唱」就是高聲地演說出來，讓大家全部都可以聽到；「導」就是由他制定一個方向，讓大家遵循於那個方向去前進，去修學，去實證，去利樂眾生，這叫作「導」。這六萬恆河沙數的菩薩們，每一位菩薩「**皆是大眾唱導之首**」，因為大家都以他們馬首是瞻；所以這一些菩薩們，每一位都有六萬恆河沙數的眷屬。

同住於下方虛空中的菩薩們，除了這六萬恆河沙數菩薩以外，還有別的菩薩摩訶薩，並不是只有這六萬恆河沙數的菩薩而已。這六萬恆河沙數菩薩們，每一位菩薩都各有六萬恆河沙數眷屬。可是在下方虛空中同住的，不只這六萬恆河沙數的菩薩們；還有別的菩薩，不是這六萬恆河沙數所函蓋的；那些菩薩們，有的菩薩有五萬恆河沙數的眷屬，有的菩薩有四萬、三萬、二萬、一萬恆河沙數的眷屬；有的菩薩有一恆河沙數眷屬，有的菩薩有半恆河沙數、四分之一恆河沙數的眷屬；有的菩薩沒有四分之一恆河沙數眷屬那麼多，只有千萬億那由他分之一恆河沙數眷屬，或者更少只有千萬億那由他的眷屬，下至只有一百人或十人的眷屬。甚至也有菩薩只有五個眷屬，或是只有四個、三個、兩個、一個眷屬，乃至有的菩薩修遠離行，一個眷屬也沒有。這些菩薩摩訶薩們，同樣都在娑婆世界下方的虛空中住，像這樣的菩薩眾無量無邊，用算數譬喻都不足以說明。

那麼大家想想看，成佛時要度的菩薩眾需要這麼多，那我們在人間一世度得了多少人？所以眞的要好好發願將來如實爲人演講《法華經》。然後還要希望常常夢見自己當國王出了家、成佛、度無量無邊的眾生；除了如此，也要寄望將來滿足三地心之後，每週固定一個時間爲人間的眾生說法，利樂大眾，也要每天以意生身到十方世界去度化眾生。但這個前提是要先滿足三地心，那個福德得要很大才能成就，要跟很多很多的人廣結善緣。廣結善緣並不容易啊！因爲一般人所知道的廣結善緣，就是人家邀約去哪裡作善事就跟著去，然而那都只是世間法。在佛法中要如何廣結善緣呢？眞的很不容易啊！

要能夠把自己放下以後，才有辦法處處與眾生廣結善緣。這樣在法上廣結善緣的時候，一世又一世次第進修到了三地滿心以後，如果你不是一個遲鈍的人，在三地滿心時就有了意生身，這時可以去到百佛世界、千佛世界；那時說法可不是像在人間，那時說法不必用麥克風，不必用擴大機、喇叭，當你演說了種種法，不管大家住得多遠，都能聽得到，就可以利益很多人，可以度化很多人。這樣子，接下去這將近兩大阿僧祇劫時光中，你就可以度無邊無量眾生；這也是成佛必經的過程，誰都逃不掉。可是話說回來，菩薩道的修行過程雖然分成三個階段，其實是有很多的關卡，第一個關卡就是十信位該怎麼滿足？第二個關卡是要遇到善知識，就可以滿足六住位而進入七住位常住不退，這又是一個關卡。

有的人在明心後還得要探究怎麼樣眼見佛性，這些關卡過去了，要怎麼樣圓滿三賢位，那時就必須把解脫具足修證，至少要證得慧解脫果而起惑潤生，或是證得頂級三果而留惑潤生，才能進入初地。所以想要圓滿十迴向位的功德，就是要具有初分的道種智，還要永伏性障如阿羅漢，對世間的五欲財色名食睡，對眷屬、對一切都沒有執著，現行已經斷除了，不再有現行了，才能說是「永伏性障如阿羅漢」；同時還要修集廣大的福德，這時才終於能夠入地，這又是一個關卡。這樣子四個關卡過完了，就得探討說，入地以後要如何進修種智？

接下來也不是一帆風順，每一世都要在人間，叫作遊戲人間。在人間是怎麼遊戲的？就是被罵、被殺、被打，但不許退縮，得要持續不斷與外道抗爭而弘法下去，就這樣遊戲啊！也許你們要抱怨：「喔！這樣哪能叫作遊戲？這樣是在受虐待。」可是三地滿心前的菩薩遊戲人間，本來就是如此啊！所以有時候，有的同修們因爲某一些事情，爲我覺得不值、傷心難過時，我說「這都不用」，因爲我早有這個認知。菩薩遊戲人間就是這樣遊、就是這樣戲！就是你來人間遊行給眾生戲弄，（大眾爆笑…）這就是菩薩遊戲人間，這是事實。

像這樣遊戲人間，過了一段很長的時間，你終於可以滿足三地心了。想要滿足三地心而生起意生身，這就是一個關卡；如果是鈍根人，不是利根人，那就要到四地或者五地才有意生身，那他成佛就會更慢；如果是利根人，三地滿心就會有意生身，就可以十方世界去度眾生，成佛就會快速。那時度眾生可不像在人間：在這個講堂講經，那邊聽不見所以要裝麥克風、喇叭；這個講堂所有人終於都能聽見了，可是別的講堂同修們聽不見，還要拉電線，拉得好遠，再去那邊裝個擴大機，再裝喇叭，眞的好累人！可是當你有意生身出去度人的時候，在十方世界度人都不用麥克風，也不用拉電線，更不用喇叭，你輕輕地講，不論多遠，大家都聽見了。依這樣來看，這第五個關卡也不容易突破啊！因爲這第五個關卡想要突破，得要發起三昧樂意生身，這可得要無量無邊的福德；那你若是想要完成這個階位的功德，就要努力去拚，那時遊戲人間，可別抱怨說：「唉呀！眾生都這樣糟蹋我！」因爲你本來就要修十度行嘛！

請問，你還沒有滿足三地心，還在三地心的時候，十度萬行，你正在修哪一度？布施、持戒、還有什麼？（有人答：忍辱。）忍辱，就是要給眾生糟蹋；然後直到你這一度修完了，滿足三地心，發起意生身了，才不必再被眾生糟蹋，所以三地心的菩薩們要修忍辱度。有了意生身而證得猶如谷響的現觀，你可以進入第四地了，開始修精進行，常常去十方世界度眾生，這時已不是遊戲人間，這時改叫作「遊戲佛土，度諸眾生」；這時候才能夠說你眞的修十度中的精進度，否則都只是六度中的精進而已。

那這時所能度的眾生就非常多了，所以修學佛道、度化眾生，就像數學說的等比級數一樣累進；到了三地滿心以後，在四地心、五地心所度的眾生就很多了，不是單單在你這個肉身所住的世界中。可是也不要好高騖遠，因爲那時能度那麼多眾生，是以現在這個人身所能度的眾生作基礎；你要先在這裡被眾生糟蹋而修忍辱行，一點都不動於心，繼續堅定地往前走；不管利樂眾生的過程中，眾生怎麼糟蹋你、侮辱你，你都得繼續利樂他們而不斷往前走，繼續去利樂更多眾生、護持正法。那麼這樣被糟蹋完了，你的功德就足夠了。換句話說，若是還沒有被糟蹋夠，功德就不夠，就是還沒有走完應該經歷的全部過程。

所以受持《金剛經》的人，要被更多的眾生羞辱以後，罪業才能滅盡，福德才會越多。如果你能接受這一點，那麼當人家都在罵說：「**你那麼笨！去正覺同修會修什麼如來藏法，那是外道法。**」你就應當要歡喜啊！千萬別生氣，你就說：「**謝謝！您罵了我，因此我又得到一分福德，我又滅掉無量恆河沙數的罪業。謝謝！謝謝！**」你就向他感謝。如果他夠聰明，轉身回家以後想：「**欸？我罵他，他還感謝我。那《金剛經》說的一定是眞的。**」然後也許哪一天你來聽經的時候，突然間撞見了他：「**你怎麼來了？**」他會告訴你：「**因爲你感謝我，所以我就來了！**」因爲你感謝他，你已經實證了，而能夠感謝他的責罵。這時他會想，爲什麼你會感謝他？因爲太難信受了。既然《金剛經》都那麼難信受了，何況《法華經》所說，當然更難令人信受。所以了義法眞的很難說，眞的很難講到令人完全相信；如果你能夠令人相信，那我就恭喜你：你的道業大幅度增長了！可喜可賀。

經文：【是諸菩薩從地出已，各詣虛空七寶妙塔多寶如來、釋迦牟尼佛所。到已，向二世尊頭面禮足；及至諸寶樹下師子座上佛所，亦皆作禮，右繞三匝，合掌恭敬，以諸菩薩種種讚法而以讚歎；住在一面，欣樂瞻仰於二世尊。是諸菩薩摩訶薩，從初踊出，以諸菩薩種種讚法而讚於佛，如是時間經五十小劫。是時，釋迦牟尼佛默然而坐，及諸四衆亦皆默然五十小劫；佛神力故，令諸大衆謂如半日。】

語譯：【超過無量無數不可計數的算數譬喻所不能知的菩薩眾們，從地踊出之後，各皆來到虛空中的七寶妙塔多寶如來和釋迦牟尼佛的大塔之前。到達以後就向兩位世尊「頭面禮足」，然後又到所有寶樹下師子座上的所有化佛之處，也都同樣一一禮拜，然後各個都右繞三匝，合掌恭敬，又以菩薩道中的種種妙法來讚歎諸佛；最後住在一面，心中歡欣喜樂地瞻仰於多寶塔中的兩位世尊。這無量無數的菩薩們都是大菩薩，從地踊出以後，用諸方菩薩種種的讚歎方式來讚歎如來，這樣子一一頂禮讚歎諸佛的時間，經過了五十個小劫。這時，釋迦牟尼佛默然而坐，所有的四眾也是默然而聽，經歷了五十個小劫；這是因為釋迦牟尼佛威神之力的緣故，所以使得大眾以為才只

有經過半天而已。】

講義：這像不像神話？真的很像。但它是不是神話？不是。這就好像當年我破參時——見性又明心，才剛剛一週，正好七天，我接到法院「不起訴處分」的一個公文（編案：應該是地檢署）；所以我被誣告的事，不是年前被釋昭慧告的那一次而已，以前也被誣告過。那我為什麼被告？因為我退休前辦的最後一個案子，那是一個好朋友，也是我的學長，他當會計師，介紹了那麼個案子給我，由我幫他處理。處理了以後，對於兩造的當事人應該作的手續，應該核對的身分證，應該執行的事情，當著所有當事人面前都問清楚，確定沒問題了，當然開始辦了。如實處理之後，竟然也會被告。如果真的敗訴了，那是二十年前的一棟建築物，當時價值二十七億，現在值多少可就不知道了，那你們想，我要如何賠？我雖然生活無憂無慮，是個標準的中產階級（因為我很多的福德沒有去實現），可以悠哉遊哉過日子；可是真要賠那個，想賠也賠不起。

可是我認為那件被誣告的事情，背後一定有往世的緣由，當時是還不知道。那是一個老人養了個小老婆，然後大小老婆之間互相爭產，一方以土地一半換另一方大樓公司的一半股份。後來那個老人取得公司一半股份以後反悔變卦，應該過戶給對方的一半土地片面終止過戶，就去法院誣告。本來雙方談好了條件，以大樓股份跟大樓土地的產權互相交換，結果變卦了去告。我們是會計師、銀行經理、土地代書，本來就是局外人，根本沒事，他們告了以後請我們去作證，不過是證人而已。但是問題來了，首先傳會計師去作證，但是到了下一庭，會計師就被告了；被告那方既然沒有證人了，只好再找第二個證人，那就是找我去作證；那我說得很清楚：「**反正你們雙方當面談的條件，我把雙方身分證都核對過了，這是我親耳所聞、親眼所見。**」那麼作證完了回家，再下一次開庭時換我變成被告了。那被告舉出的兩個證人全部失掉了，怎麼辦？只好再找第三個證人銀行經理來，銀行經理來作證完了，再開下一庭時，銀行經理又變成被告了。

把所有證人都告進去，恐嚇證人，是一種昧著良心的提告惡行；只要你老實說，就會變成被告。但我們不能昧著良心亂講，所以那個告訴人，（你們知道他請幾個律師？五個律師，想像不到吧？）那沒有良心的律師就用這一招：把對方所有的證人都告了以後，所有證人都變成被告了，對方就沒有證人了。這就是少數律師的心性問題，這是題外話，且不談它。可是我不管它，我照樣參我的禪；到了最後一庭時，接到開庭通知時，我不理會，我自顧自去天竺朝禮聖地去了，請律師幫我請假。心想：「如果眞要判我有罪的話，我就進去牢裡面參禪。」結果呢，去朝聖回來時，想一想，我對家人也很過意不去，所以闔家去日本玩；回台以後開始閉關，什麼都不管，十九天後破參明心、同時眼見佛性。

才剛剛破參後，整整七天，剛好是一週，不起訴通知書寄到了。又過大約一週左右，世尊召見，這回不是在定中被召見，而是在清晨的夢中。召見的時候，一開始就好像三D電影一樣，把我上一世整個一生的過程顯示出來；這個內容放映得比較快，可是後面跟這一件官司有關係的過程，可就鉅細靡遺一一地出現，也就是很有條理鉅細靡遺全部出現，原來我是其中的一個人。然後我正在懊惱說：「唉！爲何這麼笨，被人家利用了去作惡事，還以爲是在幫忙作善事。」正在懊惱時，站在一個彎曲的河床上面，河流來到那個地方剛好彎曲，最彎那個部分的外邊全都是水，靠內邊的一半河床都是鵝卵石，我就站在那裡；然後有一件密宗的袈裟，就是覺囊派的袈裟，丟在鵝卵石上。

我從河床看上去，在河上有一座橋，橋上有一尊出家人的雕像在橋頭，大概將近三丈高；沒一會兒，他動了起來。然後走到橋下河床來；越走下來，身子就越小，最後跟我一樣高，然後一見了我就大聲開罵：「尊者！我等你三天了，你爲什麼現在才來！」我心裡覺得好奇怪：爲什麼叫我尊者？爲什麼一見我就罵？我說：「我也不知道你在等我啊！那你是誰？」他也不講話，然後就指著那一件袈裟說：「這是你的嗎？」我隨口就答說：「是。」然後他就說：「跟我來！」很兇，轉頭就走。好了，我就跟著他走啦！因爲人家對我們這麼兇，顯然就是長輩，那還有什麼話可講。

跟著他後面走著，沒幾步路就知道了：「啊！這是我在覺囊巴時的師父。」可是那時根本不知道自己往世的來由，一直都弄不清楚他爲什麼叫我「尊者」？然後就跟著他走到橋下去。橋下不是有橋墩嗎？橋的兩邊都有橋墩，這邊的橋墩裡面竟然有樓梯，一層、二層、三層，我就跟上去。到了第三層，他越爬越快，最後我只好用跑的；跑上去時看見他跟一個年輕人－大概三十五、六歲的模樣－他跟那位年輕人禮拜。那位年輕人長得有一點像誰呢？以前有一個電影明星奧瑪雪瑞夫，但奧瑪雪瑞夫的臉上有一點凹，可是那位年輕人沒有，祂是圓滿的；年輕人與奧瑪雪瑞夫同樣是捲髮，大概三十五、六歲的模樣，祂在一個桌子後方坐著；我一看師父正在禮拜祂，禮拜完了就走人了，我就輕跑上去跟著禮拜。

禮拜完了，我一看那邊還有一尊佛像，就跟那個年輕人說：「我先去禮佛了再聽您訓話。」（大眾笑…）可是我正要動身，祂給我一個念頭：「我就是釋迦牟尼！」當時我嚇出一身冷汗，心裡說：「眞佛不禮，禮假佛。」然後祂就指著這一邊一個凳子，這邊有好幾個有靠背的椅子，都不讓我坐，就指著那個矮凳。原來我只有資格坐矮凳，沒有資格坐那個有靠背的椅子。然後祂就說：「你這一生要開始作事了，但是你四十八歲，火燒得太旺了……」然後祂又講了一句話，我就沒注意聽，因爲分神了：我在想，我四十八歲被告？我應該是四十九歲，怎麼說是四十八歲？

結果原來不是，佛陀的算法跟洋人的算法是一樣的；四十九歲是我們台灣人的算法，出生就算一歲，過年時就算兩歲；所以如果過年前出生，那一天算是一歲，第二天過年了又增一歲，就變成兩歲，兩天算是兩歲。但世尊是以實歲計算的，那時方才知道：「啊！原來祂是那樣算的。」可是我突然間警覺起來：「唉呀！原來我剛剛看見的整個過程都是被人家利用，其實是在幫惡人把風，還以爲是在預防惡人來破壞那一家人的好事。」就這樣子，整個過程都顯示出來，終於明白爲何這一世無緣無故也會被誣告了。當時在河床上還有一個五、六歲的小女孩兒跟我在一起，我上一世把她養大，然後嫁了。所以我上一世沒有結婚，也沒有出家。雖然單身，但我沒有結婚，我把她養大，然後很豐厚的嫁妝把她嫁了。這個女孩後來也往生到台灣來，也遇見了。但是那整個的過程，就到那個時候，我突然嚇出一身汗，隨後就醒來了。

如果眞要去經歷那一生的過程，其實是很久很久的時間。可是那一個夢境，只不過五、六分鐘就過完了。但是我們在實際經歷的時間，那是非常長的。但就因爲已經顯示出一生的概要，直到最後那一件事情的因緣，我馬上知道：「啊！我爲什麼會被誣告，就是這一件事情嘛！」至於爲什麼被作了不起訴的處分，而不是被起訴？是因爲往世的因緣是不該有罪的，因爲是善心作事；而這一世也不該有罪的，因爲只是幫他們圓成往世的恩仇而已，本來就沒有罪嘛！那我就知道那二位證人跟我一樣，全都是往世被利用幹惡事，還以為是在行善呢！這時就知道了。所以你們看，行善也得要有智慧欸！可別人家說這是一件善事，然後就跟著去作，事實上也許是被人家利用了，那麼未來世還是會有事情的。然後我就知道說：我今生該幹什麼事情了，因為我已經退休而且破參明心了，才要開始作事。難道我退休前作的弘法利生的事情全都不算？是的，都不算。那麼諸位想一想，經歷那樣一生的過程，到最後看見自己被利用而去行善，其實是造惡而自以為行善；那個過程鉅細靡遺，每一個過程都有，那要經過多少時間？可是醒來以後才知道說，那不過是五、六分鐘的事情而已，但是裡面顯示出來的事情竟然是那樣的多，所以不要以為這一段經文講的是神話。然後我就知道說：原來我這一世是要來幹什麼的。之前生活在世間，混了四十幾年，目的只是為了現在弘法時，不必擔憂生活上的資糧而已。

然後在那一個夢中，那個只有五、六分鐘的夢裡面，還包括什麼呢？還包括上一世在江浙度了一個在家弟子；那時因為時局很亂，不能公開弘法，因此度一個在家弟子；他還送給我一幅畫，那一幅畫是一個人的側臉，主要是寫著太乙眞人的字樣，寫起來剛好是一個人的側臉。但因為我告訴他：「這不過是世間技藝，你還是要注意你的道業。」然後就爲他說了一些法。他有一個孩子，那時還小，大概只有十來歲；他是開紡織廠的有錢人，後來死了，紡織廠就交給兒子打理；後來國民黨退出大陸，他兒子就從上海那邊，把紡織廠遷到台灣來。我是在一九四四年死後往生到台灣來，然後剛好業務上的關係，我跟他兒子又遇見了。

他兒子跟妻子兩個人住在金山街，是個大老闆，而我只是一個剛步入社會的年輕人；可是我說什麼他們都信，眞的好奇怪！我後來想起來，也就是在那個夢之後，接著我開始把過去世的東西逐漸拉回來；然後又因爲定境上的恢復與智慧之漸漸開展，往世的證量逐漸回復了，就開始可以看見一些事情，常常在定中會看見一些過去世的事。那時我最常作的事：晚上入眠以前，躺下來進入等持位裡面半個鐘頭，看看我會看到什麼。就這樣子常常去等持位中看，看多了漸漸就知道一些往世的事情；接著是把過去那麼多劫以來重要的事情一件一件兜起來，經過這些往世的事情顯現兜起來以後，就知道過去世是怎麼回事了，我說的「如夢觀」，就是這樣來的。

就是說，你能夠看見過去世的一些事情，如果睡前進入等持位中，那是彩色的情境；可是如果打坐進入等持位中看，有時裡面沒有聲音，只有影像，而且是黑白的，但一件一件兜起來以後就知道自己的來歷了，這不必要宿命通。說實話，就算有宿命通，也無法看見那麼多劫以前的事。所以，從這樣的背景回頭來說那一件事情，當初我被告時就說：「**我一定是過去世有什麼地方對不起人家，如果該被關，就去關嘛！**」那我就寫了一封信給檢察官說：「**這件事情我是完全無關的，可是如果對方栽贓成功或者怎麼樣成功，使我必須被關的話，我也接受；如果調查的結果是裁決無罪而不起訴，我也放棄告他誣告的權利。**」我這樣寫了去，然後心裡坦然，就專心去參我的禪，不管那件事；從那時以後，傳票來了我就去；沒來，我就參我的禪，心裡準備著要進牢裡參禪。

所以古人說：「**每一隻雞，牠們一生的每一飲、每一啄，莫非前定。**」還眞的是這樣。後來，果然在那一次夢裡 世尊召見的情形，就把那件事情的來龍去脈整個都顯示出來。可是只有短短五、六分鐘的時間，怎麼可能把一生的事情，包括那一件事情的每一個細節完全顯示出來？顯示上一世自己在那裡面造作了那一件事情，結果是善心竟被人利用。但是那些事情是很長的時間，光是造那一件業就是好幾個鐘頭的時間，加上前面那一世的那些重要事項，全部加起來需要多久的時間？可是醒來的時候發覺，那個夢其實只有五、六分鐘而已。唉呀！這一下到底要怎麼定義「時間」？所以時間是你沒辦法定義的，時間是一個相對的東西；你依這個地球的自轉與公轉來界定時間，這是人們所定義的時間，正是人們約定俗成而定下來的時間定義。可是在不同的法界當中，時間的定義跟地球運轉的時間定義是不同的。那你夢中的那一個時間的定義，跟你清醒位的時間的定義也是不同的；而諸佛都有這種威神力，所以「**長劫入短劫，短劫入長劫**」，不是虛言假語；因此這一段經文所說的，是一個事實，不是虛構或者神話。

有很多人有一種錯誤的觀念：眼見為憑，耳聞為證。所以有些人說：「**唉呀！現在都二十世紀、二十一世紀了，除非你證明給我看。**」問題來了，沒有辦法被證明的就不存在嗎？其實科學上有很多東西是無法證明的，科學是有侷限的；所以沒有親眼看見的，不能就定義為不存在。就像以前有人說：「**如來藏是外道神我。**」或者說：「**如來藏只是緣起性空的別名，沒有一個**

心叫如來藏，所以不可實證。」因此佛教界都以爲如來藏是不可實證的法，只因爲他們都無法實證；但他們那樣主張，是否在指控玄奘菩薩的法義錯了？可是我們正覺出來弘法二十年，證明我已實證了，也教大家實證了。

因此說，不知道的或者沒看見的，不能就直接認定它不存在，因爲有很多法是人類的智慧所不能知的。以現在來講，佛教界雖然已經相信如來藏是可證的，現在也相信我們說的佛性可以眼見；但是單講一個如來藏的實證，佛教界就不懂了；他們不懂，而我們又不能勉強幫他們實證，因爲他們實證的法緣還不成熟！但他們不能夠因此就說「如來藏是不存在的」。假使如來藏是不存在的，假使我們所說都是憑著想像而編造杜撰出來，那麼所說的一定會有前後矛盾的地方；但你如果是實證的，你所說的就不會前後矛盾；不管怎麼樣講，不管講了多少遍或多少內涵，全都不會自相矛盾。

同樣的道理，沒有親自體驗到的，不等於不存在；還沒有如實理解的，也不等於是虛構的。因爲經典中，佛陀所說的三乘經典，我們確實可以實證啊！佛陀並沒有欺騙過我們一次，例如《阿含經》中所說的斷三縛結、薄貪瞋癡，以及斷五下分結、五上分結，我們都可以實證啊！再例如第二轉法輪般若諸經所說的八不中道，或者無量不的中道，以及證眞如，我們也實證了啊！第三轉法輪說的七種性自性、七種第一義、五法三自性、二種無我，我們也實證了！《解深密經》講的三種性自性，以及三種無性，我們也實證了，證明 世尊從來沒有騙人，所以這段經文說的那些事情全都是眞的。那麼會外那一些沒有實證的人，他們不可以說：「**這是不可能證實的，所以它不存在。**」不能這樣講啊！

所以這一段經文所說的：化長劫入短劫，也就是說在短短的時間裡面，去過完很多劫的時間，並非不可能。在世俗人的夢中就已經可能了，例如以前講那個黃粱夢，他夢見自己成親一年後進京趕考，然後中了進士當官，最後當到宰相告老返鄉。這樣整整一生，等到他醒來的時候，黃粱都還沒有煮熟欸！那才多少時間啊？所以這一些事情是說，在不同的法界裡面，它是可以這樣的，而諸佛有大神力可以加持，使人在很短的時間裡了知很多事情正在過去；也能使很多事情在很短的時間裡快速過完，實際上可以這樣完成！

回到經文來說，這一些菩薩們「**從地踊出**」之後，就直接飛到虛空中，來到虛空中的七寶妙塔面前，面見了 多寶如來與 釋迦牟尼佛，到達之後當然首先要「頭面禮足」。見了 佛陀可別像那些善根不夠的眾生，點個頭就坐下來聽經；修行越好的人就不一樣了，他們總是「頭面禮足」，也就是五輪著地，就在虛空中像我們五輪著地一樣禮拜；禮拜完了，還有諸方世界召回來的 釋迦如來的化身佛，也得要一一都去禮拜，並且一一禮拜後還得各繞三匝。繞三匝並不是像回教徒去麥加朝聖的時候，在廣場繞三圈；而是在原地小小的地方，右繞三圈，表示至誠，這是一個禮儀。

這樣右繞三匝之後，還得要合掌恭敬，用菩薩禮讚諸佛的種種妙法，來讚歎兩尊 如來跟其他的 釋迦佛的化身佛。諸位想一想，六萬恆河沙數的菩薩摩訶薩，每一個人帶有六萬恆河沙數乃至二恆河沙、半恆河沙，下至只有獨自一個人，像這樣的菩薩數目是多少？你要怎麼計算？這一些菩薩一一都向所有化佛去禮拜，也都去讚歎，全都去右繞三匝，那要花掉多少時間？那時間當然要很長，不可能三五分鐘、一兩個鐘頭就能完成；因爲那數目是無量無邊，所以時間一定是很久。

好不容易大家都禮拜完了，全都右繞三匝表示恭敬完了，也都讚歎完了；然後大家歡喜地瞻仰兩位 世尊，這時已經過多久時間呢？五十個小劫。

當然得要那麼久，因爲人那麼多，不可能一會兒就完成了；在這五十個小劫裡面，釋迦佛可不可以罵人說：「你們不許再禮拜了，這會耽誤我的時間。」不行啊！絕對不能這樣作，因爲一定要隨喜。可是這一隨喜下來，得要五十小劫，所以 釋迦如來五十小劫默然而坐；其餘四眾等，當然更要默然而坐。因爲 如來都沒有訶斥他們停下來，咱們憑什麼去訶斥摩訶薩們停下來？說一句難聽的話，人家證量遠比我們高欸！

釋迦如來爲攝受無量無邊眾生，就以祂的威神力，化長劫入於短劫之中，大眾不知不覺的，很長的時間過去了，都以爲才過完半天而已，這就是諸佛的威神力。那也許有人想說：「欸！老師你能不能告訴我，這到底是怎麼樣弄的？」我說，你就別問我。你問我，我也沒有辦法答覆，也無處去問。到了你成佛的時候自然就會了，也不必問我。現在問這個，對你的道業也沒有幫助；而你問了我這問題，也沒有辦法促使我的智慧增長，所以就不用問啦。那麼這樣子半天終於過了，接下來怎麼樣呢？

經文：【爾時四衆，亦以佛神力故，見諸菩薩遍滿無量百千萬億國土虛

空。是菩薩衆中有四導師：一名上行，二名無邊行，三名淨行，四名安立行。是四菩薩，於其衆中最爲上首唱導之師，在大衆前，各共合掌，觀釋迦牟尼佛而問訊言：「世尊！少病少惱、安樂行不？所應度者，受教易不？不令世尊生疲勞耶？」爾時四大菩薩而說偈言：「

世尊安樂少病少惱，教化衆生得無疲倦？

又諸衆生受化易不？不令世尊生疲勞耶？」

爾時世尊於菩薩大衆中而作是言：「如是！如是！諸善男子！如來安樂，少病少惱；諸衆生等，易可化度，無有疲勞。所以者何？是諸衆生，世世已來常受我化，亦於過去諸佛恭敬尊重，種諸善根。此諸衆生始見我身，聞我所說即皆信受，入如來慧，除先修習學小乘者。如是之人，我今亦令得聞是經，入於佛慧。」爾時諸大菩薩而說偈言：「

善哉善哉大雄世尊！諸衆生等易可化度。

能問諸佛甚深智慧，聞已信行我等隨喜。」

於時世尊讚歎上首諸大菩薩：「善哉！善哉！善男子！汝等能於如來發隨喜心。」】

語譯：【《法華》會上的半天時間過去了，這時在場的四眾菩薩摩訶薩也因爲佛陀神力的緣故，看見了「從地踊出」的諸菩薩摩訶薩，遍滿無量百千萬億國土的虛空之中。而這一些從地踊出的菩薩摩訶薩眾中，有四位導師：第一位導師名爲上行，第二位導師名爲無邊行，第三位導師名爲淨行，第四位導師名爲安立行。這四位菩薩摩訶薩，在這無邊眾生之中是「上首唱導之師」，他們代表從地踊出的無量菩薩摩訶薩們，在這些大眾面前各自合掌，仰觀釋迦牟尼佛而這樣子問訊說：「世尊！少病少惱不？安樂行不？所應度的眾生，容易受教嗎？會不會令世尊產生疲勞呢？」這樣問訊完了，這四大菩薩就以一首偈這麼說：

「世尊安樂少病少惱，教化眾生是否沒有疲倦呢？而且諸眾生接受您教化的時候是不是很容易呢？有沒有令世尊因爲教化眾生而生起疲勞呢？」

這時世尊在這些菩薩大眾之中就這樣子說：「正是這樣子啊！正是這樣子啊！諸位善男子！如來是安樂的，很少病痛，也很少有煩惱；我度化的眾生們也是容易而可以化度的，我也沒有什麼疲勞啊！爲什麼呢？因爲這一些眾生們一世又一世歷經多世以來，一直都接受我的教化，他們也曾經在過去諸佛座下恭敬尊重，而且作出供養來種下種種的善根。這些眾生們才一看見我釋迦如來，聽聞了我所說的妙法之後，都能夠立刻信受，進入如來的智慧之中，除了以前是修習小乘法的人。像這樣的人，我如今也都讓他們可以聽聞到這一部《妙法蓮華經》，進入於諸佛的智慧之中。」

這時無量大菩薩們的上首四位大菩薩，就又重新以偈來讚歎說：「非常好啊！非常好啊！大威德的雄武世尊！所有眾生們都容易可以化度，能請問諸佛甚深的智慧，聽聞之後也都能夠信受奉行，我們這些菩薩們也都隨喜世尊。」這時世尊就讚歎上首的四大菩薩說：「很好啊！很好啊！善男子！你們都能夠在我釋迦牟尼如來這裡發起隨喜之心。」】

講義：這半天過去了，那麼其他本來就已在座的四眾菩薩摩訶薩們，由於 佛陀神力加持的緣故，看見「**從地踊出**」的無量恆河沙數菩薩眾，遍滿了無量百千萬億國土的虛空之中。這當然得要 佛陀的神力加持才能看見，否則的話，單是想要看見一個娑婆世界的所有菩薩摩訶薩們，就已經瞧不見了；因爲這得要三地滿心之後，才能遍見這一個娑婆世界的所有菩薩摩訶薩們（編案：未滿三地心無法遍見，除非是戒定直往菩薩）。這些菩薩摩訶薩們不是人類這樣的肉身，而且「**從地踊出**」的菩薩們數量有多少？太多了！單單是主要的菩薩就有六萬恆河沙數，而這些菩薩們每一位又各有六萬恆河沙數的眷屬或五萬恆河沙數的眷屬等等，那麼多人，能夠放得進整個娑婆世界中嗎？當然放不下。所以他們遍滿虛空啊！「**遍滿無量百千萬億國土虛空**」，即使是（戒定直往）的二地滿心菩薩，所能看見的只不過是一十個佛世界，還是看不盡的，因爲這些菩薩們遍滿無量百千萬億國土的虛空啊！所以還是得要靠 佛加持。那，如果你自認已經成佛了，你來加持大家看看，要看你怎麼加持？所以唯有 佛加持，才能夠盡數皆見。若沒有這個能力，就別自稱已經成佛。

那麼這些菩薩眾無量無邊，主要是由四位導師在率領他們。這四位導師共同率領這些菩薩眾，爲什麼要有四位？這一定有原因。這四位的名稱是「**上行**」、「**無邊行**」、「**淨行**」、「**安立行**」，表示這四位菩薩的行止就以這四種爲主，所以攝受這無量無邊的菩薩摩訶薩們的時候，他們是分工合作：一個人專門教導大家如何往上進修一切善法，一切佛法無不修學，要讓大家往上行；至於他的本名是什麼，大家都不必再記，只稱他爲「**上行菩薩**」就行了。

所以他教導給大家的就是一切佛法，凡是菩薩所應學習的智慧，他就次第往上一直傳授，所以他被稱為「上行菩薩」。他是讓大家知道佛法有多麼深、多麼廣，不是狹隘的，不是侷限的，不是割裂的，而是全面性的無邊深廣佛法。他就一一教導大家，讓大家不會得少為足，可以繼續往上修進。

第二位導師菩薩摩訶薩叫作「無邊行」。無邊行就屬於次法，也就是教導大家要修種種菩薩行，一切次法無不修學；這不是像第一位專在佛法的修持上面前進，而是無量無邊的菩薩行都應該修行。無量無邊的菩薩行都努力去行的時候，是不是很辛苦？是很辛苦啊！所以菩薩道不輕鬆。如果進了正覺學法，還想要像以前在外面那些道場一樣輕輕鬆鬆過日子，那不如不要來；在正覺同修會中修行，可以說是全球佛教道場裡面最辛苦的；不論出家在家都一樣，都不可能輕鬆。如果在正覺裡面修行是輕輕鬆鬆的，那可要小心提防：哪一天夢裡我去打你一棍。特別在家人來正覺是最辛苦的，除了朝九晚五，回家還要照顧太太（先生）、子女飲食等，或者還要幫忙處理家事，還要撥出時間來禮佛作功夫，而且還要努力讀書，並且每週二都得來聽經，每週還要有一天來上課；到了週末、週日又得想辦法去作義工修集福德，不然福德可能不夠，就成爲證道時的障道因緣。

唉呀！眞的辛苦！苦不苦？（有人答：不苦！）不苦喔？違心之語！其實很辛苦，只不過心中不苦啦！心不苦倒是眞的，所以你說的也對：「不苦！」這是身苦而心不苦。好！這就是說，無量無邊的菩薩行都應該行，這一世的日子不應該空過，所以這位「無邊行」導師，他是教大家要精進：無量無邊的種種次法都應該修學。也就是要很努力精進，才能叫作菩薩萬行嘛！菩薩是不論什麼善行，全都要去行；只要對自己的道業有利，對眾生有利，對正法的弘傳有利，就要努力去作，都得要精進。

第三位是「淨行導師」。那「淨行」是幹什麼？是要修梵行，也就是清淨行。修清淨行的意思是說，把自己的心地修行清淨，就是在心地上面去作垃圾掃除，每天都在作掃除的工作。要掃除的不清淨法有兩個部分：第一個部分是三界愛的現行，應該如何把它掃除掉？這是有分階段的；第二個階段是要掃除習氣種子，就是三界愛的習氣要掃除。如果再要增加另一個階段，就是第三大阿僧祇劫中異熟愚的無明要掃除掉。但「清淨行」通常不談這第三個，就只談前兩個階段，因爲異熟愚無關清淨或不清淨的事，與生死流轉無關。

在第一個階段是要把我見、我執、我所執掃除掉，讓心地清淨，這就是「清淨行」。我見的掃除，對諸位而言就沒有問題，但我執可就難了。也許有人想說：「嗯！我們正覺不是要行菩薩道嗎？爲什麼要趕快斷我執？」問得也有道理。可是佛世的阿羅漢們不都是在很短時間裡面把我執斷盡的嗎？有的人是聞法當下斷盡，有的人是聞法之後得法眼淨，然後到閑靜處思惟，過一會兒來向 佛陀報告斷盡我執了。有人是思惟到第二天，有人思惟到第三天，來向 佛陀報告斷盡我執。他們來到 佛前，向 佛陀禮拜之後就說：「我生已盡，梵行已立，所作已辦，自知不受後有。」就這樣自己向 佛陀稟報。佛陀有時候會勘驗，有時候沒有勘驗就直接認定了。沒有勘驗的原因是因爲已經確定他沒有問題，有時會勘驗是因爲他曾經有一些遮障，譬如慧力或定力不很好，就要再勘驗一下：「你如何已得阿羅漢呢？」於是他就要說明他的觀行過程，最後結果是如何，然後 佛陀給予印證：「是啊！是啊！你是阿羅漢。」但這只是除掉三界愛的現行。

可是關於現行，還有一部分，就是我所執。有許多人連我所執都還具足存在，例如貪愛法眷屬、貪愛名聲、貪愛錢財，甚至都還貪愛煙酒，竟敢自稱是阿羅漢，都是因中說果的大妄語人。所以，我所的執著範圍很廣，內我所是屬於我執裡的一部分，而我所執最主要的是講外我所，例如財、色、名、食、睡。這是針對一般世俗人來說，若是從修行人來講，就有一些很難抵擋的了：名聲、道場、徒眾，這三個就很難斷除了。所以好多人出家以後，一心想的是：「**我能不能弄得很有名？**」這就是他所考慮的。因此就開始運用新聞媒體，然後聚眾去造勢，又把自己的大頭照放在每一本書中；並且還常常作法會，把自己的大頭照放在宣傳品上面四處流通。然後不管他去到哪裡，大家都對他恭敬、禮拜、供養，這個就是搞名聲、搞個人崇拜。

如果搞成功了，不論他去到哪裡，大家見了他就恭敬、禮拜；才一見就恭敬地高呼：「**唉呀！大師來了！**」在場的佛教徒們就趕快禮拜了。是不是如此？於是龍心大悅，就好像當皇帝一樣！當皇帝時最喜歡的是什麼？就是才一上殿，大家跪下來禮拜，全體高呼：「**萬歲！萬歲！萬萬歲！**」所以他就像當皇帝一樣，喜歡的是人家的恭敬、禮拜。這個我所執很難除掉，因爲有了名聲以後就是會有這個。接著，就是要看道場夠不夠大，否則就努力勸募錢財來擴建；這是第二個我所執，所以大師們都希望弄個幾百公頃土地，蓋起世界第一大的佛教寺院。這就是我所執，所以窮其一生都在建造那一大座寺院。

古時候不像現在，現在的人是錢太多，結果就是通貨膨脹；所以兩個月前我說：「你們不要嫌黃金一盎司一千八百五十美元太貴，將來還會看到兩千美元，因為聽說美國人要繼續印鈔票，很可惡呢！用紙來換世界的物資，可是就會通貨膨脹；錢印太多，才會有熱錢，不論流通到哪裡去，都會燙人。」結果今天新聞報導，已經漲到一千九百美元了。以後還會再漲，除非他們停止第三波的量化寬鬆，但是很可能因此就使黃金又變成往下大跌，都是美國人搞出來的禍事。不過這個題外話就扯遠了，但因為美國人大量印紙鈔換全球的物資，造成通貨膨脹，使得一般人越來越難過日子，我對這一點很不滿。這就像俄羅斯普丁總統說的：「美國人根本就是世界經濟的寄生蟲。」他們用紙張一直印美元，印出來就是錢，用來跟人家換物資。然後那些錢到了世界各國，就是到處去流竄，錢越來越多，於是物價就越來越上漲，領薪水的人們越來越難生活，真的害死人！那個業，他們未來世要怎麼去還？

不談它了，言歸正傳。建寺院，古時錢財沒像今天這麼多，所以往往一個寺院是他窮其一生要作完的工程；當那個寺院那麼一大片，建得好像皇帝的金鑾寶殿一樣，剛剛弄好了沒多久，他也就斷氣走人了，那就當作他一生出家的功績。現在的大師們到處去蓋寺院，有人是蓋第一高的，花了幾十億台幣，結果是負債累累，還不起，得要分期償還，何苦來哉？有的大師是世界各國到處去蓋佛寺，都是金碧輝煌，可是他傳給那些施主們的是甚麼法？是常見外道法，都是意識或識陰的境界。這就是他的我所執：「我的寺院遍布全球，所以世人得要恭敬我，我是大師啊！」這是第二種我所執。

接著是第三種我所執：「我的信徒最多，台灣小小一島，我就有幾百萬信徒。」其實是號稱一千兩百萬信徒。這就是第三個我所執，出家了都還逃不掉。可是來到正覺同修會呢，這些全都要殺掉，所以那一類大師都進不來正覺同修會，因爲他們若是眞的進來了（當然不可能進來），才一進來，一定每天會被我盯著。我一定每天盯著他：趕快斷我見，趕快斷我執，趕快斷我所執！就是要叫他斷除啊！不然他放下那一大片產業，進來正覺同修會是想幹嘛？所以他們沒有一個人敢進來。老實說，面皮很重要；他們的面皮都很貴，一平方公分可能就要賣幾百億台幣；因爲太貴重了，所以他們都不肯拉下來。既不能作到我們所說的這樣，他們心中當然就不清淨。而淨行菩薩卻是專門教人家趕快把這些現行給斷除掉。

可是諸位也許想說：「那我們是行菩薩道的人，又不是聲聞人修解脫道，想要很快出三界，那我們爲什麼要趕快斷這個執著？」當然也要斷啊！彌勒菩薩來人間成佛的時候你就應該要證阿羅漢了，那你算一下，至少現在也要證得二果吧！至少應該要薄貪瞋癡吧？對啊！因爲 彌勒菩薩來人間成佛的時候，你就是要證四果的人。如果光有見地，不能薄貪瞋癡，那麼你在正覺同修會裡面，就會待得不愉快，因爲你會很不習慣；所以這是現在就應該修的。

所以說，三界愛的現行是必須要趕快斷的，這個不該拖很久，因爲 彌勒菩薩下來人間成佛時，就是你應該斷盡的時候了。如果你們能夠在這一世斷除五個下分結，那當然最好。爲什麼好？因爲你可以爲我證實《阿含正義》所寫的都是如實可證的，由你爲我證實啊！當你已經斷五個下分結，取證三果了；不管是哪一品的三果，七品三果中至少是其中的一品；就算是最差的三果人也行，至少你可以爲我證明：「**蕭老師寫的《阿含正義》中說的解脫道法義，都是如實可證的！**」那也是一分大功德。

這時不單單是你自己獲得解脫的利益，當你寫了文章出來證明時，你對於《阿含正義》就有了另一分隨喜的功德；那我辛苦寫了《阿含正義》，你也許可以在「本分」上得到一半功德或得十分之一不等；因爲你出來作證明，就有了隨喜的大功德。我原來利益眾生的功德都不會喪失，你卻多增加自己的功德，何樂不爲？所以我一直在等待，看你們誰在哪一天斷了五下分結，可以通過檢驗，那時我就要像他們說的：「**我蓋了全世界最高的道場。**」所以龍心大悅一樣，我也來大悅一場：以茶代酒，浮三大白！

這是清淨行的第一個部分，第二部分的清淨行是指什麼？是要斷除三界愛的習氣種子，這是第二阿僧祇劫要作的事。如果現在就有人說：「**我已經在斷習氣種子了。**」那代表什麼？代表他宣稱入地了。習氣種子的斷除，是在現行斷除以後才能斷的，現行還沒有斷除而空言他在斷習氣種子，那叫作誇大其辭！也是因中說果。所以這個階段不是該斷習氣種子的時候，但是不要把我所說的作過度的解釋，隨便甚解可就不對了。有人聽了也許就想：「**既**

然還不必斷除習氣種子，那我可以每天照樣去唱卡拉ＯＫ，繼續飲酒作樂去！」不行！不必斷習氣種子，不代表可以不斷現行啊！我說的目前不必斷習氣種子，是說：「應該要努力斷除現行。」對我執的現行、我所執的現行，都要努力去斷，才能夠修清淨行，否則就不是梵行了。這第三位導師菩薩，所教的就是怎樣斷除種種的習氣種子；因爲這一些菩薩摩訶薩們，全都是大菩薩，所以就不必談到現行，因爲他們早就斷盡了，他們這階段要斷的是習氣種子。

除此以外，講到第三個層次的清淨行，那就太深了，那叫作異熟愚；異熟愚純屬無始無明，跟習氣種子無關，非煩惱障所攝，所以跟三界愛的現行無關。這個部分，「淨行菩薩」可能有時也會傳授一些，但這個部分通常是要隨於 佛陀修學；因爲異熟愚是太深廣的法，所以八地以後都隨同諸佛修學。所以在這裡，淨行導師菩薩的傳授，我們就把它定位在現行的斷除以及習氣種子的斷除，這都屬於三界愛。

第四名導師菩薩名爲「安立行」。爲什麼要「安立行」？假使你是菩薩摩訶薩，當你出來弘法時，今年講如來藏，明年也講如來藏，十年後也講如來藏，到捨報前那幾年也還是講如來藏；這本來沒有錯，因爲一切佛法莫非如來藏所攝；但問題是，他從出來弘法一直到捨報前，所講的如來藏都只是在講總相；一天到晚說這個就是如來藏、這個就是如來藏……，人家都聽到耳朵長繭了。他就好像一部錄音機，只有一句話一直放音，這樣對眾生有利嗎？對他所度的徒弟有利嗎？沒什麼大利益。必須要依於如來藏，講了總相之後還要講祂的種種別相，別相講完了還要講祂的各類的種子，然後講解祂的一切種子，也就是一切功能差別，這就必須要有很多種的「安立」的法行，才能夠利樂眾生啊！

例如 釋迦如來在人間示現成佛時，也先作了一些安立：該如何爲眾生轉法輪？於是施設了五時、三教。接著先從華嚴時來講，從人間講到天上，所有的成佛之道概說，第一時就頓時全部講完。接著第二時講聲聞教，就是三教中的第一教；爲大眾演說如何證二乘菩提，教導弟子們親自證實「人類修行可以超出三界」——超過諸天天主的境界。這是第二時第一教的聲聞緣覺教，就是四阿含諸經中所記載的二乘菩提。然後第三時就講第二教，也就是般若教，宣說大乘佛法中的實相法界，把實相法界的總相、別相一一演說。

這樣安立了以後，接下來再講第四時的唯識教，就是第三教而函蓋方廣，讓大家可以在第三時第二教的般若教中證悟後，深入於如來藏的諸法功能差別之中，去一一現觀、一一證驗。

這樣把佛法經由這四時三教說完了，最後進入第五時，作一個圓滿的收攝，所以先講《無量義經》，以一法說無量義，就因爲一個如來藏具足函蓋了一切諸法；可是這樣講完了，也只是在法上講的啊！而十方諸佛的眞實境界相，大家還是不明白的，所以最後講了這部《妙法蓮華經》，把諸佛如來的不可思議境界，以及諸佛如來所有境界全都攝歸於第八識如來藏中，這樣爲大家說明出來，這就是第五時的法華時；又稱爲圓教，因爲《法華》演說完了就把所有佛法全部圓滿了；這才終於圓滿了五時三教，整個佛法就全部演說圓滿。這就是一種安立啊！如果沒有這樣施設安立，一開始就講《法華經》，大家聽得懂嗎？都不懂欸！完全不明白。結果看起來只像是一個神異之人在顯示神異境界而已，但眾生都無法得利，所以必須要有種種的安立。但不能夠因爲有種種的安立，就說這些安立出來的諸法是虛妄不實。

就好像說，對於恐懼斷滅的眾生，安立如來藏之教，令其趣入大乘菩提。

這當然是個安立，遇見了恐懼斷滅的眾生，你這樣教導他，他就很容易接受。若是那些喜歡流轉的眾生，沉淪於欲界愛的眾生，你就告訴他：「人身或者天人之身都很難得，而且很容易失去；想要長保人身或天人身，必須持五戒、修十善。」這也是安立之教啊！但不能因此就說這個安立教虛妄，因爲這是修學佛道的基礎，持五戒行十善，永遠都是修學解脫道的基礎。如果這些聽得進去了，再告訴他色界天有什麼境界，如何修證；無色界是什麼境界，又是如何修證，它們的優劣如何。全都告訴大家，這也是安立之教，但不能夠因此就說：「唉呀！這只是世界悉檀，根本就不是佛法！」因爲那也是佛法中的一部分；雖然那只是人天善法，卻得要這樣安立施設，讓眾生次第走進來，否則一般眾生都走不進三乘菩提中來。就好像一〇一大樓那麼高，你不能叫人們第一步就踏到一百零一層吧？得要讓他從一樓的第一階樓梯，一步一步走上去。

也許有人想說：「騙人！我搭電梯就可以到。」請問：你搭電梯不必經過一樓嗎？你不必經過二樓、三樓、四樓一直到一百零一樓嗎？還是要啊！只是快與慢的差別而已。那麼會外那一些學佛人就是從一樓的第一級樓梯開始爬，他們現在還在第一級階梯上，但是你們搭電梯已經到了十幾樓了，有的人則是已經到二十樓了；但他們還在一樓的二十階梯中的第一階而已，而且大多數人都還停在那裡。那，爲什麼你們來正覺學法會像搭電梯那麼快？例如完成十信位時就表示已經爬過第十樓了。

如果成佛之道以總共五十三樓來說，等覺位是第五十一樓，妙覺位是第五十二樓，那麼第五十三樓就是佛地。如果以一棟五十三樓的大樓來講，你如果把十信位完成，就到了第十樓；如果把第十住位完成，眼見佛性時是十住位完成，就是第二十樓。可是你們看看會外那些學佛的人們，他們有多少人完成十信位了？大多數人都還沒有。因爲對於大乘的佛法僧還沒有具足信心，所以無法信受大乘勝義僧所說的法。沒有具足信心的時候，還會再退轉；你看他們也許有人爬到二樓，可是一轉眼又退回到大樓外面去了，所以大部分人都是還在一樓的第一階梯中打轉。

來到正覺學法，讓大家怎樣搭著電梯一直往上去，就是我們的安立施設；爲了這個目的，我們的安立施設，就是開闢出一方最肥沃的、最廣大的福田讓你們種，你們種了這個天下最勝福田以後，福德增長非常快速，這也是安立方便。接著再施設功夫，讓大家從無相念佛入手，然後轉進練成動中看話頭的功夫，成就了動中的未到地定；再施設三乘菩提正知正見的次第，一一教導給大家；然後再施設戒法，讓大家受菩薩戒而有所遵循；再施設禪三精進共修，快速提升大家的道業，這都是安立啊！如果不是這樣安立，大家的道業增長如何能夠這麼快速？所以安立的目的是爲了利樂眾生，安立的目的也是爲了讓被教導的菩薩眾可以快速生起種種自利利他的方便善巧。「安立行菩薩」摩訶薩就是教導這些道理，教導大家如何安立各種權巧方便，使得廣大眾生可以在他們的教導下迅速提升。此外，又如法與次法應該如何安立呢？這位「安立行」導師菩薩就這樣子教導大家如何次第安立。

在這四位菩薩導師的教導之下，大家的道業進步當然非常神速。因爲有四位導師輪著教，第一位教你如何快速上行，第二位教你要具備無邊行，可以廣大的收集福德；第三位教你要修清淨行，讓你心地快速清淨，道業也會跟著快速進步；第四位教你安立行，讓你知道該怎麼樣修安立行；當你有很多方便善巧的時候，就能夠利樂無量無邊的眾生；當你利樂了無量無邊的眾生，那麼你的福德也跟著快速增長。所以說，這些菩薩們眞的有福報啊！有這樣四位導師菩薩。有這四位菩薩爲上首，共同來教導這一些菩薩眾；大家都承受了他們教導的利益，所以說這四位菩薩在這一些大眾之中「最爲上首」。他們同時也是「唱導之師」，換句話說，這四位菩薩分工合作，攝受六萬恆河沙數的菩薩摩訶薩，以及由六萬恆河沙數摩訶薩再轉授給更多的徒眾們，所以這四位是「最爲上首」，也是「唱導之師」。

這四位菩薩在大眾前，每一個人都同樣的合掌瞻仰 釋迦牟尼佛而問訊說：「世尊！少病少惱、安樂行不？所應度者，受教易不？不令世尊生疲勞耶？」這樣才是問訊。而不是像一般佛教徒那樣，作一個手勢就叫作問訊；作那個手勢時是問了什麼？又傳達了什麼訊息？其實那個手印的背後有文章，那手印其實本是密宗當眾詢問對方要不要修雙身法；作了那個手印以後，希望對方當眾給他一個回訊。那根本就是從密宗雙身法中滲入佛門中的，談不上什麼問訊，所以我們把那個問訊的手勢給廢除掉。

我們廢除了佛教界問訊的手印，官網上也有貼了圖文主張廢除，咦？那些大師們竟然沒有一個人出面來抗議，眞的好奇怪喔！其實不奇怪，因爲我們說的在理嘛！問訊就應當像這段經文講的這樣子。這些來自下方的無數菩薩們，他們沒有問訊的一點就是「遊步輕利不？」爲什麼沒有問訊這一點呢？因爲他們都在虛空中住，不管怎樣走來走去都不會累啊！而且這時不是依人間色蘊身的 釋迦如來而作問訊，是依自己的第八識眞實如來與自己境界，向應身如來 釋迦牟尼佛而作問訊，所以就沒有問訊是否「遊步輕利」了，就只問訊說：「少病少惱、安樂行不？」

應身佛在人間，因爲眾生有病，所以應身佛也會有病。因爲這是爲了利樂人間的眾生，才來人間取得這個人身，獲得人身的規則就是這樣。即使你已經是佛，也一樣要依這個規則來人間示現。所以 維摩詰菩薩說：「以一切眾生病，是故我病。」道理是一樣的。不懂的人就會起諸玄想、亂作解釋：「啊！都是因爲菩薩太慈悲了，所以眾生病了，他就跟著眾生病，來陪大家一起生病。」哪裡是陪大家同時病一場？眾生又不是一齊全部都生病，爲什麼要菩薩陪著生病？菩薩生病的時候，也只有極少數眾生有病，又不是多數人都病了，更不是所有人全部都病了。而是因爲大悲心，特地來人間示現而取得了這個人身，這個時期的人身若是一定會生病的，菩薩因大悲心而前來人間受生時，當然就會跟著有病，所以他說的「以一切眾生病，是故我病」，就是這個道理。這很簡單啊！何必再去生起種種玄想而曲解呢？

既然應身佛是為了這裡某一些人得度的因緣成熟了，所以來示現在人間受生，既然是這樣，當時的人類之身是會生病的，那麼應身佛當然也同樣會有病啊！所以報身佛不必有金剛手菩薩來護持，不必有密跡金剛來護持，但是應身佛就需要有密跡金剛來護持。因為應身佛有肉身，人類才能親近；既然有肉身，而肉身是會毀壞的，當然為了眾生的緣故，密跡金剛就一定要好好保護，否則就是眾生的大損失啦！如果生到了欲界天去，就沒有病痛；可是諸佛成佛如果是在欲界天成佛，咱們人類可就無緣得聞佛法了，所以還是要希望諸佛盡可能來人間示現，應身佛的世尊如果病了，我們就好好服侍。

這就是說，因為眾生有病，所以應身佛當然也跟著會有病，當然得要問訊「世尊少病不？」最好是沒病，但是不可能，所以應身佛也得要每天去托缽，如果不吃飯就不能維持這個色身啊！其實祂根本不必來人間，因為隨便一個初果人捨壽後就不必再來人間了，在欲界天上日子多好過？又如阿羅漢也不必再來人間，如果你證得慧解脫而當菩薩，不入涅槃，那麼捨壽後可以生在色界天，也不必來人間。可是成為阿羅漢，迴小向大成為菩薩以後為什麼還要繼續來人間，來受人間種種疾病、痛苦？都因爲不捨眾生。所以下來人間受生示現的應身佛，當然與人類同樣會有病，那麼菩薩們當然得要問候「世尊少病不？」

在這個五濁惡世度化眾生很辛苦，眞的很辛苦！特別是後期比丘、比丘尼多了以後，問題就一大堆了。老實講，這一些弟子比丘、比丘尼們如果只是初果或者二果人，就會有問題；何況後期有好多的凡夫比丘、比丘尼，於是世尊就一天到晚要處理戒律的問題。今天誰犯了什麼事情不好，就找來問，問清楚了就施設一個聲聞戒；過幾天某某人又犯了什麼啦，找來問清楚了，於是又施設一個聲聞戒。有時候，一個聲聞戒就得施設很多種內涵，辛苦不辛苦？辛苦啊！攝受眾生是最辛苦的，最聰明的人當什麼？當首座；什麼都不管，只管弘法。我最喜歡就是當首座，法樂無窮又沒有什麼事務上、行政上的種種負擔，什麼都不必理會最好了。

可是話說回來，當首座時能修集的福德也跟著少了一些，沒有辦法像堂頭和尚修集福德那麼多。但是從世間上來看，世尊在人間是非常忙碌的，一下子這件事情，一下那件事情；你們如果讀了四阿含諸經，配合著《四分律》、

《五分律》或者《摩訶僧祇律》讀讀看，就會發覺問題多多；僧團裡面的事情多得不得了，很麻煩。那時僧團都是中午要托缽才有得吃，就已經問題重重了；因爲已是五濁惡世，這就難免啦！如果那時的僧團都是有寺院，也要耕作營生等等，那問題就更多了。

所以從表相上看來，世尊應該是很煩的，因爲非常忙！有時才有機會入室宴坐。在這樣情況下，大家覺得 世尊應該很煩才對；可是 世尊心裡面沒有煩，就只是：事情來了，該處理就把它處理，處理完了就沒事，剩下的就是僧眾自己的事。僧眾的一些日常行政雜事，那交給 彌勒菩薩去忙就好了，彌勒菩薩就是代替 世尊來統御僧眾。可是畢竟在表相上看來是很煩的，以一般人的立場來看，應該是有很多煩惱，所以要問訊 世尊：「少煩惱不？」得要這樣問訊，這是基本的禮儀。

「安樂行不？」爲什麼要這樣問訊？如果在天界利樂眾生，或者向這六萬恆河沙數的菩薩以及他們所率領的徒眾之中，來利樂眾生，那當然是「安樂行」；可是在人間並不是這樣啊！有非常多的橫逆境界，都得要 世尊親自去應付。諸位以前也許想：「**啊！成佛之後多好！人天至尊被大家恭敬供養，**

不會有人誹謗了吧？」不！外道們一天到晚都在誹謗，當年 釋迦如來在人間，外道誹謗得很嚴重啊！那六師外道就是最標準的誹謗事例。不但外道們誹謗，佛門裡面還有愚弟子誹謗，例如提婆達多與善星比丘，他們也是一樣在私底下誹謗 如來，這眞的叫作內外交攻。

未來無量世行道之中，你們都會當法主的；假使未來世你們當法主的時候，外面他們都是落入離念靈知，當人家誹謗你，就是因爲你的法是如來藏妙法，跟他們的識陰境界都不一樣。可是你自己道場裡面也會有弟子誹謗你，那時你可不要氣得七竅生煙；因爲這是五濁惡世的常態，沒什麼好奇怪的啊！外人誹謗了，如果是不需要澄清的，就當作沒聽見；若是需要澄清的，是因爲不澄清不行，會對佛弟子們有後遺症，那你就加以澄清，也就圓滿了，也是不必煩惱的啊！

一般人無法想像 佛陀的境界，也無法想像諸大菩薩們的境界，他們就會亂猜測；所以很多人讀了我的書以後，他們有時會感覺我好像是一臉橫肉的模樣：「因爲這蕭老師書裡面一天到晚都在講別人不對。」我們在大陸的同修們，有時也會有一樣的情形；沒當面見過我講經的人，本來以爲我講經時若是正在破斥別人的錯誤，應該是義憤塡膺的；沒想到來台灣聽我講經辨正別人錯誤時，竟然是笑咪咪地講，他們往往覺得好意外。你們是聽習慣了，知道我辨正別人法義錯誤時本來就是笑咪咪的，誰曾經看見我像牛眼那樣瞪人？沒有過嘛！我也從來沒有大聲辱罵過誰，因爲我沒什麼煩惱可說。

我辨正法義時，反而心裡面有一點喜悅，是因爲我終於等到另一個機會可以再爲眾生作佛事了。事實是這樣，例如以前有人退轉了，就開始否定第八識；最後那一次更說這個阿賴耶識不是如來藏，啊！當時我第一個念頭是：「又有機會了，而且這一回是最好的機會，可以把古人講的六識論、七識論、八識論、九識論、十識論，在這一次有機會全部楷定下來。以後就把它統一，確定人類就是八個識，不多也不能少，永遠如此，再也不能亂說了，這是好機會！」諸位想一想，自古以來難得有這樣的機會啊！眞的很難得，所以我們就藉這個機會把它寫下來，當然是寫得很快樂。

我正在構思該怎麼寫，沒多久，人家好意寄來一封沒地址的化名信件，我一讀就知道那是好意，表面上好像是寫信來質疑。我們無從得知他們如何否定正法的明確資料，是因爲他們否定正法時竟要求不許把否定的內容傳出來，真的好奇怪！那時我們所知道的他們的主張，全都是片片段段的，不完整，都是零零星星地經由口耳傳說而知道的，後來終於有人把他們的主張一五一十具體寫信寄過來，我一看：「啊！太好了！這個人是來幫助我們的，他一定是對他們的所說有懷疑，所以具體的寫下來給我。」我說：「有機會了，我可以寫一本好書利樂當代佛教徒。」

所以才三個月，我就把《燈影—燈下黑》寫完了。那時我已經不必請人打字了，我自己打出來；在三個月內寫完就立即開始快速校對，不到四個月我們就出版了《燈影》那麼厚的一本書。而且裡面的內容又不是膚淺的東西，世間有誰能夠這麼快？從開始寫到出版時，還不到四個月，但我們作得到。我當時說：「這一本書出來，佛教界法義底定。」

在這本書出版以前，我們會裡有一位師父對我說：「老師！你那篇〈略說第九識與第八識並存等…之過失〉寫出來，就已經夠了。」我說：「不夠，還得要有書。」所以台南法義組寫了《辨唯識性相》、《假如來藏》，當時又有人來跟我說：「老師！這樣夠了！」我說：「還不夠，我還得要再講、再寫。」所以我講了《眞假開悟》，寫了《識蘊眞義》出來，於是又有人說：「這樣應該夠了。」我說：「還不夠，還欠一本《燈影》。」我說：「這一本書印出來了，正覺會內與佛教界就都沒問題，天下底定了！」果然，這本《燈影》一開始流通，半個月內全都正常了。

因爲大家讀過以後心裡面就很篤定說：「確實如此嘛！」而前面所作的辨正，都是比較局部的，不夠全面，但《燈影》的辨正是全面性的。所以當年大家心中還是忐忑不安，爲什麼忐忑不安呢？因爲他們都放話恐嚇說：「你們要是敢再護持正覺講堂，你們就是護持惡法，跟正覺講堂一起造下惡業的共業，將來死後都要下地獄。」所以當時很多人心中惶惶不安。雖然我們親教師們不爲所動，繼續護持；可是當時很多人心中都很不安，於是心裡就害怕，導致我們經常性的護持款水準，一下子掉到底，然後就一直都在湖底游移；一直到《燈影》出版之後半個月，才又回到以前的水準。這表示什麼呢？表示說，我們爲正法、爲大眾該作的事情還沒有具足，一直要到這一本書出來時才會具足。所以我當時說：「等我把《燈影》出版了，這件事情就大功告成，功德圓滿，反而可以使整個佛教界底定下來，以後就確定爲八識論。」所以《燈影》出版以後，整個台灣佛教都承認正覺是正法了！

這是顯示什麼道理？就是說，你所應該作的就去作，只是爲了利樂眾生，你心中沒有瞋也沒有恨，那就沒有煩惱啊！可是眾生並不知道我的心境，只看表相說：「這蕭老師在書中寫得很犀利，他一定是氣死了。」或者以爲說：「蕭老師在講別人錯誤的時候，一定是義憤塡膺。」可是從來沒有看過我辨正法義時義憤塡膺過啊！我就只是如實宣演辨正，並且還有法樂伴隨著，而且大家也都聽得很歡喜，我自己也是越講越快樂！那我氣什麼？所以，從出書辨正法義的表相上看來似乎有煩惱，實際上都沒有煩惱。表相上看是不安樂的，其實卻是安樂的，因爲這是送上門來的機會，我們才能夠有名義寫出更勝妙法義的書籍，來利樂更多人，心中應該歡喜來作才是，怎麼會是苦惱的呢？因此使得這一切所作都是「安樂行」。

至於爲何能夠作這一些「安樂行」？是因爲有「無生法忍」，也有「無生忍」，所以你就能夠來作「安樂行」，諸佛當然更是如此。可是在人間的應身佛，攝受眾生時都是很辛苦的，因此菩薩來問候時應該要問「是安樂行不？」確實應該這樣問訊，這才是正確的問訊法；千萬不要作出現代佛教界流行的那個手印動作，用那個手印動作向諸佛菩薩問候時，諸佛菩薩固然慈悲而不見怪，但是諸護法菩薩們見了都不歡喜。今天講到這裡。

《妙法蓮華經》上週講到一百三十七頁第四行，已經講完了，接下來是後面繼續的兩個問訊內容。因爲前面這四位「唱導之師」大菩薩們，向釋迦牟尼佛問訊的第一句是：「請問世尊少病少惱、安樂行不？」接下來就是所問的後面兩句：「所應度者，受教易不？不令世尊生疲勞耶？」

這是在人間度眾生，特別是在五濁惡世的年代度化眾生時，初見 世尊一定要問訊的內涵。爲什麼單說五濁惡世的眾生才會這樣？譬如你在人壽八萬歲或八萬四千歲的時候，在人間成佛度眾生就不會這麼辛苦；因爲人壽八萬四千歲的時候，人類確實少病少惱，來人間示現成佛而度化眾生時，你的時間也多，度眾生時都屬於「安樂行」，因爲不會有眾生來擾亂及背後毀謗；可是若在五濁惡世時，眾生病苦很多，煩惱也很多，所以這時來人間示現成佛，各種利樂眾生之行，其實並不安樂。

以前 世尊在人間時，且不說病因，單說在人間遊化，來來往往都只能用兩隻腳走路。二十年前我去朝禮聖地時，從菩提迦耶搭遊覽車到鹿野苑，得要五、六個小時；那時的車速不快，平均大約四、五十公里，大家就喊累；

雖然是石子路，比較顛簸，卻還不必走路欸！只是坐在遊覽車上，雖然沒有冷氣，但是比起走路曬太陽可就輕鬆多了，大家都還喊累呢。想一想，咱們是爲了求法而去朝禮聖地，有遊覽車可以坐，但 世尊以人大至尊來人間不求什麼，刻意要把法送給大眾，完全無所得，竟然是用走路的；那麼諸位想想看，遊覽車以五十公里跑五個鐘頭，那是多遠的路？兩百五十公里啊！大家喊累時，竟沒有想到 世尊用腳走路去度五比丘，都沒有說過一句累欸！兩百五十公里要走上兩、三天吧？（有人說：不止。）啊？不止喔？我沒走過，因爲生來命好（大眾笑…）都是搭車；兩百五十公里走到哪裡去了？從台北快到台南了吧？（有人說：到嘉義。）到嘉義，我們從台北走到嘉義要幾天？喔？兩三天？大概是騎腳踏車。（有人說：一週。）喔！要一週，你們看。可是 世尊沒有講過一句累。但是諸位想想：這是安樂行嗎？在色身上眞的不安樂。所以如果諸位來正覺學法，學到說：「喔！我覺得好累、好累！」那就要反省一下。爲了求法來正覺學法，竟然說好累；世尊則是爲了把法送給大家，走路兩百五十公里去度五比丘，都沒有嫌累。那，到底你這個累字是該不該講？眞的不該！

諸位回頭來想一想，世尊爲了度五比丘；是成佛之後從人間講到天界，把《華嚴》的內涵頓時講完了，然後觀察人間誰可以先度化？先觀察那個鬱頭藍弗，結果他已經往生非非想天去了，沒辦法度了；又觀察另一個人，他也不在人間了，那就算了；然後觀察跟著祂出家的五個人，他們後來離世尊而去，就觀察他們在哪裡？「啊！是在鹿野苑。」然後就出發，第二天一早就走路出發去度他們，這眞的不安樂，很辛苦欸！

最早期的出家人，不像現在都有僧鞋可以穿，也不像諸位有球鞋、橡膠鞋可以穿，他們都是打赤腳。所以我小時候，老人家看見已經很晚了，孩子竟然還不肯洗腳去睡覺，就罵：「羅漢腳仔！」（閩南話）有沒有？以前小孩子沒有每天洗澡的，大概兩三天洗一次，在農家都是這樣子。每天晚上呢，就是洗臉洗腳以後上床睡覺。如果一直不肯去洗臉洗腳上床睡覺，就會被大人罵「羅漢腳」；但因爲孩子年紀還小，所以加個「仔」字——羅漢腳仔（閩南話）。所以最早時的阿羅漢，沒有一個人是穿鞋的，當時 佛陀也是一樣打赤腳。那你想：打著赤腳，走兩百五十公里，如果以你自己來領受看看，會覺得安樂嗎？不安樂。可是人壽八萬四千歲的時候 彌勒菩薩來人間成佛，就不用六年苦行，今晚出家、明天成佛；那時度化眾生，不太需要長途「遊步」，所以也不必問「輕利不？」因爲車子或飛機都很方便。

可是在這五濁惡世，又是沒有飛機車子的年代，你就得要這樣子問候，得要請問說：「世尊！少病少惱、安樂行不？」那麼八萬四千歲的時候，也不用問「所應度者，受教易不？」因爲很容易度，人如果活到八萬四千歲，沒有在一千歲、兩千歲被殺掉，活到八萬歲來了心性都夠調柔，所以眾生一定很容易度，因此這句話大概也就不用問訊了。但是五濁惡世的人，學的教訓不夠多，而且智慧很膚淺，所以不容易度啊，要教導五濁惡世的眾生是很辛苦的，所以見了在五濁惡世中示現的 世尊，一定要問訊：「所應度者，受教易不？」接著要問：「不令世尊生疲勞耶？」

想一想 世尊的預記，將來 彌勒菩薩來人間成佛，龍華樹下三轉聲聞法輪，那一些人都是第一次三轉十二行法輪時，才一說完就證得阿羅漢；對於那一些聖人，諸位不要把他們當作別人，那就是諸位，那時都要證阿羅漢果。所以第一會九十六億人得阿羅漢，第二會九十四億人，第三會九十二億人，全部都用億來計算，全都是阿羅漢；那時度眾生會不會很疲倦？不會。

可是　釋迦世尊在五濁惡世度眾生時，得要很詳細一一解說：施論、戒論、生天之論。然後再解說色陰的內涵，以及色陰如何是虛妄的？然後講受想行識的內涵，再說明受想行識如何地虛妄；這得要把三界中的五陰全部說清楚，所以才說是「欲為不淨、上漏為患、出要為上」；然後再講四聖諦，得要轉三遍法輪，所以說是「三轉十二行法輪」。那麼這樣子講了老半天，得要講得很細膩；到了講完第三遍四聖諦的時候，終於弟子們可以證得阿羅漢，這眞是很辛苦的事。然而在五濁惡世中，世尊到鹿野苑去三轉十二行法輪，才度得「五個比丘」成為阿羅漢，在人間首度建立聲聞僧團；這樣來對比彌勒菩薩成佛時，初轉法輪的龍華樹下，第一會的聲聞會，九十六億人證阿羅漢；接下來第二會、第三會，聲聞法三會就全部完成所要講的初轉法輪法義了。在這聲聞三會以後，就正式進入第二轉法輪的般若會了，以後就不必再一直不斷地運轉聲聞法輪；因為這些阿羅漢們都可以去度很多人成為阿羅漢，就像佛世一千兩百五十位阿羅漢，各各度得不少人成阿羅漢，道理是一樣的。

所以說，在五濁惡世教化眾生很辛苦，常常要講到口乾舌燥；若是在八萬四千歲的時候，教化眾生就不必這麼疲勞啦！所以將來　彌勒佛度化眾生時比較沒什麼疲倦。這是因爲眾生能夠活到八萬四千歲，一生所學到的教訓夠多了，世間智慧也很好了，很容易教化；因此　彌勒菩薩來人間成佛度眾生時，他教化眾生就不會很疲倦。可是五濁惡世的眾生，世間智慧本就不夠，教訓也學得不夠多，釋迦如來教化眾生的過程中就一定很疲倦，所以必須問訊說：「教化眾生得無疲倦？」

接著，四大菩薩就把他們的問訊作了一個綜合的問訊，以重頌這樣說：「世尊安樂少病少惱，教化眾生得無疲倦？又諸眾生受化易不？不令世尊生疲勞耶？」這就是菩薩弟子們以及聲聞弟子們，見了　世尊的時候應該要問候的常法，這樣才能叫作問訊。

這四大菩薩問訊完了，這時　世尊在菩薩大眾之中回答說：「就像是你們所講的這樣子！就像是你們所講的這樣子！諸位善男子啊！如來安樂，少病少惱；諸眾生等，也是易可化度，我也沒什麼疲勞。」也許有人會說：「世尊是不是也在講客套話？」因爲明明很辛苦啊！當這裡的眾生不安樂時，世尊就跟著不安樂；明明這裡的眾生有病有惱，世尊取得這個人身時也不免病與惱，爲什麼卻要這樣回答？而且這裡的眾生顯然無明深重，五濁所纏，是難以化度的，爲什麼回答說「易可化度，無有疲勞」？好像是在講客套話，其實不然；因爲 世尊所度的眾生非常多，娑婆世界中被 世尊所化度的眾生，難以計算；而人類的肉眼所能看到的只是一個小部分，沒有辦法全部看見，所以不知眞相的人們，只會從表相所見來說：「唉呀！人類壽算不長，大約百歲，少出多滅，五濁深重，無明所障，難以化度，世尊教化眾生一定很辛苦。」

可是大家不知道的是，這只是一個表面，實際上 世尊所度化的眾生有很多的層次差別，而那些層次不是人類的肉眼所能看見；所以從表相來看，好像是 世尊在講客套話，其實 世尊所度的眾生，還有許多不同層次的有情：有諸方的菩薩，也有天界的菩薩，也有在鬼神道裡的菩薩等等；這一些眾生就很容易度化，因爲這些眾生跟著 世尊受學正法以來，不是只有一劫、二劫，而是非常久以來已經無量劫、無量世，一直都追隨 世尊，接受 如來的教化；並且這些菩薩們，也在過去諸佛，一一奉侍供養恭敬讚歎受學過，已經種了很多很多的善根。

所以這些眾生一開始看見了　釋迦如來應身示現時，才剛剛聽聞　如來所說，就全部都能夠信受了，所以這一些人很容易進入　如來的智慧之中。從這裡來看　如來這時候所說的，其實不是講應化身的肉身是否疲勞等等；也就是說　如來有三種意生身在利樂眾生，不單單是這個肉體的應身佛。所以回答說：**「如來安樂，少病少惱；諸眾生等，易可化度，無有疲勞。」**可是有一種人就很難化度，就是在人間學習小乘法的人類眾生；若是喜愛學習小乘法的人，你要教他悟解大乘，那就非常的困難；即使如此，世尊也要教導他們修學二乘法；只要他們已經修學了二乘法，雖然依舊只是凡夫，當未來有後佛來人間成佛時，他們就有因緣可以證得解脫道；乃至在後佛的教導下，也有可能迴小向大。但是除此以外所有的菩薩們，世尊都要教導大家能夠聽聞「此經」，進入諸佛的智慧中。那麼「此經」是哪一部經？（大眾中有人說：《妙法蓮華經》、如來藏。）啊？有一說啊？剛剛有人說《妙法蓮華經》，後來又有人說「如來藏」，究竟是哪一部經？其實都對呀！因為這二法就是一法，《妙法蓮華經》就是如來藏，如來藏就是《妙法蓮華經》，所以諸位說的都有理。

但是「此經」並不容易聽聞，所以有很多人學佛幾十年以後始終聽不見。就像古時候嵩嶽慧安禪師，他捨報前，萬迴和尚來看他，兩個人是故交，重逢當然很高興，握手猖狂談論，越談越大聲，可是他們究竟說了些什麼呢？旁邊的人都聽不懂，於是那個公案的記載說：「旁侍傾耳都不體會。」一句也沒聽懂，等於是沒聽見一般。就像台灣有一句話形容得很貼切：「你聽有抑聽無啊？」聽不懂的人就回說：「聽無。」（閩南話）明明聽見說話的聲音了，為什麼還回答「聽無」？因為都聽不懂，所以叫作「聽無」。

這就是說，侍奉在旁邊的侍者，傾耳過去都同樣是無所聞；明明兩個禪師講話，震天價響，結果他們在旁邊，甚至把耳朵靠過去了也還是聽不懂，所以叫作「聽無」。我們演說「此經」如來藏二十年了，但是兩岸佛教能有幾人聽到了？全都是沒聽到，所以「此經」真的不容易得聞哪！真正聽到「此經」，是說你找到如來藏之後，終於聽懂禪師在講什麼了，這時才是真正聽到「此經」的人，可是這真的很難，很不容易啊！然而對於這一些菩薩摩訶薩等大眾而言，他們無始劫以來，已經曾於「諸佛所種諸善根，恭敬奉養承事尊重」，並且多劫以來接受 釋迦如來的教化，像這樣的人，當然全部都要讓他們聽聞到這一部經；只要聽聞到「此經」，就進入諸佛的智慧了。

所以，還沒有找到這一部經之前——在證悟「此經」如來藏以前，把《般若經》請出來讀時，每一個字都認得，結果呢，經中講的是什麼意思？依舊不懂。有許多人把《金剛經》請出來讀了，每一個字都認得，但卻說不懂其中的含義，但是讀不懂都算是好的。那麼什麼樣算是不好的？就是讀了以後說：「**這部經中講的就只是一切法空，我全都知道了。**」那就表示他眞的還不知道，因爲眞要知道的人，一定不會說《金剛經》是講一切法空。因爲《金剛經》明明告訴你說「**此法眞實，無斷無滅**」，怎麼會是說一切法空？所以那些自稱懂得《金剛經》而說是一切法空的人，都是不懂《金剛經》的凡夫，顯然他還沒有眞的聽聞到《金剛經》。

即使他聽人家大座主講了幾十遍的《金剛經》，其實也是沒有聽到「此經」，因爲全部都是「聽無」。同理，聽受《法華經》時也是一樣的道理，當他聽到善知識講得非常勝妙，而依舊是「聽無」時，表示他還沒有如實理解。所以想要眞正懂得「此經」並不容易啊！可是對於那些菩薩們來說，世尊都已幫他們親聞「此經」而且「**入於佛慧**」；這表示　世尊所度的眾生不是只有人類，人類只是祂所度眾生中的一小部分而已；只因為 世尊若沒有示現為人身，這些人類就無法得度，所以 世尊不能示現為天身來度化人類，必須示現為人身來度，但是諸天的天主、天人都可以來聽聞。所以 世尊所度眾生極多，並且都要教各個所度的眾生「得聞是經」，而且要入於諸佛的智慧中。

「入於佛慧」就是說，實證「此經」以後，把《金剛經》請出來一讀就知道說：「喔！果然無斷無滅，果然眞實，果然無異。」這樣才能算是「入於佛慧」。否則，縱使是證得二乘極果，成為三明六通大阿羅漢，仍然尚未「入於佛慧」。依照這樣來度眾生，而眾生都「入於佛慧」時，辛苦不辛苦呢？不辛苦！疲倦不疲倦呢？不疲倦！像這樣的眾生易化否？易化。這樣子以意生身去度化眾生時，有病有惱否？無病亦無惱。能夠這樣來認知、來理解、來思惟《法華經》的眞義，才能夠說是「得聞是經，入於佛慧」的人。所以這時諸大菩薩聽完 世尊的開示，就以偈讚歎說：「善哉善哉大雄世尊！諸眾生等易可化度。」確實是如此啊！

「大雄世尊」是一句讚歎之語，很多寺院的大殿上方都有個匾額——大雄寶殿。世尊莊嚴報身無人能夠傷害，還有三種意生身，也都不必任何人來護衛，也是因爲無人能傷害。諸佛的三種意生身，是隨著各種不同層次才能看見；其中最粗淺的三昧樂意生身，就已經無人能害了；因為凡是天人看見了 世尊的三昧樂意生身，一見就知道應該恭敬、奉侍、承事、奉養，不敢起一個念頭想去傷害，因爲這是大福田，而且威德巍巍。至於其他的兩種意生身，以及 世尊的自受用法身，更是無人可以傷害。所以諸佛世尊出現在人間時，只有一種身是需要密跡金剛護衛的，就是應身；在人間受生而取得這個色身時，這個人類的色身是可能被傷害的，所以需要密跡金剛暗中護衛著。但密跡金剛層次太高，鬼神們也看不見；只有在必要時才會現前，所以叫作「密跡」。鬼神是看不見他的，因此也就心存顧忌。

由於諸佛世尊不是單單只有這個肉身的應身，所以祂的各種意生身、自受用法身、他受用法身，沒有任何有情可以傷害，因此諸佛世尊都被稱爲「**大雄世尊**」；所以「諸大菩薩」們第二句話讚歎說：「**諸眾生等易可化度。**」當然是如實語；因爲他們就屬於這一類眾生，他們從娑婆世界下方虛空來到這裡，「**從地踊出**」「**其數無量無邊**」，當然知道 世尊度化像他們這一類的眾生，都是容易度的，因爲這一些菩薩們大部分是已經進入第三大阿僧祇劫的菩薩摩訶薩了。所以 世尊度化這一類菩薩們，不必一天到晚爲他們講經說法；往往去爲他們說法時，只是提示某一些重要之處，而這些菩薩們自己思惟整理就通透了，這很容易度啊！不必像在人間很辛苦地說法，所以他們說：「**諸眾生等易可化度。**」

諸位有沒有看到四阿含裡的一些經典中，例如在《中阿含》、《雜阿含》，甚至《增一阿含》中也有這個現象：你往往看到某一部經典中，世尊在那個地方的早上講一部經典；或者在某個地方的一個下午就只有講一部經典，那麼請問諸位：那部經典如果一字一句記錄下來，你是不是要讀一個上午或一個下午？對啊！因爲 世尊宣講的時候就是講一個下午，那你記錄下來讀，當然也是要讀一個下午。可是明明那一部經典，你才不過二十幾分鐘、十幾分鐘就讀完；在阿含部裡面常常可以看到這樣的經典，大多沒有很長，你用一、二十分鐘就讀完了，這意味著什麼？意味著結集的時候是把它加以濃縮的，是只結集重點。

這都不是像我們《楞嚴經講記》、《起信論講記》，是一字一句整理下來。

這表示　世尊說法時其實是很詳細的，可是結集的時候不可能那麼詳細一字又一字全部記錄下來，古時又沒有錄音機可用。所以就把其中的道理結集下來就行了，那這樣子度人當然是辛苦的，不會是輕鬆的。就像一整部《法華經》，諸位不必一個下午或一個早上，就可以全部讀完了，可是當年爲什麼要講那麼久？因爲結集下來的都是已經被精簡過了。所以在人間度眾生時，都是要很詳細解說的，因爲人類的智慧不夠；可是那一些從地踊出的大菩薩們，世尊往往來到時爲他們講一些法，他們自己就可以去思惟整理，然後就通透了某一些總持；像這樣的眾生在度化的時候，輕鬆而又容易。所以「**諸眾生等易可化度**」，表示不是指人類。

（未完，詳續第十四輯中詳解。）

佛菩提二主要道次第概要表——二道並修，以外無別佛法

佛菩提道——大菩提道

遠波羅蜜多

資糧位

十信位修集信心——一劫乃至一萬劫

初住位修集布施功德（以財施爲主）。

二住位修集持戒功德。

三住位修集忍辱功德。

四住位修集精進功德。

五住位修集禪定功德。

六住位修集般若功德（熏習般若中觀及斷我見，加行位也）。

外門廣修六度萬行

見道位

七住位明心般若正觀現前，親證本來自性清淨涅槃。

八住位起於一切法現觀般若中道。漸除性障。

十住位眼見佛性，世界如幻觀成就。

一至十行位，於廣行六度萬行中，依般若中道慧，現觀陰處界猶如陽焰，至第十行滿心位，陽焰觀成就。

一至十迴向位熏習一切種智；修除性障，唯留最後一分思惑不斷。第十迴向滿心位成就菩薩道如夢觀。

內門廣修六度萬行

初地：第十迴向位滿心時，成就道種智一分（八識心王一一親證後，領受五法、三自性、七種第一義、七種性自性、二種無我法）復由勇發十無盡願，成通達位菩薩。復又永伏性障而不具斷，能證慧解脫而不取證，由大願故留惑潤生。此地主修法施波羅蜜多及百法明門。證「猶如鏡像」現觀，故滿初地心。

二地：初地功德滿足以後，再成就道種智一分而入二地；主修戒波羅蜜多及一切種智。滿心位成就「猶如光影」現觀，戒行自然清淨。

解脫道：二乘菩提

斷三縛結，成初果解脫

→ 薄貪瞋癡，成二果解脫

→ 斷五下分結，成三果解脫

入地前的四加行令煩惱障現行悉斷，成四果解脫，留惑潤生。分段生死已斷，煩惱障習氣種子開始斷除，兼斷無始無明上煩惱。

近波羅蜜多 — 大波羅蜜多 — 圓滿波羅蜜多

修道位

三地：二地滿心再證道種智一分，故入三地。此地主修忍波羅蜜多及四禪八定、四無量心、五神通。能成就俱解脫果而不取證，留惑潤生。滿心位成就「猶如谷響」現觀及無漏妙定意生身。

四地：由三地再證道種智一分故入四地。主修精進波羅蜜多，於此土及他方世界廣度有緣，無有疲倦。進修一切種智，滿心位成就「如水中月」現觀。

五地：由四地再證道種智一分故入五地。主修禪定波羅蜜多及一切種智，斷除下乘涅槃貪。滿心位成就「變化所成」現觀。

六地：由五地再證道種智一分故入六地。此地主修般若波羅蜜多——依道種智現觀十二因緣一一有支及意生身化身，皆自心眞如變化所現，「非有似有」，成就細相觀，不由加行而自然證得滅盡定，成俱解脫大乘無學。

七地：由六地「非有似有」現觀，再證道種智一分故入七地。此地主修一切種智及方便波羅蜜多，由重觀十二有支一一支中之流轉門及還滅門一切細相，成就方便善巧，念念隨入滅盡定。滿心位證得「如犍闥婆城」現觀。

八地：由七地極細相觀成就故再證道種智一分而入八地。此地主修一切種智及願波羅蜜多。至滿心位純無相觀任運恆起，故於相土自在，滿心位復證「如實覺知諸法相意生身」故。

九地：由八地再證道種智一分故入九地。主修力波羅蜜多及一切種智，成就四無礙，滿心位證得「種類俱生無行作意生身」。

十地：由九地再證道種智一分故入此地。此地主修一切種智——智波羅蜜多。滿心位起大法智雲，及現起大法智雲所含藏種種功德，成受職菩薩。

等覺：由十地道種智成就故入此地。此地應修一切種智，圓滿等覺地無生法忍；於百劫中修集極廣大福德，以之圓滿三十二大人相及無量隨形好。

究竟位

妙覺：示現受生人間已斷盡煩惱障一切習氣種子，並斷盡所知障一切隨眠，永斷變易生死無明，成就大般涅槃，四智圓明。人間捨壽後，報身常住色究竟天利樂十方地上菩薩；以諸化身利樂有情，永無盡期，成就究竟佛道。

七地滿心斷除故意保留之最後一分思惑時，煩惱障所攝色、受、想三陰有漏習氣種子全部斷盡。 ←

煩惱障所攝行、識二陰無漏習氣種子任運漸斷，所知障所攝上煩惱任運漸斷。 ←

斷盡變易生死
成就大般涅槃

圓滿成就究竟佛果

佛子蕭平實 謹製
（二〇〇九、〇二 修訂）
（二〇一二、〇二 增補）

佛教正覺同修會〈修學佛道次第表〉

第一階段

* 以憶佛及拜佛方式修習動中定力。
* 學第一義佛法及禪法知見。
* 無相拜佛功夫成就。
* 具備一念相續功夫—動靜中皆能看話頭。
* 努力培植福德資糧，勤修三福淨業。

第二階段

* 參話頭，參公案。
* 開悟明心，一片悟境。
* 鍛鍊功夫求見佛性。
* 眼見佛性〈餘五根亦如是〉親見世界如幻，成就如幻觀。
* 學習禪門差別智。
* 深入第一義經典。
* 修除性障及隨分修學禪定。
* 修證十行位陽焰觀。

第三階段

* 學一切種智真實正理—楞伽經、解深密經、成唯識論…。
* 參究末後句。
* 解悟末後句。
* 透牢關—親自體驗所悟末後句境界，親見實相，無得無失。
* 救護一切衆生迴向正道。護持了義正法，修證十迴向位如夢觀。
* 發十無盡願，修習百法明門，親證猶如鏡像現觀。
* 修除五蓋，發起禪定。持一切善法戒。親證猶如光影現觀。
* 進修四禪八定、四無量心、五神通。進修大乘種智，求證猶如谷響現觀。

佛教正覺同修會 共修現況 及 招生公告　2016/1/16

一、共修現況：（請在共修時間來電，以免無人接聽。）

台北正覺講堂 103 台北市承德路三段 277 號九樓 捷運淡水線圓山站旁 Tel..**總機** 02-25957295（晚上）（**分機：九樓**辦公室 10、11；知客櫃檯 12、13。 **十樓**知客櫃檯 15、16；書局櫃檯 14。 **五樓**辦公室 18；知客櫃檯 19。**二樓**辦公室 20；知客櫃檯 21。） Fax..25954493

第一講堂　台北市承德路三段 277 號九樓

禪淨班：週一晚上班、週三晚上班、週四晚上班、週五晚上班、週六下午班、週六上午班（皆須報名建立學籍後始可參加共修，欲報名者詳見本公告末頁）

增上班：瑜伽師地論詳解：每月第一、三、五週之週末 17.50～20.50 平實導師講解（僅限已明心之會員參加）

禪門差別智：每月第一週日全天　平實導師主講（事冗暫停）。

佛藏經詳解　平實導師主講。已於 2013/12/17 開講，歡迎已發成佛大願的菩薩種性學人，攜眷共同參與此殊勝法會聽講。詳解 釋迦世尊於《佛藏經》中所開示的眞實義理，更爲今時後世佛子四眾，闡述佛陀演說此經的本懷。眞實尋求佛菩提道的有緣佛子，親承聽聞如是勝妙開示，當能如實理解經中義理，亦能了知於大乘法中：如何是諸法實相？善知識、惡知識要如何簡擇？如何才是清淨持戒？如何才能清淨說法？於此末法之世，眾生五濁益重，不知佛、不解法、不識僧，唯見表相，不信眞實，貪著五欲，諸方大師不淨說法，各各將導大量徒眾趣入三塗，如是師徒俱堪憐憫。是故，平實導師以大慈悲心，用淺白易懂之語句，佐以實例、譬喻而爲演說，普令聞者易解佛意，皆得契入佛法正道，如實了知佛法大藏。

此經中，對於實相念佛多所著墨，亦指出念佛要點：以實相爲依，念佛者應依止淨戒、依止清淨僧寶，捨離違犯重戒之師僧，應受學清淨之法，遠離邪見。本經是現代佛門大法師所厭惡之經典：一者由於大法師們已全都落入意識境界而無法親證實相，故於此經中所說實相全無所知，都不樂有人聞此經名，以免讀後提出問疑時無法回答；二者現代大乘佛法地區，已經普被藏密喇嘛教滲透，許多有名之大法師們人多已曾或繼續在修練雙身法，都已失去聲聞戒體及菩薩戒體，成爲地獄種姓人，已非眞正出家之人，本質只是身著僧衣而住在寺院中的世俗人。這些人對於此經都是讀不懂的，也是極爲厭惡的；他們尙不樂見此經之印行，何況流通與講解？今爲救護廣大學佛人，兼欲護持佛教血脈永續常傳，特選此經宣講之。每逢週二 18.50~20.50 開示，不限制聽講資格。會外人士需憑身分證件換證入內聽講（此是大樓管理處之安全規定，敬請見諒）。桃園、台中、台南、高雄等地講堂，亦於每週二晚上播放平實導師所講本經之 DVD，不必出示身分證件即可入內聽講，歡迎各地善信同霑法益。

第二講堂　台北市承德路三段 267 號十樓。

禪淨班：週一晚上班、週六下午班。

進階班：週三晚上班、週四晚上班、週五晚上班（禪淨班結業後轉入共修）。

佛藏經詳解：平實導師講解。每週二 18.50~20.50（影像音聲即時傳輸）。本會學員憑上課證進入聽講，會外學人請以身分證件換證進入聽講（此爲大樓管理處安全管理規定之要求，敬請諒解）。

第三講堂　台北市承德路三段 277 號五樓。

進階班：週一晚上班、週三晚上班、週四晚上班、週五晚上班。

佛藏經詳解：平實導師講解。每週二 18.50~20.50（影像音聲即時傳輸）。本會學員憑上課證進入聽講，會外學人請以身分證件換證進入聽講（此爲大樓管理處安全管理規定之要求，敬請諒解）。

第四講堂　台北市承德路三段 267 號二樓。

進階班：週一晚上班、週三晚上班、週四晚上班、週五晚上班（禪淨班結業後轉入共修）。

佛藏經詳解：平實導師講解。每週二 18.50~20.50（影像音聲即時傳輸）。本會學員憑上課證進入聽講，會外學人請以身分證件換證進入聽講（此爲大樓管理處安全管理規定之要求，敬請諒解）。

第五、第六講堂　爲**開放式講堂**，不需以身分證件換證即可進入聽講，台北市承德路三段 267 號地下一樓、地下二樓。已規劃整修完成，每逢週二晚上講經時段開放給會外人士自由聽經，請由大樓側面梯階逕行進入聽講。**聽講者請尊重講者的著作權及肖像權，請勿錄音錄影，以免違法；若有錄音錄影被查獲者，將依法處理。**

正覺祖師堂　大溪鎮美華里信義路 650 巷坑底 5 之 6 號（台 3 號省道 34 公里處　妙法寺對面斜坡道進入）電話 03-3886110　傳眞 03-3881692 本堂供奉　克勤圓悟大師，專供會員每年四月、十月各二次精進禪三共修，兼作本會出家菩薩掛單常住之用。除禪三時間以外，每逢單月第一週之週日 9:00~17:00 開放會內、外人士參訪，當天並提供午齋結緣。教內共修團體或道場，得另申請其餘時間作團體參訪，務請事先與常住確定日期，以便安排常住菩薩接引導覽，亦免妨礙常住菩薩之日常作息及修行。

桃園正覺講堂（第一、第二講堂）：桃園市介壽路 286、288 號 10 樓（陽明運動公園對面）電話：03-3749363（請於共修時聯繫，或與台北聯繫）

禪淨班：週一晚上班、週三晚上班、週四晚上班、週五晚上班。

進階班：週六上午班、週五晚上班。

佛藏經詳解：平實導師講解。每週二晚上，以台北正覺講堂所錄 DVD 放映；歡迎會外學人共同聽講，不需出示身分證件。

新竹正覺講堂 新竹市東光路 55 號二樓之一 電話 03-5724297（晚上）

第一講堂：

禪淨班：週一晚上班、週五晚上班、週六上午班。

進階班：週三晚上班、週四晚上班（由禪淨班結業後轉入共修）。

佛藏經詳解：平實導師講解。每週二晚上，以台北正覺講堂所錄 DVD 放映。歡迎會外學人共同聽講，不需出示身分證件。

第二講堂：

禪淨班：週三晚上班、週四晚上班。

佛藏經詳解：每週二晚上與第一講堂同時播放佛藏經詳解 DVD。

台中正覺講堂 04-23816090（晚上）

第一講堂 台中市南屯區五權西路二段 666 號 13 樓之四（國泰世華銀行樓上。鄰近縣市經第一高速公路前來者，由五權西路交流道可以快速到達，大樓旁有停車場，對面有素食館）。

禪淨班：週三晚上班、週四晚上班。

進階班：週一晚上班、週六上午班（由禪淨班結業後轉入共修）。

增上班：單週週末以台北增上班課程錄成 DVD 放映之，限已明心之會員參加。

佛藏經詳解：平實導師講解。每週二晚上，以台北正覺講堂所錄 DVD 放映。歡迎會外學人共同聽講，不需出示身分證件。

第二講堂 台中市南屯區五權西路二段 666 號 4 樓

禪淨班：週一晚上班、週三晚上班、週六上午班。

進階班：週五晚上班（由禪淨班結業後轉入共修）。

佛藏經詳解：每週二晚上與第一講堂同時播放佛藏經詳解 DVD。

第三講堂、第四講堂：台中市南屯區五權西路二段 666 號 4 樓。

嘉義正覺講堂 嘉義市友愛路 288 號八樓之一 電話：05-2318228

第一講堂：

禪淨班：週一晚上班、週四晚上班、週五晚上班。

進階班：週三晚上班（由禪淨班結業後轉入共修）。

佛藏經詳解：平實導師講解。每週二晚上，以台北正覺講堂所錄 DVD 放映。歡迎會外學人共同聽講，不需出示身分證件。

第二講堂 嘉義市友愛路 288 號八樓之二。

台南正覺講堂

第一講堂 台南市西門路四段 15 號 4 樓。06-2820541（晚上）

禪淨班：週一晚上班、週三晚上班、週四晚上班、週五晚上班、週六下午班。

增上班：單週週末下午，以台北增上班課程錄成 DVD 放映之，限已明心之會員參加。

佛藏經詳解：平實導師講解。每週二晚上，以台北正覺講堂所錄 DVD 放映。歡迎會外學人共同聽講，不需出示身分證件。

第二講堂　台南市西門路四段 15 號 3 樓。

佛藏經詳解：每週二晚上與第一講堂同時播放佛藏經詳解 DVD。

第三講堂　台南市西門路四段 15 號 3 樓。

進階班：週三晚上班、週四晚上班、週六上午班（由禪淨班結業後轉入共修）。

佛藏經詳解：每週二晚上與第一講堂同時播放佛藏經詳解 DVD。

高雄正覺講堂　高雄市新興區中正三路 45 號五樓 07-2234248（晚上）

第一講堂（五樓）：

禪淨班：週一晚上班、週三晚上班、週四晚上班、週五晚上班、週六上午班。

增上班：單週週末下午，以台北增上班課程錄成 DVD 放映之，限已明心之會員參加。

佛藏經詳解：平實導師講解。每週二晚上，以台北正覺講堂所錄 DVD 放映。歡迎會外學人共同聽講，不需出示身分證件。

第二講堂（四樓）：

進階班：週三晚上班、週四晚上班、週六上午班（由禪淨班結業後轉入共修）。

佛藏經詳解：每週二晚上與第一講堂同時播放佛藏經詳解 DVD。

第三講堂（三樓）：

進階班：週四晚上班（由禪淨班結業後轉入共修）。

香港正覺講堂　**☆已遷移新址☆**

九龍觀塘，成業街 10 號，電訊一代廣場 27 樓 E 室。

（觀塘地鐵站 B1 出口，步行約 4 分鐘）。電話：(852) 23262231

英文地址：Unit E, 27th Floor, TG Place, 10 Shing Yip Street, Kwun Tong, Kowloon

禪淨班：雙週六下午班 14:30-17:30，已經額滿。
雙週日下午班 14:30-17:30，2016 年 4 月底前尚可報名。

進階班：雙週五晚上班（由禪淨班結業後轉入共修）。

增上班：單週週末上午，以台北增上班課程錄成 DVD 放映之，限已明心之會員參加。

妙法蓮華經詳解：平實導師講解。雙週六 19:00-21:00，以台北正覺講堂所錄 DVD 放映；歡迎會外學人共同聽講，不需出示身分證件。

美國洛杉磯正覺講堂　☆已遷移新址☆

825 S. Lemon Ave Diamond Bar, CA 91798 U.S.A.
Tel. (909) 595-5222（請於週六 9:00~18:00 之間聯繫）
Cell. (626) 454-0607

禪淨班：每逢週末 15：30~17：30 上課。

進階班：每逢週末上午 10：00~12：00 上課。

佛藏經詳解：平實導師講解。每週六下午 13：00~15：00，以台北正覺講堂所錄 DVD 放映。歡迎各界人士共享第一義諦無上法益，不需報名。

二、招生公告　**本會台北講堂及全省各講堂，每逢四月、十月下旬開新班，每週共修一次**（每次二小時。開課日起三個月內仍可插班）；**但美國洛杉磯共修處之禪淨班得隨時插班共修。各班共修期間皆爲二年半，欲參加者請向本會函索報名表**（各共修處皆於共修時間方有人執事，非共修時間請勿電詢或前來洽詢、請書），**或直接從本會官方網站**(http://www.enlighten.org.tw/newsflash/class)**或成佛之道網站下載報名表**。共修期滿時，若經報名禪三審核通過者，可參加四天三夜之禪三精進共修，有機會明心、取證如來藏，發起般若實相智慧，成爲實義菩薩，脫離凡夫菩薩位。

三、新春禮佛祈福 農曆年假期間停止共修：自農曆新年前七天起停止共修與弘法，正月 8 日起回復共修、弘法事務。新春期間正月初一～初七 9.00～17.00 開放台北講堂、正月初一~初三開放新竹講堂、台中講堂、台南講堂、高雄講堂，以及大溪禪三道場（正覺祖師堂），方便會員供佛、祈福及會外人士請書。美國洛杉磯共修處之休假時間，請逕詢該共修處。

密宗四大派修雙身法，是外道性力派的邪法；又以生滅的識陰作為常住法，是常見外道，是假的藏傳佛教。

西藏覺囊巴以他空見弘揚第八識如來藏勝法，才是真藏傳佛教

佛教正覺同修會　弘法行事表　　2017/03/31

1、**禪淨班**　以無相念佛及拜佛方式修習動中定力，實證一心不亂功夫。傳授解脫道正理及第一義諦佛法，以及參禪知見。共修期間：二年六個月。每逢四月、十月開新班，詳見招生公告表。

2、**《佛藏經》**詳解　平實導師主講。已於 2013/12/17 開講，歡迎已發成佛大願的菩薩種性學人，攜眷共同參與此殊勝法會聽講。詳解 釋迦世尊於《佛藏經》中所開示的眞實義理，更爲今時後世佛子四眾，闡述 佛陀演說此經的本懷。眞實尋求佛菩提道的有緣佛子，親承聽聞如是勝妙開示，當能如實理解經中義理，亦能了知於大乘法中：如何是諸法實相？善知識、惡知識要如何簡擇？如何才是清淨持戒？如何才能清淨說法？於此末法之世，眾生五濁益重，不知佛、不解法、不識僧，唯見表相，不信眞實，貪著五欲，諸方大師不淨說法，各各將導大量徒眾趣入三塗，如是師徒俱堪憐憫。是故，平實導師以大慈悲心，用淺白易懂之語句，佐以實例、譬喻而爲演說，普令聞者易解佛意，皆得契入佛法正道，如實了知佛法大藏。每逢週二 18.50~20.50 開示，不限制聽講資格。會外人士需憑身分證件換證入內聽講（此是大樓管理處之安全規定，敬請見諒）。桃園、新竹、台中、台南、高雄等地講堂，亦於每週二晚上播放平實導師講經之 DVD，不必出示身分證件即可入內聽講，歡迎各地善信同霑法益。

有某道場專弘淨土法門數十年，於教導信徒研讀《佛藏經》時，往往告誡信徒曰：「後半部不許閱讀。」由此緣故坐令信徒失去提升念佛層次之機緣，師徒只能低品位往生淨土，令人深覺愚癡無智。由有多人建議故，平實導師開始宣講《佛藏經》，藉以轉易如是邪見，並提升念佛人之知見與往生品位。此經中，對於實相念佛多所著墨，亦指出念佛要點：以實相爲依，念佛者應依止淨戒、依止清淨僧寶，捨離違犯重戒之師僧，應受學清淨之法，遠離邪見。本經是現代佛門大法師所厭惡之經典：一者由於大法師們已全都落入意識境界而無法親證實相，故於此經中所說實相全無所知，都不樂有人聞此經名，以免讀後提出問疑時無法回答；二者現代大乘佛法地區，已經普被藏密喇嘛教滲透，許多有名之大法師們大多已曾或繼續在修練雙身法，都已失去聲聞戒體及菩薩戒體，成爲地獄種姓人，已非眞正出家之人，本質上只是身著僧衣而住在寺院中的世俗人。這些人對於此經都是讀不懂的，也是極爲厭惡的；他們尚不樂見此經之印行，何況流通與講解？今爲救護廣大學佛人，兼欲護持佛教血脈永續常傳，特選此經宣講之，主講者平實導師。

3、**瑜伽師地論**詳解　詳解論中所言凡夫地至佛地等 17 師之修證境界與理論，從凡夫地、聲聞地……宣演到諸地所證一切種智之眞實正理。由平實導師開講，每逢一、三、五週之週末晚上開示，僅限已明心之會員參加。

4、**精進禪三**　主三和尚：平實導師。於四天三夜中，以克勤圓悟大師及大慧宗杲之禪風，施設機鋒與小參、公案密意之開示，幫助會員剋期取證，親證不生不滅之眞實心——人人本有之如來藏。每年四月、十月各舉辦二個梯次；平實導師主持。僅限本會會員參加禪淨班共修期滿，報名審核通過者，方可參加。並選擇會中定力、慧力、福德三條件皆已具足之已明心會員，給以指引，令得眼見自己無形無相之佛性遍佈山河大地，眞實而無障礙，得以肉眼現觀世界身心悉皆如幻，具足成就如幻觀，圓滿十住菩薩之證境。

5、**大法鼓經**詳解　詳解末法時代大乘佛法修行之道。佛教正法消毒妙藥塗於大鼓而以擊之，凡有眾生聞之者，一切邪見鉅毒悉皆消殞；此經即是大法鼓之正義，凡聞之者，所有邪見之毒悉皆滅除，見道不難；亦能發起菩薩無量功德，是故諸大菩薩遠從諸方佛土來此娑婆聞修此經。

本經破「有」而顯涅槃，以此名爲眞法；若墮在「有」中，皆名「非法」；若人如是宣揚佛法，名爲擊大法鼓；如是依「法」而捨「非法」，據以建立山門而爲眾說法，方可名爲法鼓山。此經中說，以「此經」爲菩薩道之本，以證得「此經」之正知見及法門作爲度人之「法」，方名眞實佛法，否則盡名「非法」。本經中對法與非法、有與涅槃，有深入之闡釋，歡迎教界一切善信（不論初機或久學菩薩），一同親沐 如來聖教，共沾法喜。由平實導師詳解。不限制聽講資格。

6、**不退轉法輪經**詳解　本經所說妙法極爲甚深難解，時至末法，已然無有知者；而其甚深絕妙之法，流傳至今依舊多人可證，顯示佛學眞是義學而非玄談，其中甚深極妙令人拍案稱絕之第一義諦妙義，平實導師將會加以解說。待《大法鼓經》宣講完畢時繼續宣講此經。

7、**阿含經**詳解　選擇重要之阿含部經典，依無餘涅槃之實際而加以詳解，令大眾得以現觀諸法緣起性空，亦復不墮斷滅見中，顯示經中所隱說之涅槃實際　如來藏—確實已於四阿含中隱說；令大眾得以聞後觀行，確實斷除我見乃至我執，證得**見到**眞現觀，乃至**身證**……等眞現觀；已得大乘或二乘見道者，亦可由此聞熏及聞後之觀行，除斷我所之貪著，成就慧解脫果。由平實導師詳解。不限制聽講資格。

8、**解深密經**詳解　重講本經之目的，在於令諸已悟之人明解大乘法道之成佛次第，以及悟後進修一切種智之內涵，確實證知三種自性性，並得據此證解七眞如、十眞如等正理。每逢週二 18.50~20.50 開示，由平實導師詳解。將於《大法鼓經》講畢後開講。不限制聽講資格。

9、**成唯識論**詳解　詳解一切種智眞實正理，詳細剖析一切種智之微細深妙廣大正理；並加以舉例說明，使已悟之會員深入體驗所證如來藏之微密行相；及證驗見分相分與所生一切法，皆由如來藏—阿賴耶識—直接或展轉而生，因此證知一切法無我，證知無餘涅槃之本際。將於增上班《瑜伽師地論》講畢後，由平實導師重講。僅限已明心之會員參加。

10、**精選如來藏系經典**詳解　精選如來藏系經典一部，詳細解說，以此完全印證會員所悟如來藏之眞實，得入不退轉住。另行擇期詳細解說之，由平實導師講解。僅限已明心之會員參加。

11、**禪門差別智**　藉禪宗公案之微細淆訛難知難解之處，加以宣說及剖析，以增進明心、見性之功德，啓發差別智，建立擇法眼。每月第一週日全天，由平實導師開示，僅限破參明心後，復又眼見佛性者參加（事冗暫停）。

12、**枯木禪**　先講智者大師的《小止觀》，後說《釋禪波羅蜜》，詳解四禪八定之修證理論與實修方法，細述一般學人修定之邪見與岔路，及對禪定證境之誤會，消除枉用功夫、浪費生命之現象。已悟般若者，可以藉此而實修初禪，進入大乘通教及聲聞教的三果心解脫境界，配合應有的大福德及後得無分別智、十無盡願，即可進入初地心中。親教師：平實導師。未來緣熟時將於大溪正覺寺開講。不限制聽講資格。

註：本會例行年假，自 2004 年起，改爲每年農曆新年前七天開始停息弘法事務及共修課程，農曆正月 8 日回復所有共修及弘法事務。新春期間（每日 9.00~17.00）開放台北講堂，方便會員禮佛祈福及會外人士請書。大溪區的正覺祖師堂，開放參訪時間，詳見〈正覺電子報〉或成佛之道網站。本表得因時節因緣需要而隨時修改之，不另作通知。

佛教正覺同修會　贈閱書籍 目錄　　2015/09/29

1.**無相念佛**　平實導師著　回郵 10 元
2.**念佛三昧修學次第**　平實導師述著　回郵 25 元
3.**正法眼藏—護法集**　平實導師述著　回郵 35 元
4.**真假開悟簡易辨正法&佛子之省思**　平實導師著　回郵 3.5 元
5.**生命實相之辨正**　平實導師著　回郵 10 元
6.**如何契入念佛法門**（**附：印順法師否定極樂世界**）平實導師著　回郵 3.5 元
7.**平實書箋**—答元覽居士書　平實導師著　回郵 35 元
8.**三乘唯識**—如來藏系經律彙編　平實導師編　回郵 80 元
（精裝本　長 27 cm　寬 21 cm　高 7.5 cm　重 2.8 公斤）
9.**三時繫念全集**—修正本　回郵掛號 40 元（長 26.5 cm×寬 19 cm）
10.**明心與初地**　平實導師述　回郵 3.5 元
11.**邪見與佛法**　平實導師述著　回郵 20 元
12.**菩薩正道**—回應義雲高、釋性圓…等外道之邪見　正燦居士著 回郵 20 元
13.**甘露法雨**　平實導師述　回郵 20 元
14.**我與無我**　平實導師述　回郵 20 元
15.**學佛之心態**—修正錯誤之學佛心態始能與正法相應 孫正德老師著 回郵35元
附錄：平實導師著**《略說八、九識並存…等之過失》**
16.**大乘無我觀**—《悟前與悟後》別說　平實導師述著　回郵 20 元
17.**佛教之危機**—中國台灣地區現代佛教之真相（附錄：公案拈提六則）
平實導師著　回郵 25 元
18.**燈　影**—燈下黑（覆「求教後學」來函等）　平實導師著　回郵 35 元
19.**護法與毀法**—覆上平居士與徐恒志居士網站毀法二文
張正圜老師著　回郵 35 元
20.**淨土聖道**—兼評**選擇本願念佛**　正德老師著　**由正覺同修會購贈** 回郵 25 元
21.**辨唯識性相**—對「紫蓮心海《辯唯識性相》書中否定阿賴耶識」之回應
正覺同修會 台南共修處法義組 著　回郵 25 元
22.**假如來藏**—對法蓮法師《如來藏與阿賴耶識》書中否定阿賴耶識之回應
正覺同修會 台南共修處法義組 著　回郵 35 元
23.**入不二門**—公案拈提集錦 第一輯（於平實導師公案拈提諸書中選錄約二十則，
合輯爲一冊流通之）平實導師著　回郵 20 元
24.**真假邪說**—西藏密宗索達吉喇嘛《破除邪說論》真是邪說
釋正安法師著　回郵 35 元
25.**真假開悟**—真如、如來藏、阿賴耶識間之關係　平實導師述著　回郵 35 元
26.**真假禪和**—辨正釋傳聖之謗法謬說　孫正德老師著　回郵 30 元

27.**眼見佛性**—駁慧廣法師眼見佛性的含義文中謬說

游正光老師著　回郵 25 元

28.**普門自在**—公案拈提集錦 第二輯（於平實導師公案拈提諸書中選錄約二十則，合輯爲一冊流通之）平實導師著　回郵 25 元

29.**印順法師的悲哀**—以現代禪的質疑為線索　恒毓博士著　回郵 25 元

30.**識蘊真義**—現觀識蘊內涵、取證初果、親斷三縛結之具體行門。

—依《成唯識論》及《唯識述記》正義，略顯安慧《大乘廣五蘊論》之邪謬

平實導師著　回郵 35 元

31.**正覺電子報** 各期紙版本　免附回郵　每次最多函索三期或三本。

（已無存書之較早各期，不另增印贈閱）

32.**現代人應有的宗教觀**　蔡正禮老師 著　回郵3.5元

33.**遠惑趣道**—正覺電子報般若信箱問答錄　第一輯　回郵20元

34.**遠惑趣道**—正覺電子報般若信箱問答錄　第二輯　回郵20元

35.**確保您的權益**—器官捐贈應注意自我保護　游正光老師 著　回郵10元

36.**正覺教團電視弘法三乘菩提 DVD 光碟（一）**

由正覺教團多位親教師共同講述錄製 DVD 8 片，MP3 一片，共 9 片。有二大講題：一爲「三乘菩提之意涵」，二爲「學佛的正知見」。內容精闢，深入淺出，精彩絕倫，幫助大眾快速建立三乘法道的正知見，免被外道邪見所誤導。有志修學三乘佛法之學人不可不看。（製作工本費 100 元，回郵 25 元）

37.**正覺教團電視弘法 DVD 專輯（二）**

總有二大講題：一爲「三乘菩提之念佛法門」，一爲「學佛正知見（第二篇）」，由正覺教團多位親教師輪番講述，內容詳細闡述如何修學念佛法門、實證念佛三昧，以及學佛應具有的正確知見，可以幫助發願往生西方極樂淨土之學人，得以把握往生，更可令學人快速建立三乘法道的正知見，免於被外道邪見所誤導。有志修學三乘佛法之學人不可不看。（一套 17 片，工本費 160 元。回郵 35 元）

38.**佛藏經** 燙金精裝本 每冊回郵 20 元。正修佛法之道場欲大量索取者，請正式發函並蓋用大印寄來索取（2008.04.30 起開始敬贈）

39.**喇嘛性世界**—揭開假藏傳佛教譚崔瑜伽的面紗　張善思 等人合著

由正覺同修會購贈　回郵 20 元

40.**假藏傳佛教的神話**—性、謊言、喇嘛教　張正玄教授編著　回郵 20 元

由正覺同修會購贈　回郵 20 元

41.**隨 緣**—理隨緣與事隨緣　平實導師述　回郵 20 元。

42.**學佛的覺醒**　正枝居士 著　回郵 25 元

43.**導師之真實義**　蔡正禮老師 著　回郵 10 元

44.**淺談達賴喇嘛之雙身法**—兼論解讀「密續」之達文西密碼

吳明芷居士 著　回郵 10 元

45.**魔界轉世**　張正玄居士 著　回郵 10 元

46.**一貫道與開悟**　蔡正禮老師 著　回郵 10 元

47.**博愛**—愛盡天下女人　正覺教育基金會 編印　回郵 10 元
48.**意識虛妄經教彙編**—實證解脫道的關鍵經文　正覺同修會編印　回郵 25 元
49.**邪箭囈語**—破斥藏密外道多識仁波切《破魔金剛箭雨論》之邪說
陸正元老師著　上、下冊回郵各 30 元
50.**真假沙門**—依 佛聖教闡釋佛教僧寶之定義
蔡正禮老師著　俟正覺電子報連載後結集出版
51.**真假禪宗**—藉評論釋性廣《印順導師對變質禪法之批判
及對禪宗之肯定》以顯示真假禪宗
附論一：凡夫知見 無助於佛法之信解行證
附論二：世間與出世間一切法皆從如來藏實際而生而顯
余正偉老師著　俟正覺電子報連載後結集出版　回郵未定
52.**假鋒虛焰金剛乘**—揭示顯密正理，兼破索達吉師徒《般若鋒兮金剛焰》。
釋正安 法師著　俟正覺電子報連載後結集出版

★ 上列贈書之郵資，係台灣本島地區郵資，大陸、港、澳地區及外國地區，請另計酌增（大陸、港、澳、國外地區之郵票不許通用）。尚未出版之書，請勿先寄來郵資，以免增加作業煩擾。

★ 本目錄若有變動，唯於後印之書籍及「成佛之道」網站上修正公佈之，不另行個別通知。

函索書籍請寄：佛教正覺同修會　103 台北市承德路 3 段 277 號 9 樓
台灣地區函索書籍者請附寄郵票，無時間購買郵票者可以等值現金抵用，但不接受郵政劃撥、支票、匯票。大陸地區得以人民幣計算，國外地區請以美元計算（請勿寄來當地郵票，在台灣地區不能使用）。欲以掛號寄遞者，請另附掛號郵資。

親自索閱：正覺同修會各共修處。　★請於共修時間前往取書，餘時無人在道場，請勿前往索取；共修時間與地點，詳見書末正覺同修會共修現況表（以近期之共修現況表為準）。

註：正智出版社發售之局版書，請向各大書局購閱。若書局之書架上已經售出而無陳列者，請向書局櫃台指定洽購；若書局不便代購者，請於正覺同修會共修時間前往各共修處請購，正智出版社已派人於共修時間送書前往各共修處流通。 郵政劃撥購書及 大陸地區 購書，請詳別頁正智出版社發售書籍目錄最後頁之說明。

成佛之道 網站：http://www.a202.idv.tw　正覺同修會已出版之結緣書籍，多已登載於 成佛之道 網站，若住外國、或住處遙遠，不便取得正覺同修會贈閱書籍者，可以從本網站閱讀及下載。　書局版之《宗通與說通》亦已上網，台灣讀者可向書局洽購，售價 300 元。《狂密與眞密》第一輯~第四輯，亦於 2003.5.1.全部於本網站登載完畢；台灣地區讀者請向書局洽購，每輯約 400 頁，售價 300 元（網站下載紙張費用較貴，容易散失，難以保存，亦較不精美）。

＊＊假藏傳佛教修雙身法，非佛教＊＊

正智出版社 籌募弘法基金發售書籍目錄 2017/09/17

1.**宗門正眼**—公案拈提 第一輯 重拈 平實導師著 500 元

因重寫內容大幅度增加故，字體必須改小，並增爲 576 頁 主文 546 頁。比初版更精彩、更有內容。初版《禪門摩尼寶聚》之讀者，可寄回本公司免費調換新版書。免附回郵，亦無截止期限。（2007 年起，每冊附贈本公司精製公案拈提〈超意境〉CD 一片。市售價格 280 元，多購多贈。）

2.**禪淨圓融** 平實導師著 200 元（第一版舊書可換新版書。）

3.**真實如來藏** 平實導師著 400 元

4.**禪—悟前與悟後** 平實導師著 上、下冊，每冊 250 元

5.**宗門法眼**—公案拈提 第二輯 平實導師著 500 元

（2007 年起，每冊附贈本公司精製公案拈提〈超意境〉CD 一片）

6.**楞伽經詳解** 平實導師著 全套共 10 輯 每輯 250 元

7.**宗門道眼**—公案拈提 第三輯 平實導師著 500 元

（2007 年起，每冊附贈本公司精製公案拈提〈超意境〉CD 一片）

8.**宗門血脈**—公案拈提 第四輯 平實導師著 500 元

（2007 年起，每冊附贈本公司精製公案拈提〈超意境〉CD 一片）

9.**宗通與說通**—成佛之道 平實導師著 主文 381 頁 全書 400 頁售價 300 元

10.**宗門正道**—公案拈提 第五輯 平實導師著 500 元

（2007 年起，每冊附贈本公司精製公案拈提〈超意境〉CD 一片）

11.**狂密與真密** 一～四輯 平實導師著 西藏密宗是人間最邪淫的宗教，本質不是佛教，只是披著佛教外衣的印度教性力派流毒的喇嘛教。此書中將西藏密宗密傳之男女雙身合修樂空雙運所有祕密與修法，毫無保留完全公開，並將全部喇嘛們所不知道的部分也一併公開。內容比大辣出版社喧騰一時的《西藏慾經》更詳細。並且函蓋藏密的所有祕密及其錯誤的中觀見、如來藏見……等，藏密的所有法義都在書中詳述、分析、辨正。每輯主文三百餘頁 每輯全書約 400 頁 售價每輯 300 元

12.**宗門正義**—公案拈提 第六輯 平實導師著 500 元

（2007 年起，每冊附贈本公司精製公案拈提〈超意境〉CD 一片）

13.**心經密意**—心經與解脫道、佛菩提道、祖師公案之關係與密意 平實導師述 300 元

14.**宗門密意**—公案拈提 第七輯 平實導師著 500 元

（2007 年起，每冊附贈本公司精製公案拈提〈超意境〉CD 一片）

15.**淨土聖道**—兼評「選擇本願念佛」 正德老師著 200 元

16.**起信論講記** 平實導師述著 共六輯 每輯三百餘頁 售價各 250 元

17.**優婆塞戒經講記** 平實導師述著 共八輯 每輯三百餘頁 售價各 250 元

18.**真假活佛**—略論附佛外道盧勝彥之邪說（對前岳靈犀網站主張「盧勝彥是證悟者」之修正） 正犀居士（岳靈犀）著 流通價 140 元

19.**阿含正義**—唯識學探源 平實導師著 共七輯 每輯 300 元

20.**超意境** CD 以平實導師公案拈提書中超越意境之頌詞，加上曲風優美的旋律，錄成令人嚮往的超意境歌曲，其中包括正覺發願文及平實導師親自譜成的黃梅調歌曲一首。詞曲雋永，殊堪翫味，可供學禪者吟詠，有助於見道。內附設計精美的彩色小冊，解說每一首詞的背景本事。每片 280 元。【每購買公案拈提書籍一冊，即贈送一片。】

21.**菩薩底憂鬱** CD 將菩薩情懷及禪宗公案寫成新詞，並製作成超越意境的優美歌曲。 1.主題曲〈菩薩底憂鬱〉，描述地後菩薩能離三界生死而迴向繼續生在人間，但因尚未斷盡習氣種子而有極深沈之憂鬱，非三賢位菩薩及二乘聖者所知，此憂鬱在七地滿心位方才斷盡；本曲之詞中所說義理極深，昔來所未曾見；此曲係以優美的情歌風格寫詞及作曲，聞者得以激發嚮往諸地菩薩境界之大心，詞、曲都非常優美，難得一見；其中勝妙義理之解說，已印在附贈之彩色小冊中。 2.以各輯公案拈提中直示禪門入處之頌文，作成各種不同曲風之超意境歌曲，值得玩味、參究；聆聽公案拈提之優美歌曲時，請同時閱讀內附之印刷精美說明小冊，可以領會超越三界的證悟境界；未悟者可以因此引發求悟之意向及疑情，眞發菩提心而邁向求悟之途，乃至因此眞實悟入般若，成眞菩薩。 3.正覺總持咒新曲，總持佛法大意；總持咒之義理，已加以解說並印在隨附之小冊中。本 CD 共有十首歌曲，長達 63 分鐘。每盒各附贈二張購書優惠券。每片 280 元。

22.**禪意無限** CD 平實導師以公案拈提書中偈頌寫成不同風格曲子，與他人所寫不同風格曲子共同錄製出版，幫助參禪人進入禪門超越意識之境界。盒中附贈彩色印製的精美解說小冊，以供聆聽時閱讀，令參禪人得以發起參禪之疑情，即有機會證悟本來面目而發起實相智慧，實證大乘菩提般若，能如實證知般若經中的眞實意。本 CD 共有十首歌曲，長達 69 分鐘，每盒各附贈二張購書優惠券。每片 280 元。

23.**我的菩提路**第一輯　釋悟圓、釋善藏等人合著　售價 300 元

24.**我的菩提路**第二輯　郭正益、張志成等人合著　售價 300 元

25.**我的菩提路**第三輯　王美伶等人合著　售價 300 元

26.**鈍鳥與靈龜**—考證後代凡夫對大慧宗杲禪師的無根誹謗。

平實導師著 共 458 頁 售價 350 元

27.**維摩詰經講記** 平實導師述 共六輯 每輯三百餘頁 售價各 250 元

28.**眞假外道**—破劉東亮、杜大威、釋證嚴常見外道見 正光老師著 200 元

29.**勝鬘經講記**—兼論印順《勝鬘經講記》對於《勝鬘經》之誤解。

平實導師述　共六輯　每輯三百餘頁　售價 250 元

30.**楞嚴經講記** 平實導師述 共 **15** 輯，每輯三百餘頁 售價 300 元

31.**明心與眼見佛性**—駁慧廣〈蕭氏「眼見佛性」與「明心」之非〉文中謬說

正光老師著　共 448 頁　售價 300 元

32.**見性與看話頭** 黃正倖老師 著，本書是禪宗參禪的方法論。

內文 375 頁，全書 416 頁，售價 300 元。

33.**達賴真面目**—玩盡天下女人 白正偉老師 等著 中英對照彩色精裝大本 800 元
34.**喇嘛性世界**—揭開假藏傳佛教譚崔瑜伽的面紗　張善思 等人著　200 元
35.**假藏傳佛教的神話**—性、謊言、喇嘛教　正玄教授編著　200 元
36.**金剛經宗通**　平實導師述　共九輯　每輯售價 250 元。
37.**空行母**—性別、身分定位，以及藏傳佛教。
珍妮·坎貝爾著 呂艾倫 中譯 售價 250 元
38.**末代達賴**—性交教主的悲歌　張善思、呂艾倫、辛燕編著 售價 250 元
39.**霧峰無霧**—給哥哥的信　辨正釋印順對佛法的無量誤解
游宗明 老師著　售價 250 元
40.**第七意識與第八意識？**—穿越時空「超意識」
平實導師述　每冊 300 元
41.**黯淡的達賴**—失去光彩的諾貝爾和平獎
正覺教育基金會編著　每冊 250 元
42.**童女迦葉考**—論呂凱文〈佛教輪迴思想的論述分析〉之謬。
平實導師 著 定價 180 元
43.**人間佛教**—實證者必定不悖三乘菩提
平實導師 述，定價 400 元
44.**實相經宗通**　平實導師述　共八輯　每輯 250 元
45.**真心告訴您(一)**—達賴喇嘛在幹什麼？
正覺教育基金會編著　售價 250 元
46.**中觀金鑑**—詳述應成派中觀的起源與其破法本質
孫正德老師著　分爲上、中、下三冊，每冊 250 元
47.**佛法入門**—迅速進入三乘佛法大門，消除久學佛法漫無方向之窘境。
○○居士著　將於正覺電子報連載後出版。售價 250 元
48.**藏傳佛教要義**—《狂密與真密》之簡體字版　平實導師 著 上、下冊
僅在大陸流通　每冊 300 元
49.**法華經講義**　平實導師述　共二十五輯　每輯 300 元
已於 2015/05/31 起開始出版，每二個月出版一輯
50.**西藏「活佛轉世」制度**—附佛、造神、世俗法
許正豐、張正玄老師合著　定價 150 元
51.**廣論三部曲**　郭正益老師著　定價 150 元
52.**真心告訴您(二)**—達賴喇嘛是佛教僧侶嗎？
—補祝達賴喇嘛八十大壽
正覺教育基金會編著　售價 300 元
53.**次法**—實證佛法前應有的條件
張善思居士著　分爲上、下二冊，每冊 250 元
54.**廣論之平議**—宗喀巴《菩提道次第廣論》之平議　正雄居士著
約二或三輯　俟正覺電子報連載後結集出版　書價未定
55.**末法導護**—對印順法師中心思想之綜合判攝　正慶老師著　書價未定
56.**菩薩學處**—菩薩四攝六度之要義　陸正元老師著　出版日期未定。

57.**八識規矩頌**詳解　◯◯居士 註解　出版日期另訂　書價未定。

58.**印度佛教史**—法義與考證。依法義史實評論印順《印度佛教思想史、佛教史地考論》之謬說　正偉老師著　出版日期未定　書價未定

59.**中國佛教史**—依中國佛教正法史實而論。◯◯老師 著　書價未定。

60.**中論正義**—釋龍樹菩薩《中論》頌正理。

孫正德老師著　出版日期未定　書價未定

61.**中觀正義**—註解平實導師《中論正義頌》。

◯◯法師（居士）著　出版日期未定　書價未定

62.**佛藏經講記**　平實導師述　出版日期未定　書價未定

63.**阿含經講記**—將選錄四阿含中數部重要經典全經講解之，講後整理出版。

平實導師述　約二輯　每輯 300 元　出版日期未定

64.**寶積經講記**　平實導師述　每輯三百餘頁 優惠價 300 元　出版日期未定

65.**解深密經講記**　平實導師述 約四輯　將於重講後整理出版

66.**成唯識論略解**　平實導師著　五～六輯　每輯300 元　出版日期未定

67.**修習止觀坐禪法要講記**　平實導師述　每輯三百餘頁

將於正覺寺建成後重講、以講記逐輯出版　出版日期未定

68.**無門關**—《無門關》公案拈提　平實導師著　出版日期未定

69.**中觀再論**—兼述印順《中觀今論》謬誤之平議。正光老師著　出版日期未定

70.**輪迴與超度**—佛教超度法會之真義。

◯◯法師（居士）著　出版日期未定　書價未定

71.**《釋摩訶衍論》平議**—對偽稱龍樹所造《釋摩訶衍論》之平議

◯◯法師（居士）著　出版日期未定　書價未定

72.**正覺發願文**註解—以真實大願為因 得證菩提

正德老師著　出版日期未定　書價未定

73.**正覺總持咒**—佛法之總持　正圜老師著　出版日期未定　書價未定

74.**涅槃**—論四種涅槃　平實導師著　出版日期未定　書價未定

75.**三自性**—依四食、五蘊、十二因緣、十八界法，說三性三無性。

作者未定　出版日期未定

76.**道品**—從三自性說大小乘三十七道品　作者未定　出版日期未定

77.**大乘緣起觀**—依四聖諦七真如現觀十二緣起 作者未定　出版日期未定

78.**三德**—論解脫德、法身德、般若德。　作者未定　出版日期未定

79.**真假如來藏**—對印順《如來藏之研究》謬說之平議　作者未定 出版日期未定

80.**大乘道次第**　作者未定　出版日期未定　書價未定

81.**四緣**—依如來藏故有四緣。　作者未定　出版日期未定

82.**空之探究**—印順《空之探究》謬誤之平議　作者未定 出版日期未定

83.**十法義**—論阿含經中十法之正義　作者未定　出版日期未定

84.**外道見**—論述外道六十二見　作者未定　出版日期未定

正智出版社有限公司　書籍介紹

禪淨圓融：言淨土諸祖所未曾言，示諸宗祖師所未曾示；禪淨圓融，另闢成佛捷徑，兼顧自力他力，闡釋淨土門之速行易行道，亦同時揭櫫聖教門之速行易行道；令廣大淨土行者得免緩行難證之苦，亦令聖道門行者得以藉著淨土速行道而加快成佛之時劫。乃前無古人之超勝見地，非一般弘揚禪淨法門典籍也，先讀為快。平實導師著 200元。

宗門正眼—公案拈提第一輯：繼承克勤圜悟大師碧巖錄宗旨之禪門鉅作。先則舉示當代大法師之邪說，消弭當代禪門大師鄉愿之心態，摧破當今禪門「世俗禪」之妄談；次則旁通教法，表顯宗門正理；繼以道之次第，消弭古今狂禪；後藉言語及文字機鋒，直示宗門入處。悲智雙運，禪味十足，數百年來難得一睹之禪門鉅著也。平實導師著　500元（原初版書《禪門摩尼寶聚》，改版後補充為五百餘頁新書，總計多達二十四萬字，內容更精彩，並改名為《宗門正眼》，讀者原購初版《禪門摩尼寶聚》皆可寄回本公司免費換新，免附回郵，亦無截止期限）（2007年起，凡購買公案拈提第一輯至第七輯，每購一輯皆贈送本公司精製公案拈提〈超意境〉CD一片，市售價格280元，多購多贈）。

禪—悟前與悟後：本書能建立學人悟道之信心與正確知見，圓滿具足而有次第地詳述禪悟之功夫與禪悟之內容，指陳參禪中細微淆訛之處，能使學人明自真心、見自本性。若未能悟入，亦能以正確知見辨別古今中外一切大師究係真悟？或屬錯悟？便有能力揀擇，捨名師而選明師，後時必有悟道之緣。一旦悟道，遲者七次人天往返，便出三界，速者一生取辦。學人欲求開悟者，不可不讀。　平實導師著。上、下冊共500元，單冊250元。

真實如來藏：如來藏眞實存在，乃宇宙萬有之本體，並非印順法師、達賴喇嘛等人所說之「唯有名相、無此心體」。如來藏是涅槃之本際，是一切有智之人竭盡心智、不斷探索而不能得之生命實相；是古今中外許多大師自以爲悟而當面錯過之生命實相。如來藏即是阿賴耶識，乃是一切有情本自具足、不生不滅之眞實心。當代中外大師於此書出版之前所未能言者，作者於本書中盡情流露、詳細闡釋。眞悟者讀之，必能增益悟境、智慧增上；錯悟者讀之，必能檢討自己之錯誤，免犯大妄語業；未悟者讀之，能知參禪之理路，亦能以之檢查一切名師是否眞悟。此書是一切哲學家、宗教家、學佛者及欲昇華心智之人必讀之鉅著。　平實導師著　售價400元。

宗門法眼—公案拈提第二輯：列舉實例，闡釋土城廣欽老和尚之悟處；並直示這位不識字的老和尚妙智橫生之根由，繼而剖析禪宗歷代大德之開悟公案，解析當代密宗高僧卡盧仁波切之錯悟證據，並例舉當代顯宗高僧、大居士之錯悟證據（凡健在者，爲免影響其名聞利養，皆隱其名）。藉辨正當代名師之邪見，向廣大佛子指陳禪悟之正道，彰顯宗門法眼。悲勇兼出，強捋虎鬚；慈智雙運，巧探驪龍；摩尼寶珠在手，直示宗門入處，禪味十足；若非大悟徹底，不能爲之。禪門精奇人物，允宜人手一冊，供作參究及悟後印證之圭臬。本書於2008年4月改版，增寫爲大約500頁篇幅，以利學人研讀參究時更易悟入宗門正法，以前所購初版首刷及初版二刷舊書，皆可免費換取新書。平實導師著　500元（2007年起，凡購買公案拈提第一輯至第七輯，每購一輯皆贈送本公司精製公案拈提〈超意境〉CD一片，市售價格280元，多購多贈）。

宗門道眼—公案拈提第三輯：繼宗門法眼之後，再以金剛之作略、慈悲之胸懷、犀利之筆觸，舉示寒山、拾得、布袋三大士之悟處，消弭當代錯悟者對於寒山大士……等之誤會及誹謗。　亦舉出民初以來與虛雲和尚齊名之蜀郡鹽亭袁煥仙夫子——南懷瑾老師之師，其「悟處」何在？並蒐羅許多眞悟祖師之證悟公案，顯示禪宗歷代祖師之睿智，指陳部分祖師、奧修及當代顯密大師之謬悟，作爲殷鑑，幫助禪子建立及修正參禪之方向及知見。假使讀者閱此書已，一時尚未能悟，亦可一面加功用行，一面以此宗門道眼辨別眞假善知識，避開錯誤之印證及歧路，可免大妄語業之長劫慘痛果報。欲修禪宗之禪者，務請細讀。平實導師著　售價500元（2007年起，凡購買公案拈提第一輯至第七輯，每購一輯皆贈送本公司精製公案拈提〈超意境〉CD一片，市售價格280元，多購多贈）。

楞伽經詳解：本經是禪宗見道者印證所悟眞僞之根本經典，亦是禪宗見道者悟後起修之依據經典；故達摩祖師於印證二祖慧可大師之後，將此經典連同佛鉢祖衣一併交付二祖，令其依此經典佛示金言、進入修道位，修學一切種智。由此可知此經對於眞悟之人修學佛道，是非常重要之一部經典。此經能破外道邪說，亦破佛門中錯悟名師之謬說，亦破禪宗部分祖師之狂禪：不讀經典、一向主張「一悟即成究竟佛」之謬執。並開示愚夫所行禪、觀察義禪、攀緣如禪、如來禪等差別，令行者對於三乘禪法差異有所分辨；亦糾正禪宗祖師古來對於如來禪之誤解，嗣後可免以訛傳訛之弊。此經亦是法相唯識宗之根本經典，禪者悟後欲修一切種智而入初地者，必須詳讀。　平實導師著，全套共十輯，已全部出版完畢，每輯主文約320頁，每冊約352頁，定價250元。

宗門血脈—公案拈提第四輯：末法怪象—許多修行人自以爲悟，每將無念靈知認作眞實；崇尚二乘法諸師及其徒衆，則將外於如來藏之緣起性空—無因論之無常空、斷滅空、一切法空—錯認爲　佛所說之般若空性。這兩種現象已於當今海峽兩岸及美加地區顯密大師之中普遍存在；人人自以爲悟，心高氣壯，便敢寫書解釋祖師證悟之公案，大多出於意識思惟所得，言不及義，錯誤百出，因此誤導廣大佛子同陷大妄語之地獄業中而不能自知。彼等書中所說之悟處，其實處處違背第一義經典之聖言量。彼等諸人不論是否身披袈裟，都非佛法宗門血脈，或雖有禪宗法脈之傳承，亦只徒具形式；猶如螟蛉，非眞血脈，未悟得根本眞實故。禪子欲知　佛、祖之眞血脈者，請讀此書，便知分曉。平實導師著，主文452頁，全書464頁，定價500元（2007年起，凡購買公案拈提第一輯至第七輯，每購一輯皆贈送本公司精製公案拈提〈超意境〉CD一片，市售價格280元，多購多贈）。

宗通與說通：古今中外，錯誤之人如麻似粟，每以常見外道所說之靈知心，認作眞心；或妄想虛空之勝性能量爲眞如，或錯認物質四大元素藉冥性（靈知心本體）能成就吾人色身及知覺，或認初禪至四禪中之了知心爲不生不滅之涅槃心。此等皆非通宗者之見地。復有錯悟之人一向主張「宗門與教門不相干」，此即尚未通達宗門之人也。其實宗門與教門互通不二，宗門所證者乃是眞如與佛性，教門所說者乃說宗門證悟之眞如佛性，故教門與宗門不二。本書作者以宗教二門互通之見地，細說「宗通與說通」，從初見道至悟後起修之道、細說分明；並將諸宗諸派在整體佛教中之地位與次第，加以明確之教判，學人讀之即可了知佛法之梗概也。欲擇明師學法之前，允宜先讀。平實導師著，主文共381頁，全書392頁，只售成本價300元。

宗門正道—公案拈提第五輯：修學大乘佛法有二果須證—解脫果及大菩提果。二乘人不證大菩提果，唯證解脫果；此果之智慧，名爲聲聞菩提、緣覺菩提。大乘佛子所證二果之菩提果爲佛菩提，故名大菩提果，其慧名爲一切種智—函蓋二乘解脫果。然此大乘二果修證，須經由禪宗之宗門證悟方能相應。而宗門證悟極難，自古已然；其所以難者，咎在古今佛教界普遍存在二種邪見：1.以修定認作佛法， 2.以無因論之緣起性空—否定涅槃本際如來藏以後之一切法空作爲佛法，3.以常見外道邪見（離語言妄念之靈知性）作爲佛法。如是邪見，或因自身正見未立所致，或因邪師之邪教導所致，或因無始劫來虛妄熏習所致。若不破除此三種邪見，永劫不悟宗門眞義、不入大乘正道，唯能外門廣修菩薩行。平實導師於此書中，有極爲詳細之說明，有志佛子欲摧邪見、入於內門修菩薩行者，當閱此書。主文共496頁，全書512頁。售價500元（2007年起，凡購買公案拈提第一輯至第七輯，每購一輯皆贈送本公司精製公案拈提〈超意境〉CD一片，市售價格280元，多購多贈）。

狂密與真密：密教之修學，皆由有相之觀行法門而入，其最終目標仍不離顯教經典所說第一義諦之修證；若離顯教第一義經典、或違背顯教第一義經典，即非佛教。西藏密教之觀行法，如灌頂、觀想、遷識法、寶瓶氣、大聖歡喜雙身修法、喜金剛、無上瑜伽、大樂光明、樂空雙運等，皆是印度教兩性生生不息思想之轉化，自始至終皆以如何能運用交合淫樂之法達到全身受樂爲其中心思想，純屬欲界五欲的貪愛，不能令人超出欲界輪迴，更不能令人斷除我見；何況大乘之明心與見性，更無論矣！故密宗之法絕非佛法也。而其明光大手印、大圓滿法教，又皆同以常見外道所說離語言妄念之無念靈知心錯認爲佛地之眞如，不能直指不生不滅之眞如。西藏密宗所有法王與徒衆，都尚未開頂門眼，不能辨別眞僞，以依人不依法、依密續不依經典故，不肯將其上師喇嘛所說對照第一義經典，純依密續之藏密祖師所說爲準，因此而誇大其證德與證量，動輒謂彼祖師上師爲究竟佛、爲地上菩薩；如今台海兩岸亦有自謂其師證量高於 釋迦文佛者，然觀其師所述，猶未見道，仍在觀行即佛階段，尚未到禪宗相似即佛、分證即佛階位，竟敢標榜爲究竟佛及地上法王，誑惑初機學人。凡此怪象皆是狂密，不同於眞密之修行者。近年狂密盛行，密宗行者被誤導者極衆，動輒自謂已證佛地眞如，自視爲究竟佛，陷於大妄語業中而不知自省，反謗顯宗眞修實證者之證量粗淺；或如義雲高與釋性圓…等人，於報紙上公然誹謗眞實證道者爲「騙子、無道人、人妖、癩蛤蟆…」等，造下誹謗大乘勝義僧之大惡業；或以外道法中有爲有作之甘露、魔術……等法，誑騙初機學人，狂言彼外道法爲眞佛法。如是怪象，在西藏密宗及附藏密之外道中，不一而足，舉之不盡，學人宜應愼思明辨，以免上當後又犯毀破菩薩戒之重罪。密宗學人若欲遠離邪知邪見者，請閱此書，即能了知密宗之邪謬，從此遠離邪見與邪修，轉入眞正之佛道。平實導師著 共四輯 每輯約400頁（主文約340頁）每輯售價300元。

宗門正義—公案拈提第六輯：佛教有六大危機，乃是藏密化、世俗化、膚淺化、學術化、宗門密意失傳、悟後進修諸地之次第混淆；其中尤以宗門密意之失傳，爲當代佛教最大之危機。由宗門密意失傳故，易令 世尊本懷普被錯解，易令 世尊正法被轉易爲外道法，以及加以淺化、世俗化，是故宗門密意之廣泛弘傳與具緣佛弟子，極爲重要。然而欲令宗門密意之廣泛弘傳予具緣之佛弟子者，必須同時配合錯誤知見之解析、普令佛弟子知之，然後輔以公案解析之直示入處，方能令具緣之佛弟子悟入。而此二者，皆須以公案拈提之方式爲之，方易成其功、竟其業，是故平實導師續作宗門正義一書，以利學人。 全書500餘頁，售價500元（2007年起，凡購買公案拈提第一輯至第七輯，每購一輯皆贈送本公司精製公案拈提〈超意境〉CD一片，市售價格280元，多購多贈）。

心經密意—心經與解脫道、佛菩提道、祖師公案之關係與密意。 二乘菩提所證之解脫道，實依第八識心之斷除煩惱障現行而立解脫之名；大乘菩提所證之佛菩提道，實依親證第八識如來藏之涅槃性、清淨自性、及其中道性而立般若之名；禪宗祖師公案所證之眞心，即是此第八識如來藏；是故三乘佛法所修所證之三乘菩提，皆依此如來藏心而立名也。此第八識心，即是《心經》所說之心也。證得此如來藏已，即能漸入大乘佛菩提道，亦可因證知此心而了知二乘無學所不能知之無餘涅槃本際，是故《心經》之密意，與三乘佛菩提之關係極爲密切、不可分割，三乘佛法皆依此心而立名故。今者平實導師以其所證解脫道之無生智及佛菩提之般若種智，將《心經》與解脫道、佛菩提道、祖師公案之關係與密意，以演講之方式，用淺顯之語句和盤托出，發前人所未言，呈三乘菩提之眞義，令人藉此《心經密意》一舉而窺三乘菩提之堂奧，迥異諸方言不及義之說；欲求眞實佛智者、不可不讀！主文317頁，連同跋文及序文…等共384頁，售價300元。

宗門密意—公案拈提第七輯：佛教之世俗化，將導致學人以信仰作爲學佛，則將以感應及世間法之庇祐，作爲學佛之主要目標，不能了知學佛之主要目標爲親證三乘菩提。大乘菩提則以般若實相智慧爲主要修習目標，以二乘菩提解脫道爲附帶修習之標的；是故學習大乘法者，應以禪宗之證悟爲要務，能親入大乘菩提之實相般若智慧中故，般若實相智慧非二乘聖人所能知故。此書則以台灣世俗化佛教之三大法師，說法似是而非之實例，配合眞悟祖師之公案解析，提示證悟般若之關節，令學人易得悟入。平實導師著，全書五百餘頁，售價500元（2007年起，凡購買公案拈提第一輯至第七輯，每購一輯皆贈送本公司精製公案拈提〈超意境〉CD一片，市售價格280元，多購多贈）。

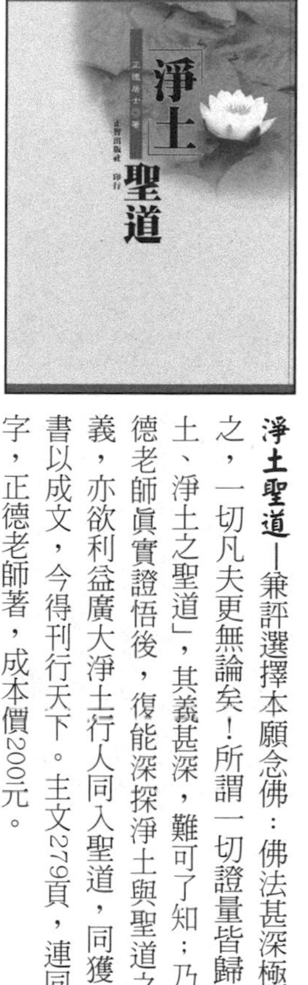

淨土聖道—兼評選擇本願念佛：佛法甚深極廣，般若玄微，非諸二乘聖僧所能知之，一切凡夫更無論矣！所謂一切證量皆歸淨土是也！是故大乘法中「聖道之淨土、淨土之聖道」，其義甚深，難可了知；乃至眞悟之人，初心亦難知也。今有正德老師眞實證悟後，復能深探淨土與聖道之緊密關係，憐憫眾生之誤會淨土實義，亦欲利益廣大淨土行人同入聖道，同獲淨土中之聖道門要義，乃振奮心神、書以成文，今得刊行天下。主文279頁，連同序文等共301頁，總有十一萬六千餘字，正德老師著，成本價200元。

起信論講記：詳解大乘起信論心生滅門與心眞如門之眞實意旨，消除以往大師與學人對起信論所說心生滅門之誤解，由是而得了知眞心如來藏之非常非斷中道正理；亦因此一講解，令此論以往隱晦而被誤解之眞實義，得以如實顯示，令大乘佛菩提道之正理得以顯揚光大；初機學者亦可藉此正論所顯示之法義，對大乘法理生起正信，從此得以眞發菩提心，眞入大乘法中修學，世世常修菩薩正行。平實導師演述，共六輯，都已出版，每輯三百餘頁，售價各250元。

優婆塞戒經講記：本經詳述在家菩薩修學大乘佛法，應如何受持菩薩戒？對人間善行應如何看待？對三寶應如何護持？應如何正確地修集此世後世證法之福德？應如何修集後世「行菩薩道之資糧」？並詳述第一義諦之正義：五蘊非我非異我、自作自受、異作異受、不作不受……等深妙法義，乃是修學大乘佛法、行菩薩行之在家菩薩所應當了知者。出家菩薩今世或未來世登地已，捨報之後多數將如華嚴經中諸大菩薩，以在家菩薩身而修行菩薩行，故亦應以此經所述正理而修之，配合《楞伽經、解深密經、楞嚴經、華嚴經》等道次第正理，方得漸次成就佛道；故此經是一切大乘行者皆應證知之正法。平實導師講述，每輯三百餘頁，售價各250元；共八輯，已全部出版。

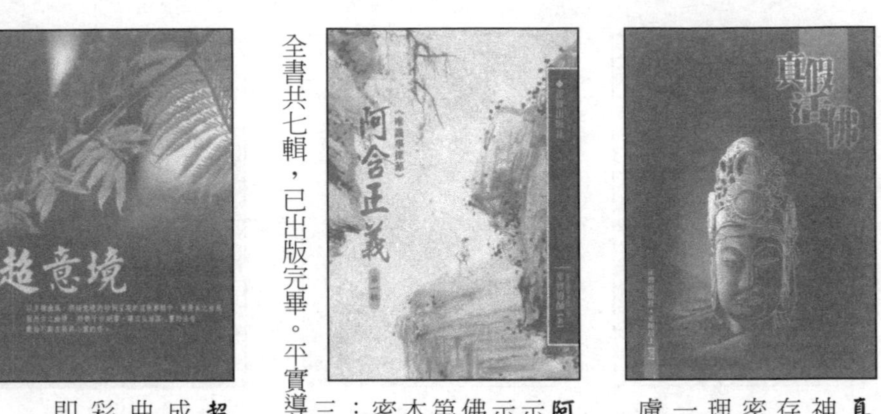

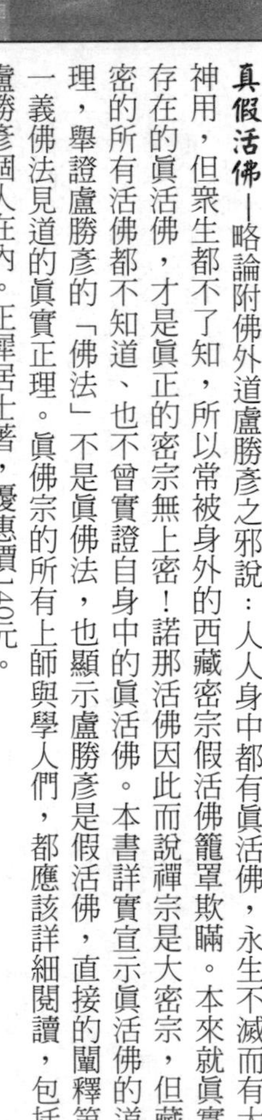

真假活佛—略論附佛外道盧勝彥之邪說：人人身中都有眞活佛，永生不滅而有大神用，但衆生都不了知，所以常被身外的西藏密宗假活佛籠罩欺瞞。本來就眞實存在的眞活佛，才是眞正的密宗無上密！諾那活佛因此而說禪宗是大密宗，但藏密的所有活佛都不知道、也不曾實證自身中的眞活佛。本書詳實宣示眞活佛的道理，舉證盧勝彥的「佛法」不是眞佛法，也顯示盧勝彥是假活佛，直接的闡釋第一義佛法見道的眞實正理。眞佛宗的所有上師與學人們，都應該詳細閱讀，包括盧勝彥個人在內。正犀居士著，優惠價140元。

阿含正義—唯識學探源：廣說四大部《阿含經》諸經中隱說之眞正義理，一一舉示佛陀本懷，令阿含時期初轉法輪根本經典之眞義，如實顯現於佛子眼前。並提示末法大師對於阿含眞義誤解之實例，一一比對之，證實唯識增上慧學確於原始佛法之阿含諸經中已隱覆密意而略說之，證實 世尊確於原始佛法中已曾密意而說第八識如來藏之總相；亦證實 世尊在四阿含中已說此藏識是名色十八界之因、之本—證明如來藏是能生萬法之根本心。佛子可據此修正以往受諸大師（譬如西藏密宗應成派中觀師：印順、昭慧、性廣、大願、達賴、宗喀巴、寂天、月稱、……等人）誤導之邪見，建立正見，轉入正道乃至親證初果而無困難；書中並詳說三果所證的心解脫，以及四果慧解脫的親證，都是如實可行的具體知見與行門。全書共七輯，已出版完畢。平實導師著，每輯三百餘頁，售價300元。

超意境CD：以平實導師公案拈提書中超越意境之頌詞，加上曲風優美的旋律，錄成令人嚮往的超意境歌曲，其中包括正覺發願文及平實導師親自譜成的黃梅調歌曲一首。詞曲雋永，殊堪翫味，可供學禪者吟詠，有助於見道。內附設計精美的彩色小冊，解說每一首詞的背景本事。每片280元。【每購買公案拈提書籍一冊，即贈送一片。】

我的菩提路第一輯：凡夫及二乘聖人不能實證的佛菩提證悟，末法時代的今天仍然有人能得實證，由正覺同修會釋悟圓、釋善藏法師等二十餘位實證如來藏者所寫的見道報告，已爲當代學人見證宗門正法之絲縷不絕，證明大乘義學的法脈仍然存在，爲末法時代求悟般若之學人照耀出光明的坦途。由二十餘位大乘見道者所繕，敘述各種不同的學法、見道因緣與過程，參禪求悟者必讀。全書三百餘頁，售價300元。

我的菩提路第二輯：由郭正益老師等人合著，書中詳述彼等諸人歷經各處道場學法，一一修學而加以檢擇之不同過程以後，因閱讀正覺同修會、正智出版社書籍而發起抉擇分，轉入正覺同修會中修學；乃至學法及見道之過程，都一一詳述之。其中張志成等人係由前現代禪轉進正覺同修會，張志成原爲現代禪副宗長，以前未閱本會書籍時，曾被人藉其名義著文評論 平實導師（詳見《宗通與說通》辨正及《眼見佛性》書末附錄…等）；後因偶然接觸正覺同修會書籍，深覺以前聽人評論平實導師之語不實，於是投入極多時間閱讀本會書籍、深入思辨，詳細探索中觀與唯識之關聯與異同，認爲正覺之法義方是正法，深覺相應；亦解開多年來對佛法的迷雲，確定應依八識論正理修學方是正法。乃不顧面子，毅然前往正覺同修會面見平實導師懺悔，並正式學法求悟。今已與其同修王美伶（亦爲前現代禪傳法老師），同樣證悟如來藏而證得法界實相，生起實相般若眞智。此書中尚有七年來本會第一位眼見佛性者之見性報告一篇，一同供養大乘佛弟子。全書四百頁，售價300元。

我的菩提路第三輯：由王美伶老師等人合著。自從正覺同修會成立以來，每年夏初、冬初都舉辦精進禪三共修，藉以助益會中同修們得以證悟明心發起般若實相智慧；凡已實證而被平實導師印證者，皆書具見道報告用以證明佛法之眞實可證而非玄學，證明佛法並非純屬思想、理論而無實質，是故每年都能有人證明正覺同修會的「實證佛教」主張並非虛語。特別是眼見佛性一法，自古以來中國禪宗祖師實證者極寡，較之明心開悟的證境更難令人信受；至2017年初，正覺同修會中的證悟明心者已近五百人，然而其中眼見佛性者至今唯十餘人爾，可謂難能可貴，是故明心後欲冀眼見佛性者實屬不易。黃正倖老師是懸絕七年無人見性後的第一人，她於2009年的見性報告刊於本書的第二輯中，爲大眾證明佛性確實可以眼見；其後七年之中求見性者都屬解悟佛性而無人眼見，幸而又經七年後的2016冬初，以及2017夏初的禪三，復有三人眼見佛性，希冀鼓舞四眾佛子求見佛性之大心，今則具載一則於書末，顯示求見佛性之事實經歷，供養現代佛教界欲得見性之四眾弟子。全書四百頁，售價300元。

鈍鳥與靈龜：鈍鳥及靈龜二物，被宗門證悟者說為二種人：前者是精修禪定而無智慧者，也是以定為禪的愚癡禪人；後者是或有禪定、或無禪定的宗門證悟者，凡已證悟者皆是靈龜。但後來被人虛造事實，用以嘲笑大慧宗杲禪師，說他雖是靈龜，卻不免被天童禪師預記「患背」痛苦而亡：「鈍鳥離巢易，靈龜脫殼難。」藉以貶低大慧宗杲的證量。同時將天童禪師實證如來藏的證量，曲解為意識境界的離念靈知。自從大慧禪師入滅以後，錯悟凡夫對他的不實毀謗就一直存在著，不曾止息，並且捏造的假事實也隨著年月的增加而越來越多，終至編成「鈍鳥與靈龜」的假公案、假故事。本書是考證大慧與天童之間的不朽情誼，顯現這件假公案的虛妄不實；更見大慧宗杲面對惡勢力時的正直不阿，亦顯示大慧對天童禪師的至情深義，將使後人對大慧宗杲的誣謗至此而止，不再有人誤犯毀謗賢聖的惡業。書中亦舉證宗門的所悟確以第八識如來藏為標的，詳讀之後必可改正以前被錯悟大師誤導的參禪知見，日後必定有助於實證禪宗的開悟境界，得階大乘真見道位中，即是實證般若之賢聖。全書459頁，售價350元。

維摩詰經講記：本經係 世尊在世時，由等覺菩薩維摩詰居士藉疾病而演說之大乘菩提無上妙義，所說函蓋甚廣，然極簡略，是故今時諸方大師與學人讀之悉皆錯解，何況能知其中隱含之深妙正義，是故普遍無法為人解說；若強為人說，則成依文解義而有諸多過失。今由平實導師公開宣講之後，詳實解釋其中密意，令維摩詰菩薩所說大乘不可思議解脫之深妙正法得以正確宣流於人間，利益當代學人及與諸方大師。書中詳實演述大乘佛法深妙不共二乘之智慧境界，顯示諸法之中絕待之實相境界，建立大乘菩薩妙道於永遠不敗不壞之地，以此成就護法偉功，欲冀永利娑婆人天。已經宣講圓滿整理成書流通，以利諸方大師及諸學人。全書共六輯，每輯三百餘頁，售價各250元。

真假外道：本書具體舉證佛門中的常見外道知見實例，並加以教證及理證上的辨正，幫助讀者輕鬆而快速的了知常見外道的錯誤知見，進而遠離佛門內外的常見外道知見，因此即能改正修學方向而快速實證佛法。游正光老師著 。成本價200元。

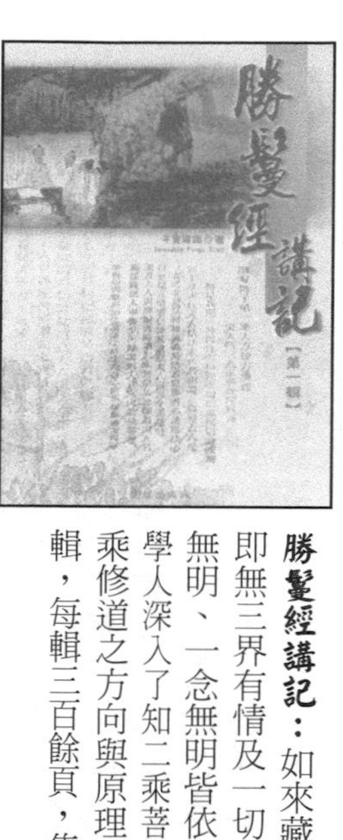

勝鬘經講記：如來藏爲三乘菩提之所依，若離如來藏心體及其含藏之一切種子，即無三界有情及一切世間法，亦無二乘菩提緣起性空之出世間法；本經詳說無始無明、一念無明皆依如來藏而有之正理，藉著詳解煩惱障與所知障間之關係，令學人深入了知二乘菩提與佛菩提相異之妙理；聞後即可了知佛菩提之特勝處及三乘修道之方向與原理，邁向攝受正法而速成佛道的境界中。平實導師講述，共六輯，每輯三百餘頁，售價各250元。

楞嚴經講記：楞嚴經係密教部之重要經典，亦是顯教中普受重視之經典；經中宣說明心與見性之內涵極爲詳細，將一切法都會歸如來藏及佛性─妙眞如性；亦闡釋佛菩提道修學過程中之種種魔境，以及外道誤會涅槃之狀況，旁及三界世間之起源。然因言句深澀難解，法義亦復深妙寬廣，學人讀之普難通達，是故讀者大多誤會，不能如實理解佛所說之明心與見性內涵，亦因是故多有悟錯之人引爲開悟之證言，成就大妄語罪。今由平實導師詳細講解之後，整理成文，以易讀易懂之語體文刊行天下，以利學人。全書十五輯，全部出版完畢。每輯三百餘頁，售價每輯300元。

明心與眼見佛性：本書細述明心與眼見佛性之異同，同時顯示了中國禪宗破初參明心與重關眼見佛性二關之間的關聯；書中又藉法義辨正而旁述其他許多勝妙法義，讀後必能遠離佛門長久以來積非成是的錯誤知見，令讀者在佛法的實證上有極大助益。也藉慧廣法師的謬論來教導佛門學人回歸正知正見，遠離古今禪門錯悟者所墮的意識境界，非唯有助於斷我見，也對未來的開悟明心實證第八識如來藏有所助益，是故學禪者都應細讀之。　游正光老師著　共448頁　售價300元。

菩薩底憂鬱CD：將菩薩情懷及禪宗公案寫成新詞，並製作成超越意境的優美歌曲。 1.主題曲〈菩薩底憂鬱〉，描述地後菩薩能離三界生死而迴向繼續生在人間，但因尚未斷盡習氣種子而有極深沈之憂鬱，非三賢位菩薩及二乘聖者所知，此憂鬱在七地滿心位方才斷盡；本曲之詞中所說義理極深，昔來所未曾見；此曲係以優美的情歌風格寫詞及作曲，聞者得以激發嚮往諸地菩薩境界之大心，詞、曲都非常優美，難得一見；其中勝妙義理之解說，已印在附贈之彩色小冊中。 2.以各輯公案拈提中直示禪門入處之頌文，作成各種不同曲風之超意境歌曲，值得玩味、參究；聆聽公案拈提之優美歌曲時，請同時閱讀內附之印刷精美說明小冊，可以領會超越三界的證悟境界；未悟者可以因此引發求悟之意向及疑情，眞發菩提心而邁向求悟之途，乃至因此眞實悟入般若，成眞菩薩。 3.正覺總持咒新曲，總持佛法大意；總持咒之義理，已加以解說並印在隨附之小冊中。本CD共有十首歌曲，長達63分鐘，附贈二張購書優惠券。每片280元。

禪意無限CD：平實導師以公案拈提書中偈頌寫成不同風格曲子，與他人所寫不同風格曲子共同錄製出版，幫助參禪人進入禪門超越意識之境界。盒中附贈彩色印製的精美解說小冊，以供聆聽時閱讀，令參禪人得以發起參禪之疑情，即有機會證悟本來面目，實證大乘菩提般若。本CD共有十首歌曲，長達69分鐘，每盒各附贈二張購書優惠券。每片280元。

金剛經宗通：三界唯心，萬法唯識，是成佛之修證內容，是諸地菩薩之所修；般若則是成佛之道（實證三界唯心、萬法唯識）的入門，若未證悟實相般若，即無成佛之可能，必將永在外門廣行菩薩六度，永在凡夫位中。然而實相般若的發起，全賴實證萬法的實相；若欲證知萬法的眞相，則必須探究萬法之所從來，則須實證自心如來－金剛心如來藏，然後現觀這個金剛心的金剛性、眞實性、如如性、清淨性、涅槃性、能生萬法的自性性、本住性，名爲證眞如；進而現觀三界六道唯是此金剛心所成，人間萬法須藉八識心王和合運作方能現起。如是實證

《華嚴經》的「三界唯心、萬法唯識」以後，由此等現觀而發起實相般若智慧，繼續進修第十住位的如幻觀、第十行位的陽焰觀、第十迴向位的如夢觀，再生起增上意樂而勇發十無盡願，方能滿足三賢位的實證，轉入初地；自知成佛之道而無偏倚，從此按部就班、次第進修乃至成佛。第八識自心如來是般若智慧之所依，般若智慧的修證則要從實證金剛心自心如來開始；《金剛經》則是解說自心如來之經典，是一切三賢位菩薩所應進修之實相般若經典。這一套書，是將平實導師宣講的《金剛經宗通》內容，整理成文字而流通之；書中所說義理，迥異古今諸家依文解義之說，指出大乘見道方向與理路，有益於禪宗學人求開悟見道，及轉入內門廣修六度萬行。講述完畢後結集出版，總共9輯，每輯約三百餘頁，售價各250元。

空行母—性別、身分定位，以及藏傳佛教：本書作者為蘇格蘭哲學家，因為嚮往佛教深妙的哲學內涵，於是進入當年盛行於歐美的假藏傳佛教密宗，擔任卡盧仁波切的翻譯工作多年以後，被邀請成為卡盧的空行母（又名佛母、明妃），開始了她在密宗裡的實修過程；後來發覺在密宗雙身法中的修行，其實無法使自己成佛，也發覺密宗對女性岐視而處處貶抑，並剝奪女性在雙身法中擔任一半角色時應有的身分定位。當她發覺自己只是雙身法中被喇嘛利用的工具，沒有獲得絲毫應有的尊重與基本定位時，發現了密宗的父權社會控制女性的本質；於是作者傷心地離開了卡盧仁波切與密宗，但是卻被恐嚇不許講出她在密宗裡的經歷，也不許她說出自己對密宗的教義與教制下對女性剝削的本質，否則將被咒殺死亡。後來她去加拿大定居，十餘年後方才擺脫這個恐嚇陰影，下定決心將親身經歷的實情及觀察到的事實寫下來並且出版，公諸於世。出版之後，她被流亡的達賴集團人士大力攻訐，誣指她為精神狀態失常、說謊……等。但有智之士並未被達賴集團的政治操作及各國政府政治運作吹捧達賴的表相所欺，使她的書銷售無阻而又再版。正智出版社鑑於作者此書是親身經歷的事實，所說具有針對「藏傳佛教」而作學術研究的價值，也有使人認清假藏傳佛教剝削佛母、明妃的男性本位實質，因此洽請作者同意中譯而出版於華人地區。珍妮·坎貝爾女士著，呂艾倫 中譯，每冊250元。

霧峰無霧—給哥哥的信　本書作者藉兄弟之間信件往來論義，略述佛法大義；並以多篇短文辨義，舉出釋印順對佛法的無量誤解證據，並一一給予簡單而清晰的辨正，令人一讀即知。久讀、多讀之後即能認清楚釋印順的六識論見解，與眞實佛法之牴觸是多麼嚴重；於是在久讀、多讀之後，於不知不覺之間提升了對佛法的極深入理解，正知正見就在不知不覺間建立起來了。當三乘佛法的正知見建立起來之後，對於三乘菩提的見道條件便將隨之具足，於是聲聞解脫道的見道也就水到渠成；接著大乘見道的因緣也將次第成熟，未來自然也會有親見大乘菩提之道的因緣，悟入大乘實相般若也將自然成功，自能通達般若系列諸經而成實義菩薩。作者居住於南投縣霧峰鄉，自喻見道之後不復再見霧峰之霧，故鄉原野美景一一明見，於是立此書名爲《霧峰無霧》；讀者若欲撥霧見月，可以此書爲緣。游宗明　老師著　售價250元。

假藏傳佛教的神話—性、謊言、喇嘛教：本書編著者是由一首名叫「阿姊鼓」的歌曲爲緣起，展開了序幕，揭開假藏傳佛教—喇嘛教—的神秘面紗。其重點是蒐集、摘錄網路上質疑「喇嘛教」的帖子，以揭穿「假藏傳佛教的神話」爲主題，串聯成書，並附加彩色插圖以及說明，讓讀者們瞭解西藏密宗及相關人事如何被操作爲「神話」的過程，以及神話背後的眞相。作者：張正玄教授。售價200元。

達賴眞面目—玩盡天下女人：假使您不想戴綠帽子，請記得詳細閱讀此書；假使您不想讓好朋友戴綠帽子，請您將此書介紹給您的好朋友。假使您想保護家中的女性，也想要保護好朋友的女眷，請記得將此書送給家中的女性和好友的女眷都來閱讀。本書爲印刷精美的大本彩色中英對照精裝本，爲您揭開達賴喇嘛的眞面目，內容精彩不容錯過，爲利益社會大衆，特別以優惠價格嘉惠所有讀者。編著者：白志偉等。大開版雪銅紙彩色精裝本。售價800元。

童女迦葉考—論呂凱文〈佛教輪迴思想的論述分析〉之謬：童女迦葉是佛世率領五百大比丘遊行於人間的歷史事實，是以童貞行而依止菩薩戒弘化於人間的大菩薩，不依別解脫戒（聲聞戒）來弘化於人間。這是大乘佛教與聲聞佛教同時存在於佛世的歷史明證，證明大乘佛教不是從聲聞法中分裂出來的部派佛教的產物，卻是聲聞佛教分裂出來的部派佛教聲聞凡夫僧所不樂見的史實；於是古今聲聞法中的凡夫都欲加以扭曲而作詭說，更是末法時代高聲大呼「大乘非佛說」的六識論聲聞凡夫極力想要扭曲的佛教史實之一，於是想方設法扭曲迦葉菩薩爲聲聞僧，以及扭曲迦葉童女爲比丘僧等荒謬不實之論著便陸續出現，古時聲聞僧寫作的《分別功德論》是最具體之事例，現代之代表作則是呂凱文先生的〈佛教輪迴思想的論述分析〉論文。鑑於如是假藉學術考證以籠罩大衆之不實謬論，未來仍將繼續造作及流竄於佛教界，繼續扼殺大乘佛教學人法身慧命，必須舉證辨正之，遂成此書。平實導師 著，每冊180元。

末代達賴—性交教主的悲歌：簡介從藏傳僞佛教（喇嘛教）的修行核心—性力派男女雙修，探討達賴喇嘛及藏傳僞佛教的修行內涵。書中引用外國知名學者著作、世界各地新聞報導，包含：歷代達賴喇嘛的祕史、達賴六世修雙身法的事蹟，以及《時輪續》中的性交灌頂儀式……等；達賴喇嘛書中開示的雙修法、達賴喇嘛的黑暗政治手段；達賴喇嘛所領導的寺院爆發喇嘛性侵兒童；新聞報導《西藏生死書》作者索甲仁波切性侵女信徒、澳洲喇嘛秋達公開道歉、美國最大假藏傳佛教組織領導人邱陽創巴仁波切的性氾濫，等等事件背後眞相的揭露。作者：張善思、呂艾倫、辛燕。售價250元。

黯淡的達賴—失去光彩的諾貝爾和平獎：本書舉出很多證據與論述，詳述達賴喇嘛不爲世人所知的一面，顯示達賴喇嘛並不是眞正的和平使者，而是假借諾貝爾和平獎的光環來欺騙世人；透過本書的說明與舉證，讀者可以更清楚的瞭解，達賴喇嘛是結合暴力、黑暗、淫欲於喇嘛教裡的集團首領，其政治行爲與宗教主張，早已讓諾貝爾和平獎的光環染污了。 本書由財團法人正覺教育基金會寫作、編輯，由正覺出版社印行，每冊250元。

第七意識與第八意識？—穿越時空「超意識」：「三界唯心，萬法唯識」是佛教中應該實證的聖教，也是《華嚴經》中明載而可以實證的法界實相。唯心者，三界一切境界、一切諸法唯是一心所成就，即是每一個有情的第八識如來藏，不是意識心。唯識者，即是人類各各都具足的八識心王——眼識、耳鼻舌身意識、意根、阿賴耶識，第八阿賴耶識又名如來藏，人類五陰相應的萬法，莫不由八識心王共同運作而成就，故說萬法唯識。依聖教量及現量、比量，都可以證明意識是二法因緣生，是由第八識藉意根與法塵二法爲因緣而出生，又是夜夜斷滅不存之生滅心，即無可能反過來出生第七識意根、第八識如來藏，當知不可能從生滅性的意識心中，細分出恆審思量的第七識意根，更無可能細分出恆而不審的第八識如來藏。本書是將演講內容整理成文字，細說如是內容，並已在《正覺電子報》連載完畢，今彙集成書以廣流通，欲幫助佛門有緣人斷除意識我見，跳脫於識陰之外而取證聲聞初果；嗣後修學禪宗時即得不墮外道神我之中，得以求證第八識金剛心而發起般若實智。平實導師 述，每冊300元。

中觀金鑑—詳述應成派中觀的起源與其破法本質：學佛人往往迷於中觀學派之不同學說，被應成派與自續派所迷惑；修學般若中觀二十年後自以爲實證般若中觀了，卻仍不曾入門，甫聞實證般若中觀者之所說，則茫無所知，迷惑不解；隨後信心盡失，不知如何實證佛法；凡此，皆因惑於這二派中觀學說所致。自續派中觀所說同於常見，以意識境界立爲第八識如來藏之境界，應成派所說則同於斷見，但又同立意識爲常住法，故亦具足斷常二見。今者孫正德老師有鑑於此，乃將起源於密宗的應成派中觀學說，追本溯源，詳考其來源之外，亦一一舉證其立論內容，詳加辨正，令密宗雙身法祖師以識陰境界而造之應成派中觀學說本質，詳細呈現於學人眼前，令其維護雙身法之目的無所遁形。若欲遠離密宗此二大派中觀謬說，欲於三乘菩提有所進道者，允宜具足閱讀並細加思惟，反覆讀之以後將可捨棄邪道返歸正道，則於般若之實證即有可能，證後自能現觀如來藏之中道境界而成就中觀。本書分上、中、下三冊，每冊250元，全部出版完畢。

人間佛教—實證者必定不悖三乘菩提：「大乘非佛說」的講法似乎流傳已久，卻只是日本人企圖擺脫中國正統佛教的影響，而在明治維新時期才開始提出來的說法；台灣佛教、大陸佛教的淺學無智之人，由於未曾實證佛法而迷信日本人錯誤的學術考證，錯認為這些別有用心的日本佛學考證的講法為天竺佛教的真實歷史；甚至還有更激進的反對佛教者提出「釋迦牟尼佛並非真實存在，只是後人捏造的假歷史人物」，竟然也有少數人願意跟著「學術」的假光環而信受不疑，於是開始有一些佛教界人士造作了反對中國佛教而推崇南洋小乘佛教的行為，使佛教的信仰者難以檢擇，導致一般大陸人士開始轉入基督教的盲目迷信中。在這些佛教及外教人士之中，也就有一分人根據此邪說而大聲主張「大乘非佛說」的謬論，這些人以「人間佛教」的名義來抵制中國正統佛教，公然宣稱中國的大乘佛教是由聲聞部派佛教的凡夫僧所創造出來的。這樣的說法流傳於台灣及大陸佛教界凡夫僧之中已久，卻非真正的佛教歷史中曾經發生過的事，只是繼承六識論的聲聞法中凡夫僧依自己的意識境界立場，純憑臆想而編造出來的妄想說法，卻已經影響許多無智之凡夫僧俗信受不移。本書則是從佛教的經藏法義實質及實證的現量內涵本質立論，證明大乘佛法本是佛說，是從《阿含正義》尚未說過的不同面向來討論「人間佛教」的議題，證明「大乘真佛說」。閱讀本書可以斷除六識論邪見，迴入三乘菩提正道發起實證的因緣；也能斷除禪宗學人學禪時普遍存在之錯誤知見，對於建立參禪時的正知見有很深的著墨。 平實導師 述，內文488頁，全書528頁，定價400元。

喇嘛性世界—揭開假藏傳佛教譚崔瑜伽的面紗：這個世界中的喇嘛，號稱來自世外桃源的香格里拉，穿著或紅或黃的喇嘛長袍，散布於我們的身邊傳教灌頂，吸引了無數的人嚮往學習；這些喇嘛虔誠地為大眾祈福，手中拿著寶杵（金剛）與寶鈴（蓮花），口中唸著咒語：「唵．嘛呢．叭咪．吽……」，咒語的意思是說：「我至誠歸命金剛杵上的寶珠伸向蓮花寶穴之中」！ 「喇嘛性世界」是什麼樣的「世界」呢？ 本書將為您呈現喇嘛世界的面貌。 當您發現真相以後，您將會唸：「噢！喇嘛．性．世界，譚崔性交嘛！」 作者：張善思、呂艾倫。售價200元。

見性與看話頭：黃正倖老師的《見性與看話頭》於《正覺電子報》連載完畢，今結集出版。書中詳說禪宗看話頭的詳細方法，並細說看話頭與眼見佛性的關係，以及眼見佛性者求見佛性前必須具備的條件。本書是禪宗實修者追求明心開悟時參禪的方法書，也是求見佛性者作功夫時必讀的方法書，內容兼顧眼見佛性的理論與實修之方法，是依實修之體驗配合理論而詳述，條理分明而且極為詳實、周全、深入。本書內文375頁，全書416頁，售價300元。

實相經宗通：學佛之目的在於實證一切法界背後之實相，禪宗稱之爲本來面目或本地風光，佛菩提道中稱之爲實相法界；此實相法界即是金剛藏，又名佛法之祕密藏，即是能生有情五陰、十八界及宇宙萬有（山河大地、諸天、三惡道世間）的第八識如來藏，又名阿賴耶識心，即是禪宗祖師所說的眞如心，此心即是三界萬有背後的實相。證得此第八識心時，自能瞭解般若諸經中隱說的種種密意，即得發起實相般若——實相智慧。每見學佛人修學佛法二十年後仍對實相般若茫然無知，亦不知如何入門，茫無所趣；更因不知三乘菩提的互異互同，是故越是久學者對佛法越覺茫然，都肇因於尙未瞭解佛法的全貌，亦未瞭解佛法的修證內容即是第八識心所致。本書對於修學佛法者所應實證的實相境界提出明確解析，並提示趣入佛菩提道的入手處，有心親證實相般若的佛法實修者，宜詳讀之，於佛菩提道之實證即有下手處。平實導師述著，共八輯，已全部出版完畢，每輯成本價250元。

真心告訴您(一)——達賴喇嘛在幹什麼？這是一本報導篇章的選集，更是「破邪顯正」的暮鼓晨鐘。「破邪」是戳破假象，說明達賴喇嘛及其所率領的密宗四大派法王、喇嘛們，弘傳的佛法是仿冒的佛法；他們是假藏傳佛教，是坦特羅(譚崔性交)外道法和藏地崇奉鬼神的苯教混合成的「喇嘛教」，推廣的是以所謂「無上瑜伽」的男女雙身法冒充佛法的假佛教，詐財騙色誤導眾生，常常造成信徒家庭破碎、家中兒少失怙的嚴重後果。「顯正」是揭櫫眞相，指出眞正的藏傳佛教只有一個，就是覺囊巴，傳的是　釋迦牟尼佛演繹的第八識如來藏妙法，稱爲他空見大中觀。正覺教育基金會即以此古今輝映的如來藏正法正知見，在眞心新聞網中逐次報導出來，將箇中原委「眞心告訴您」，如今結集成書，與想要知道密宗眞相的您分享。售價250元。

法華經講義：此書為平實導師始從2009/7/21演述至2014/1/14之講經錄音整理所成。世尊一代時教，總分五時三教，即是華嚴時、聲聞緣覺教、般若教、種智唯識教、法華時：依此五時三教區分為藏、通、別、圓四教。本經是最後一時的圓教經典，圓滿收攝一切法教於本經中，是故最後的圓教聖訓中，特地指出無有三乘菩提，其實唯有一佛乘：皆因眾生愚迷故，方便區分為三乘菩提以助眾生證道。世尊於此經中特地說明如來示現於人間的唯一大事因緣，便是為有緣眾生「開、示、悟、入」諸佛的所知所見——第八識如來藏妙真如心，並於諸品中隱說「妙法蓮花」如來藏心的密意。然因此經所說甚深難解，真義隱晦，古來難得有人能窺堂奧；平實導師以知如是密意故，特為末法佛門四眾演述《妙法蓮華經》中各品蘊含之密意，使古來未曾被古德註解出來的「此經」密意，如實顯示於當代學人眼前。乃至〈藥王菩薩本事品〉、〈妙音菩薩品〉、〈觀世音菩薩普門品〉、〈普賢菩薩勸發品〉中的微細密意，亦皆一併詳述之，開前人所未曾言之密意，示前人所未見之妙法。最後乃至以〈法華大意〉而總其成，全經妙旨貫通始終，而依佛旨圓攝於一心如來藏妙心，厥為曠古未有之大說也。平實導師述　已於2015/5/31起開始出版，每二個月出版一輯，共25輯。每輯300元。

西藏「活佛轉世」制度—附佛、造神、世俗法：歷來關於喇嘛教活佛轉世的研究，多針對歷史及文化兩部分，於其所以成立的理論基礎，較少系統化的探討。尤其是此制度是否依據「佛法」而施設？是否合乎佛法真實義？現有的文獻大多含糊其詞，或人云亦云，不曾有明確的闡釋與如實的見解。因此本文先從活佛轉世的由來，探索此制度的起源、背景與功能，並進而從活佛的尋訪與認證之過程，發掘活佛轉世的特徵，以確認「活佛轉世」在佛法中應具足何種果德。定價150元。

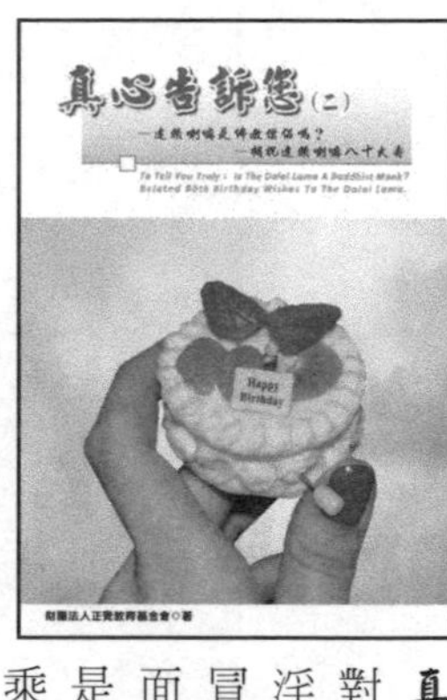

真心告訴您(二)—達賴喇嘛是佛教僧侶嗎？補祝達賴喇嘛八十大壽：這是一本針對當今達賴喇嘛所領導的喇嘛教，冒用佛教名相、於師徒間或師兄姊間，實修男女邪淫，而從佛法三乘菩提的現量與聖教量，揭發其謊言與邪術，證明達賴及其喇嘛教是仿冒佛教的外道，是「假藏傳佛教」。藏密四大派教義雖有「八識論」與「六識論」的表面差異，然其實修之內容，皆共許「無上瑜伽」四部灌頂為究竟「成佛」之法門，也就是共以男女雙修之邪淫法為「即身成佛」之密要，雖美其名曰「欲貪為道」之「金剛乘」，並誇稱其成就超越於（應身佛）釋迦牟尼佛所傳之顯教般若乘之上；然詳考其理論，則或以意識離念時之粗細心為第八識如來藏，或以中脈裡的明點為第八識如來藏，或如宗喀巴與達賴堅決主張第六意識為常恆不變之眞心者，分別墮於外道之常見與斷見中：全然違背 佛說能生五蘊之如來藏的實質。售價300元。

佛法入門：學佛人往往修學二十年後仍不知如何入門，茫無所入漫無方向，不知如何實證佛法；更因不知三乘菩提的互異互同之處，導致越是久學者越覺茫然，都是肇因於尚未瞭解佛法的全貌所致。本書對於佛法的全貌提出明確的輪廓，並說明三乘菩提的異同處，讀後即可輕易瞭解佛法全貌，數日內即可明瞭三乘菩提入門方向與下手處。○○菩薩著 出版日期未定。

修習止觀坐禪法要講記：修學四禪八定之人，往往錯會禪定之修學知見，欲以無止盡之坐禪而證禪定境界，卻不知修除性障之行門才是修證四禪八定不可或缺之要素，故智者大師云「性障初禪」；性障不除，初禪永不現前，云何修證二禪等？又：行者學定，若唯知數息，而不解六妙門之方便善巧者，欲求一心入定，未到地定極難可得，智者大師名之為「事障未來」：障礙未到地定之修證。又禪定之修證，不可違背二乘菩提及第一義法，否則縱使具足四禪八定，亦不能實證涅槃而出三界。此諸知見，智者大師於《修習止觀坐禪法要》中皆有闡釋。作者平實導師以其第一義之見地及禪定之實證證量，曾加以詳細解析。將俟正覺寺竣工啓用後重講，不限制聽講者資格；講後將以語體文整理出版。欲修習世間定及增上定之學者，宜細讀之。平實導師述著。

解深密經講記：本經係 世尊晚年第三轉法輪，宣說地上菩薩所應熏修之唯識正義經典，經中所說義理乃是大乘一切種智增上慧學，以阿陀那識—如來藏—阿賴耶識爲主體。禪宗之證悟者，若欲修證初地無生法忍乃至八地無生法忍者，必須修學《楞伽經、解深密經》所說之八識心王一切種智；此二經所說正法，方是眞正成佛之道；印順法師否定第八識如來藏之後所說萬法緣起性空之法，是以誤會後之二乘解脫道取代大乘眞正成佛之道，尚且不符二乘解脫道正理，亦已墮於斷滅見中，不可謂爲成佛之道也。平實導師曾於本會郭故理事長往生時，於喪宅中從首七開始宣講，於每一七各宣講三小時，至第十七而快速略講圓滿，作爲郭老之往生佛事功德，迴向郭老早證八地、速返娑婆住持正法。茲爲今時後世學人故，將擇期重講《解深密經》，以淺顯之語句講畢後，將會整理成文，用供證悟者進道；亦令諸方未悟者，據此經中佛語正義，修正邪見，依之速能入道。平實導師述著，全書輯數未定，每輯三百餘頁，將於未來重講完畢後逐輯出版。

阿含經講記—小乘解脫道之修證：數百年來，南傳佛法所說證果之不實，所說解脫道之虛妄，所弘解脫道法義之世俗化，皆已少人知之；從南洋傳入台灣與大陸之後，所說法義虛謬之事，亦復少人知之；今時台灣全島印順系統之法師居士，多不知南傳佛法數百年來所說解脫道之義理已然偏斜、已然世俗化、已非眞正之二乘解脫正道，猶極力推崇與弘揚。彼等南傳佛法近代所謂之證果者多非眞實證果者，譬如阿迦曼、葛印卡、帕奧禪師、一行禪師……等人，悉皆未斷我見故。近年更有台灣南部大願法師，高抬南傳佛法之二乘修證行門爲「捷徑究竟解脫之道」者，然而南傳佛法縱使眞修實證，得成阿羅漢，至高唯是二乘菩提解脫之道，絕非究竟解脫，無餘涅槃中之實際尚未得證故，法界之實相尚未了知故，習氣種子待除故，一切種智未實證故，焉得謂爲「究竟解脫」？即使南傳佛法近代眞有實證之阿羅漢，尚且不及三賢位中之七住明心菩薩本來自性清淨涅槃智慧境界，則不能知此賢位菩薩所證之無餘涅槃實際，仍非大乘佛法中之見道者，何況普未實證聲聞果乃至未斷我見之人？謬充證果已屬逾越，更何況是誤會二乘菩提之後，以未斷我見之凡夫知見所說之二乘菩提解脫偏斜法道，焉可高抬為「究竟解脫」？而且自稱「捷徑之道」？又妄言解脫之道即是成佛之道，完全否定般若實智、否定三乘菩提所依之如來藏心體，此理大大不通也！平實導師為令修學二乘菩提欲證解脫果者，普得迴入二乘菩提正見、正道中，是故選錄四阿含諸經中，對於二乘解脫道法義有具足圓滿說明之經典，預定未來十年內將會加以詳細講解，令學佛人得以了知二乘解脫道之修證理路與行門，庶免被人誤導之後，未證言證，干犯道禁，成大妄語，欲升反墮。本書首重斷除我見，以助行者斷除我見而實證初果為著眼之目標，若能根據此書內容，配合平實導師所著《識蘊眞義》《阿含正義》內涵而作實地觀行，實證初果非為難事，行者可以藉此三書自行確認聲聞初果為實際可得現觀成就之事。此書中除依二乘經典所說加以宣示外，亦依斷除我見等之證量，及大乘法中道種智之證量，對於意識心之體性加以細述，令諸二乘學人必定得斷我見、常見，免除三縛結之繫縛。次則宣示斷除我執之理，欲令升進而得薄貪瞋痴，乃至斷五下分結…等。平實導師述，共二冊，每冊三百餘頁。每輯300元。

＊喇嘛教修外道雙身法，墮識陰境界，非佛教＊

＊弘揚如來藏他空見的覺囊派才是眞正藏傳佛教＊

總經銷： 飛鴻 國際行銷股份有限公司

231 新北市新店市中正路 501 之 9 號 2 樓

Tel.02－82186688（五線代表號） Fax.02-82186458、82186459

零售：1.**全台連鎖經銷書局：**

三民書局、誠品書局、何嘉仁書店

敦煌書店、紀伊國屋、金石堂書局、建宏書局

諾貝爾圖書城、墊腳石圖書文化廣場

2.**台北市：**佛化人生 **大安區**羅斯福路 3 段 325 號 6 樓之 4 台電大樓對面

3.**新北市：**春大地書店 **蘆洲區**中正路 117 號

4.**桃園市：**御書堂 **龍潭區**中正路 123 號

5.**新竹市：**大學書局 **東區**建功路 10 號

6.**台中市：**瑞成書局 **東區**雙十路 1 段 4 之 33 號

佛教詠春書局 **南屯區**永春東路 884 號

文春書店 **霧峰區**中正路 1087 號

7.**彰化市：**心泉佛教文化中心 南瑤路 286 號

8.**高雄市：**政大書城 **苓雅區**光華路 148-83 號

明儀書局 **三民區**明福街 2 號\

青年書局 **苓雅區**青年一路 141 號

9.**宜蘭市：**金隆書局 中山路 3 段 43 號

10.**台東市：**東普佛教文物流通處 博愛路 282 號

11.**其餘鄉鎮市經銷書局：**請電詢總經銷**飛鴻**公司。

12.**大陸地區請洽：**

香港：樂文書店

旺角店 :香港九龍旺角西洋菜街 62 號 3 樓

電話 :(852) 2390 3723 email: luckwinbooks@gmail.com

銅鑼灣店 :香港銅鑼灣駱克道 506 號 2 樓

電話 :(852) 2881 1150 email: luckwinbs@gmail.com

廈門：廈門外圖臺灣書店有限公司

地址：廈門市思明區湖濱南路809 號 廈門外圖書城3 樓 郵編：361004

電話：0592-5061658（臺灣地區請撥打 86-592-5061658）

E-mail：JKB118＠188.COM

13.**美國：世界日報圖書部：**紐約圖書部 電話 7187468889#6262

洛杉磯圖書部 電話 3232616972#202

14.**國內外地區網路購書：**

正智出版社 書香園地 http://books.enlighten.org.tw/

（書籍簡介、經銷書局可直接聯結下列網路書局購書）

三民 網路書局 http://www.sanmin.com.tw

誠品 網路書局 http://www.eslitebooks.com

博客來 網路書局　http://www.books.com.tw

金石堂 網路書局　http://www.kingstone.com.tw

飛鴻 網路書局　http://fh6688.com.tw

附註：1.請儘量向各經銷書局購買：郵政劃撥需要十天才能寄到（本公司在您劃撥後第四天才能接到劃撥單，次日寄出後第四天您才能收到書籍，此八天中一定會遇到週休二日，是故共需十天才能收到書籍）若想要早日收到書籍者，請劃撥完畢後，將劃撥收據貼在紙上，旁邊寫上您的姓名、住址、郵區、電話、買書詳細內容，直接傳眞到本公司 02-28344822，並來電 02-28316727、28327495 確認是否已收到您的傳眞，即可提前收到書籍。 2.因台灣每月皆有五十餘種宗教類書籍上架，書局書架空間有限，故唯有新書方有機會上架，通常每次只能有一本新書上架；本公司出版新書，大多上架不久便已售出，若書局未再叫貨補充者，書架上即無新書陳列，則請直接向書局櫃台訂購。 3.若書局不便代購時，可於晚上共修時間向正覺同修會各共修處請購（共修時間及地點，詳閱**共修現況表**。每年例行年假期間請勿前往請書，年假期間請見共修現況表）。 4.郵購：郵政劃撥帳號 19068241。 5.正覺同修會會員購書都以八折計價（戶籍台北市者爲一般會員，外縣市爲護持會員）都可獲得優待，欲一次購買全部書籍者，可以考慮入會，節省書費。入會費一千元（第一年初加入時才需要繳），年費二千元。**6.尚未出版之書籍，請勿預先郵寄書款與本公司，謝謝您！** 7.若欲一次購齊本公司書籍，或同時取得正覺同修會贈閱之全部書籍者，請於正覺同修會共修時間，親到各共修處請購及索取；**台北市讀者**請洽：103 台北市承德路三段 267 號 10 樓（捷運淡水線 圓山站旁）請書時間：週一至週五爲 18.00~21.00，第一、三、五週週六爲 10.00~21.00，雙週之週六爲 10.00~18.00 請購處專線電話：25957295-分機 14（於請書時間方有人接聽）。

敬告大陸讀者：

大陸讀者購書、索書捷徑（尚未在大陸出版的書籍，以下二個途徑都可以購得，電子書另包括結緣書籍）：

1.廈門外國圖書公司：廈門市思明區湖濱南路 809 號 廈門外圖書城 3F

郵編：361004　　電話：0592-5061658　　網址：JKB118＠188.COM

2.電子書：正智出版社有限公司及正覺同修會在台灣印行的各種局版書、結緣書，已有『**正覺電子書**』陸續上線中，提供讀者於手機、平板電腦上購書、下載、閱讀正智出版社、正覺同修會及正覺教育基金會所出版之電子書，詳細訊息敬請參閱『正覺電子書』專頁：http://books.enlighten.org.tw/ebook

關於平實導師的書訊，請上網查閱：

成佛之道　http://www.a202.idv.tw

正智出版社 書香園地　http://books.enlighten.org.tw/

中國網採訪佛教正覺同修會、正覺教育基金會訊息：

http://big5.china.com.cn/gate/big5/fangtan.china.com.cn/2014-06/19/content_32714638.htm

http://pinpai.china.com.cn/

★ 正智出版社有限公司售書之稅後盈餘，全部捐助財團法人正覺寺籌備處、佛教正覺同修會、正覺教育基金會，供作弘法及購建道場之用；懇請諸方大德支持，功德無量。

★ 聲　明 ★

本社於 2015/01/01 開始調整本目錄中部分書籍之售價，以因應各項成本的持續增加。

＊ 喇嘛教修外道雙身法、墮識陰境界，非佛教 ＊

＊ 弘揚如來藏他空見的覺囊派才是真正藏傳佛教 ＊

售後服務—換書啓事（免附回郵）　2012/09/24

《楞嚴經講記》第 14 輯初版首刷本免費調換新書啓事：本講記第 14 輯出版前因 平實導師諸事繁忙，未將之重新閱讀而只改正校對時發現的錯別字，故未能發覺十年前所說法義有部分錯誤，於第 15 輯付印前重閱時才發覺第 14 輯中有部分錯誤尚未改正。今已重新審閱修改並已重印完成，煩請所有讀者將以前所購第 14 輯初版首刷本，寄回本社免費換新（初版二刷本無錯誤），本社將於寄回新書時同時附上您寄書回來換新時所付的郵資，並在此向所有讀者致上最誠懇的歉意。

《心經密意》初版書免費調換二版新書啓事：本書係演講錄音整理成書，講時因時間所限，省略部分段落未講。後於再版時補寫增加 13 頁，維持原價流通之。茲為顧及初版讀者權益，自 2003/9/30 開始免費調換新書，原有初版一刷、二刷書籍，皆可寄來本來公司換書。

《宗門法眼》已經增寫改版為 464 頁新書，2008 年 6 月中旬出版。讀者原有初版之第一刷、第二刷書本，都可以寄回本社免費調換改版新書。改版後之公案及錯悟事例維持不變，但將內容加以增說，較改版前更具有廣度與深度，將更能助益讀者參究實相。

換書者**免附回郵**，亦無截止期限；舊書請寄：111 台北郵政 73-151 號信箱 或 103 台北市承德路三段 267 號 10 樓 正智出版社有限公司。舊書若有塗鴨、殘缺、破損者，仍可換取新書；但缺頁之舊書至少應仍有五分之三頁數，方可換書。所有讀者不必顧念本公司是否有盈餘之問題，都請踴躍寄來換書；本公司成立之目的不是營利，只要能眞實利益學人，即已達到成立及運作之目的。若以郵寄方式換書者，免附回郵；並於寄回新書時，由本社附上您寄來書籍時耗用的郵資。造成您不便之處，再次致上萬分的歉意。

正智出版社有限公司 啓

換書及道歉公告

《法華經講義》第十三輯，因謄稿、印製等相關人員作業疏失，導致該書中的經文及內文用字將「**親近**」誤植成「清淨」。茲爲顧及讀者權益，自 2017/8/30 開始免費調換新書；敬請所有讀者將以前所購第十三輯初版首刷及二刷本，攜回或寄回本社免費換新，或請自行更正其中的錯誤之處；郵寄者之回郵由本社負擔，不需寄來郵票。同時對因此而造成讀者閱讀、以及換書的困擾及不便，在此向所有讀者致上最誠懇的歉意，祈請讀者大眾見諒！錯誤更正說明如下：

一、第 256 頁第 10 行~第 14 行：【就是先要具備「**法親近處**」、「**眾生親近處**」；法**親近**處就是在實相之法有所實證，如果在實相法上有所實證，他在二乘菩提中自然也能有所實證，以這個作爲第一個**親近**處——第一個基礎。然後還要有第二個基礎，就是瞭解應該如何善待眾生；對於眾生不要有排斥或者是貪取之心，平等觀待而攝受、親近一切有情。以這兩個**親近**處作爲基礎，來實行其他三個安樂行法。】。

二、第 268 頁第 13 行：【具足了那兩個「**親近處**」，使你能夠在末法時代，如實而圓滿的演述《法華經》時，那麼你作這個夢，它就是如理作意的，完全符合邏輯去完成這個過程，就表示你那個晚上，在那短短的一場夢中，已經度了不少眾生了。】

正智出版社有限公司 敬啓

國家圖書館出版品預行編目(CIP)資料

法華經講義 / 平實導師述. -- 初版. --臺北市 : 正智, 2015.05 面 ; 公分
ISBN 978-986-5655-30-3 (第一輯 : 平裝)
ISBN 978-986-5655-46-4 (第二輯 : 平裝)
ISBN 978-986-5655-56-3 (第三輯 : 平裝)
ISBN 978-986-5655-61-7 (第四輯 : 平裝)
ISBN 978-986-5655-69-3 (第五輯 : 平裝)
ISBN 978-986-5655-79-2 (第六輯 : 平裝)
ISBN 978-986-5655-82-2 (第七輯 : 平裝)
ISBN 978-986-5655-89-1 (第八輯 : 平裝)
ISBN 978-986-5655-98-3 (第九輯 : 平裝)
ISBN 978-986-9372-52-7 (第十輯 : 平裝)
ISBN 978-986-9372-54-1 (第十一輯 : 平裝)
ISBN 978-986-9372-56-5 (第十二輯 : 平裝)
ISBN 978-986-9372-57-2 (第十三輯 : 平裝)
ISBN 978-986-9497-03-9 (第十四輯 : 平裝)
ISBN 978-986-9497-07-7 (第十五輯 : 平裝)

1. 法華部

221.5 104004638

法華經講義——第十三輯

著 述 者：平實導師
音文轉換：章乃鈞、高惠齡、劉惠莉、蔡正利、黃昇金
校 對：章乃鈞 陳介源 孫淑貞 傅素嫻 王美伶
出 版 者：正智出版社有限公司
電話：〇二 28327495 28316727（白天）
傳真：〇二 28344822
111 台北郵政 73-151 號信箱
郵政劃撥帳號：一九〇六八二四一
正覺講堂：總機〇二 25957295（夜間）
總 經 銷：飛鴻國際行銷股份有限公司
231 新北市新店區中正路 501-9 號 2 樓
電話：〇二 82186688（五線代表號）
傳真：〇二 82186458 82186459
初版首刷：二〇一七年五月三十一日 二千冊
初版四刷：二〇一七年九月二十三日 二千冊
定 價：三〇〇元

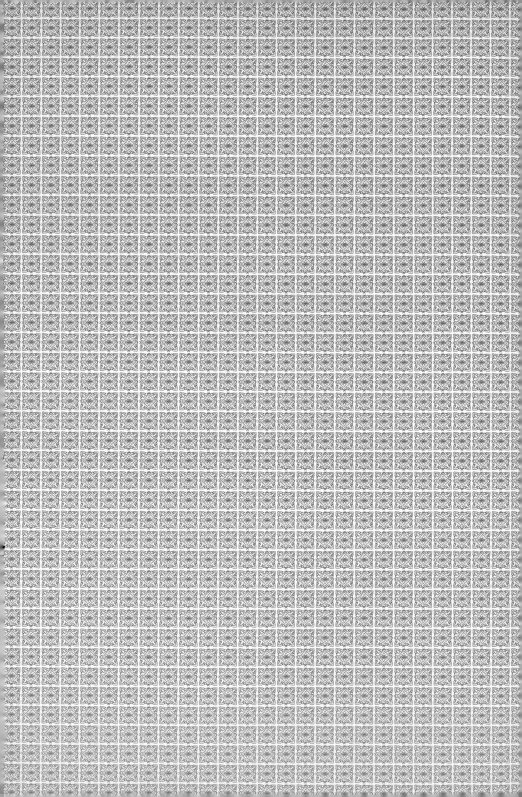